数字商科课程思政
教学设计与案例

主　编　王　楠
副主编　徐正达　仇　勇

精选 **4** 门核心课程　精析 **16** 个思政案例
展现 商科新趋势　思政新实践　案例新洞见　数字新体验

首都经济贸易大学出版社
Capital University of Economics and Business Press
·北京·

图书在版编目（CIP）数据

数字商科课程思政教学设计与案例 / 王楠主编.
北京：首都经济贸易大学出版社，2024. 10. -- ISBN 978-7-5638-3771-7

Ⅰ. G641

中国国家版本馆 CIP 数据核字第 2024FY4593 号

数字商科课程思政教学设计与案例
SHUZI SHANGKE KECHENG SIZHENG JIAOXUE SHEJI YU ANLI
主　编　王　楠
副主编　徐正达　仇　勇

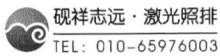

责任编辑	成　奕
封面设计	砚祥志远·激光照排　TEL: 010-65976003
出版发行	首都经济贸易大学出版社
地　　址	北京市朝阳区红庙（邮编100026）
电　　话	（010）65976483　65065761　65071505（传真）
网　　址	http://www.sjmcb.cueb.edu.cn
经　　销	全国新华书店
照　　排	北京砚祥志远激光照排技术有限公司
印　　刷	北京九州迅驰传媒文化有限公司
成品尺寸	170 毫米×240 毫米　1/16
字　　数	301 千字
印　　张	16.75
版　　次	2024 年 10 月第 1 版
印　　次	2024 年 10 月第 1 次印刷
书　　号	ISBN 978-7-5638-3771-7
定　　价	90.00 元

图书印装若有质量问题，本社负责调换
版权所有　侵权必究

本案例集为北京工商大学研究生教育教学成果培育项目"AI赋能的数字商学交叉学科课程和教学资源应用平台"、教育部实验教学和教学实验室建设研究项目"数字商科实验教学资源开发建设与应用研究"、北京高等教育本科教学改革创新项目"面向数字时代的新商科人才深度交叉融合培养体系研究与实践"、国家社会科学基金项目"基于现代信息技术的高校思政课程数字化转型研究"（22VSZ032）的研究成果。

感谢数字商科与首都发展创新中心的资助！

序　言

经济全球化和数字化变革性发展、国际国内双循环新格局推动了社会对商科人才的需求升级，全人教育理念对传统商科人才培养模式提出了重大挑战。商科教育承载着培养兼具社会主义核心价值观、创新精神及实践能力的复合型商科人才的重大使命。人才培育进程中，如何有效地将课程思政融入商科教育，引导学生树立正确的世界观、人生观和价值观，强化其社会责任感与历史使命感，激发其爱国热情与无私奉献精神，不仅是社会发展的客观要求，更是实现商科教育高质量人才培养目标的关键途径。

在此背景下，《数字商科课程思政教学设计与案例》一书应运而生。本书直面当前商科人才培养与社会需求的脱节问题，积极探索新形势下商科教学新思维、新方法、新模式，旨在深入探究数字化背景下思政教育与商科教育融合的设计理念与实践模式，提出实施以"思政教育引领三全育人"，以"案例教学提升教学质量"，以"数字融合推进商科创新"，着力打造"思政引领、案例示范、数字融合"三位一体、多维度融合的商科思政案例集。

本书从课程整体架构设计与课堂教学实践两个层面入手，系统阐释数字化时代思政教育融入商科教育的案例教学模式与实施路径，为高质量商科育人的实现提供了新颖的视角与有效的方法。本书旨在解决两个问题：一是从课程层面应该如何体系化设计课程的思政教学？即从课程整体出发如何设计课程的思政教学，包含课程思政内容与课程思政方法设计，通盘考虑组织设计课程可能涉及的思政知识要点，形成贯穿课程讲授全过程的思政教学总体设计方案。二是授课过程中应该如何采用具体的案例教学方法开展课程思政教学？围绕典型案例设计包括案例所在章节教学内容、思政元素挖掘、案例设计、专业知识与课程思政融合分析、教学组织与方法等内容。此外，本书在课程总体设计时同步融入数字化转型内容、数字化教学手段和思政教学设计，以实现课程数字化转型和思政教学设计的同步和统一。

本书精心编排为四个篇章，涵盖4门课程的课程思政总体设计和16个典型案例思政教学设计。围绕管理学、创新创业管理、人力资源管理、市场营销这4门商科核心课程展开，16个典型案例包含了华为、伊利乳业、内联升、中国中车、TCL等本土企业案例，"四渡赤水"、张桂梅、故宫文创等典型事例，工资倒挂、养老保险、草根创业等热点问题。每篇章中均包含一门课程思政案例教学体例与该门课程的 4 个具体课程思政案例教学示例。教师在设计数字商科课程时，可以首先参考每篇开篇的课程思政案例教学体例章节，该章节汇聚了多种经过实践验证的教学策略与方法，这些均为教师在课程设计中融入思政元素提供了宝贵的参考与灵感。而在实际的授课过程中，教师可以直接借鉴并应用每篇章后续 4 章的典型教学案例，这些案例不仅生动展现了思政元素与商科知识的深度融合，而且为教师提供了快速实现高质量思政教学融入的有效路径。

本书的一大亮点在于其全面覆盖了课程思政设计及教学案例指导。在课程思政案例教学体例部分，本书精心构建了商科主要 4 门课程的整体思政教学设计思维框架与具体可行的教学策略与方法，旨在助力教师在商科课程中自然融入思政元素，实现知识传授与价值引领的深度融合。而在思政教学案例指导部分，则通过精选的教学案例，生动展示了这些策略与方法的实际应用，以期达到更佳的教学效果。本书还深入探讨了多种隐性思政方式，并在多轮教学实践中验证了思政教学的成效，形成了具有可操作性的思政教学实践指南。

本书的另一特色在于其对中国本土案例的深度聚焦，这既符合中国国情与实际，也有助于学生更深刻地理解和内化教学内容。这些案例广泛涉及管理、经济、历史、法律、心理等多个学科领域，既有知名企业的成功经验分享，也有对社会热点问题的深刻剖析。通过这些真实、鲜活的案例，引导学生深入思考和探讨社会主义核心价值观在商业实践中的具体体现与运用。通过这些案例的学习与研讨，学生不仅能够深化对商科知识的理解，还能够提升自身的社会责任感和道德素养，为未来成长为具有高尚职业操守和社会责任感的商科精英奠定坚实的基础。

此外，本书中的案例具有很强的实用性和可操作性。每个案例均配备了详尽的分析与讨论指南，并设计了以课程单元为单位的详细教学组织流程与教学方法的具体应用方案。教师可以依托这些指南引导学生开展深入的思考与讨论。同时，书中还介绍了案例相关的一些延伸阅读材料，可供教师和学生进一步探究与学习。

《数字商科课程思政教学设计与案例》一书的编纂，是作者们对当前教育形势的深刻洞察与积极应对。数字时代的发展对商科教育和思政教育提出了新的要求，传统教学模式已难以适应当前人才培养的新需求，这进一步凸显了融合商科教育、思政教育、案例教学和数字化教学手段与内容的紧迫性和重要性。本书旨在为商科教育工作者和学生提供一部创新、实用且具有中国特色的数字商科课程思政教学参考，以期在全球化和信息化的浪潮中，助力商科教育工作者和学生更好地理解和实施思政教育，共同推动数字化时代商科教育与思政教育的深度融合与创新发展。

王　楠
2024 年 10 月

目　录

第一篇　管理学课程思政设计与案例

第一章
管理学课程思政案例教学体例 / 3
　　　　　　　　　　　撰写人：孙笑然　王　楠

第二章
跟着党史学习理性决策 / 14
　　　　　　　　　　　撰写人：徐正达

第三章
坚守职业初心，发扬敬业精神
——工作动机的分类与应用 / 25
　　　　　　　　　　　撰写人：孙笑然　王　楠

第四章
将社会主义核心价值观教育引入管理学课堂 / 39
　　　　　　　　　　　撰写人：周　燕　王　楠

第五章
从管理到实践的体验式思政教学 / 52
　　　　　　　　　　　撰写人：王长斌

1

第二篇
创新创业管理课程思政设计与案例

第六章
创新创业管理课程思政案例教学体例 / 67

撰写人：徐正达　王　楠

第七章
故宫文物活起来
——商业模式场景化创新 / 73

撰写人：王　楠　杨　华

第八章
"负责任的创新"的含义、动因和价值分析 / 82

撰写人：杨　森

第九章
一个博物馆人的创业故事 / 95

撰写人：吴　玥　王　楠

第十章
包容性商业模式的探索之路 / 112

撰写人：王　楠　朱　蓉

第三篇
人力资源管理课程思政设计与案例

第十一章
人力资源管理课程思政案例教学体例 / 123

撰写人：仇　勇

第十二章
公平理论与秘密工资制度 / 129

撰写人：仇　勇

第十三章
以自由和责任为导向的绩效沟通策略
——能动性与人的全面发展 / 143

撰写人：钱　思

第十四章
老年社会保障：从"退休后能拿多少养老金"谈起 / 157

撰写人：刘贝妮

第十五章
新老员工薪酬倒挂问题分析 / 174

撰写人：傅瑶瑶

第四篇
市场营销学课程思政设计与案例

第十六章
市场营销学课程思政案例教学体例 / 195

撰写人：陈立彬

第十七章
互惠共赢　构建"全球健康生态圈"
——伊利并购新西兰 Westland 乳业 / 201

撰写人：张景云　马　珂

第十八章
内联升三里屯再玩"快闪"，老字号时尚化转型新征程 / 217

撰写人：张景云　石海娇

第十九章
中国中车"一带一路"共建市场的拓展 / 230

撰写人：张景云　刘　勇

第二十章
不畏困境，坚持创新，中华老字号品牌激活中的营销策略研究
——以北京珐琅厂为例 / 244

撰写人：严　欢

第一篇

管理学课程思政设计与案例

第一章　管理学课程思政案例教学体例

撰写人：孙笑然　王　楠

一、课程基本信息

> 课程名称：管理学
> 课程性质：专业基础课
> 学分学时：3 学分，48 学时
> 开课专业：经管类所有专业，文法艺术理工类部分专业

二、课程内容简介

管理学课程为工商管理类的专业基础必修课，彰显商科特色优势学科，设有管理学全英课、选修课等多种课程形式，旨在为数字化时代的商科专业学生专业课程学习奠定扎实基础，通过记忆、理解、应用、分析、评价、创造的综合教学过程，让学生们全面、系统地掌握管理学知识，培养他们的管理能力和创新精神，为未来的职业生涯奠定坚实的基础，本课程的教学目标如表 1-1 所示。

表 1-1　课程教学目标

目　标	内　　容
思政目标	【价：社会主义核心价值观模块】 【思：中国传统文化与管理思想史模块】 【德：道德法制与德育模块】 【行：中国优秀企业案例模块（优秀企业文化与国家竞争力）】

续表

目　标	内　容
知识目标	（1）理解管理理论基本框架，理解管理的任务、目标与特征，理解管理的基本职能，分析管理活动的一般规律。 （2）了解管理学的历史、现状和未来发展趋势，从而更好地理解和应用管理学的知识。 （3）熟悉数字化转型、绿色可持续发展背景下管理的新挑战、新方法。
能力目标	（1）培养学术的决策能力、管理技能、管理沟通能力。 （2）培养学生综合运用所学管理理论分析企业管理实践中的实际问题的能力。 （3）培养学生自主的学习能力和高阶思维能力。 （4）培养学生利用数字技术建构并持续优化有利的学习网络的能力。
素质目标	（1）能够批判性地分析评价国内外一般管理理论。 （2）培养较强的本土化意识和国际化视野。 （3）了解中国式管理理论知识建构基本方法，善于传播中国式管理实践。 （4）提升对社会主义核心价值观的理解。

课程讲授内容共 16 周、48 课时，按照管理的基本职能展开，涵盖"计划、组织、领导、控制"四个模块，同时对管理的环境、综合管理问题、数字化时代的前沿管理问题等进行了穿插专题讲述，具体如表 1-2 所示。

表 1-2　课程教学内容设计

周次	章节题目	内　容	课时	课堂讨论、实（验）践等其他教学环节题目
1	第一章　绪论 第一节　管理的含义 第二节　管理职能 第三节　管理者的角色和素质要求 第四节　管理的科学与艺术之争	● 课程说明 ● 管理的含义 ● 管理职能 ● 管理者的角色和素质要求 ● 管理学及管理的科学与艺术之争	3	● 管理都做什么？ ● 管理者需要哪些素质？ ● 管理是一门科学还是艺术？ ● 管理者道德和素质要求有哪些？ ● 辨析题：子曰："其身正，不令而行；其身不正，虽令不从。"引导对管理者素质和道德要求的思考。

续表

周次	章节题目	内 容	课时	课堂讨论、实（验）践等其他教学环节题目
2	**第二章 管理思想的演进** 第一节 早期管理思想与理论萌芽 第二节 古典管理理论	• 早期管理思想与理论萌芽 • 古典管理理论 • 近代管理理论	3	• 中国古代的管理思想代表人物有哪些？ • 泰罗对管理学诞生有哪些贡献？ • 三个古典管理理论代表人物的对比 • 国际视野：中国本土管理理论的开发
3	第三节 近代管理理论 第四节 当代管理理论 **第三章 管理决策** 第一节 决策概述	• 当代管理理论 • 决策概念 • 决策理论 • 决策类型 • 决策的影响因素	3	• 个人决策与群体决策的孰优孰劣 • 结合案例分析理性决策过程的基本步骤、决策的影响因素 • 在管理决策环节，引导如何体现伦理道德要求。
4	第二节 决策过程 第三节 决策方法 第四节 决策陷阱及改善 **第四章 计划** 第一节 计划概述 第二节 计划方法	• 定性决策方法 • 定量决策方法 • 决策中的陷阱及改善方法 计划和计划工作 • 计划的不同形式 • 计划的类型 • 计划工作的权变因素 • 计划工作的程序 • 设定目标的方法 • 计划工作的技术	3	• 确定型决策、风险型决策和不确定型决策的区别 • 确定型决策、风险型决策和不确定型决策的区别，它们是如何相互转化的？ • 计划的不同形式在组织中的层次安排 • 各种计划类型的比较 • 各个因素是如何影响计划工作的？ • 目标管理法与传统目标确定方法的区别在哪里？
5	第三节 战略计划	• 战略管理的概念 • 总体战略计划 • 业务战略计划	3	• 三种总体战略计划的具体运用选择 • 三种一般竞争战略的运用选择

续表

周次	章节题目	内 容	课时	课堂讨论、实（验）践等其他教学环节题目
6	第五章 组织 第一节 组织基础 第二节 组织设计理论概述	• 组织及其相关概念 • 正式组织与非正式组织 • 组织工作 • 组织设计的任务、内容、步骤与原则 • 组织设计基础概念 • 组织设计的权变因素	3	• 正式组织与非正式组织的区别与联系 • 组织工作的内容包括几部分？ • 管理幅度与管理层次的关系 • 组织设计的权变因素有哪些？
7	第三节 组织结构类型 第四节 组织运行 第五节 组织变革	• 常见的组织结构类型 • 新的组织结构类型 • 组织运行 • 组织变革的含义与动力 • 组织变革的内容与过程 • 组织变革的影响因素 • 组织制度 • 组织文化	3	• 直线制、职能制、直线职能制三种类型的比较 • 事业部制的优缺点和适用范围 • 组织变革的内容包括哪些方面？ • 各种因素如何影响组织变革？ • 组织文化的作用有哪些？ • 组织文化的结构有哪些？
8	第六章 人力资源管理 第一节 人力资源管理概述 第二节 工作分析与人力资源计划 第三节 人员招聘	• 人力资源管理的概念及形成、发展历程 • 人力资源管理的过程和内容 • 工作分析的概念、重要性及主要方法 • 人力资源管理计划 • 人员招聘	3	• 人事管理与人力资源管理的区别有哪些？ • 比较几种工作分析方法的优劣势 • 人员招募方式的比较，内部招聘和外部招聘的优劣势各有哪些？ • TCL的人才招聘策略，结合社会主义核心价值观要求，探讨现代职业素养的要求。

续表

周次	章节题目	内　容	课时	课堂讨论、实（验）践等其他教学环节题目
9	第四节　员工培训 第五节　绩效评估与员工发展 第六节　员工薪酬管理	• 入职引导 • 员工培训 • 绩效评估 • 员工职业生涯发展 • 员工晋升 • 薪酬管理的基本原则 • 基本薪酬体系 • 绩效薪酬 • 员工福利	3	• 员工培训的方式有哪些？ • 绩效评估的几种方法比较优劣势 • 绩效评估中容易犯什么样的错误？ • 职业生涯有哪几个阶段？ • 哪种晋升制度最合理？如何选择合适的晋升方法？ • 员工福利体系一般包括哪些内容？
10	**第七章　激励** 第一节　激励概述 第二节　基于需要的激励理论	• 激励概念、作用和类型 • 马斯洛需要层次理论 • 赫茨伯格的双因素理论	3	• 马斯洛需求理论与ERG理论的比较 • 激励因素与保健因素的区别是什么？如何利用？ • 内激励与外激励的作用是什么？如何利用？
11	第三节　基于过程的激励理论 第四节　强化理论 **第八章　领导** 第一节　领导概述	• 弗鲁姆的期望理论 • 波特和劳勒的综合激励模型 • 亚当斯的公平理论 • 强化理论 • 领导的概念 • 领导和管理 • 领导者的影响力	3	• 期望理论对管理者的启示有哪些？ • 计件制与计时制不公平的类型与恢复措施的比较 • 如何运用目标设置理论？ • 正强化与负强化的区别及运用 • 领导和管理的区别与联系有哪些？ • 如何充分发挥领导者的影响力？

续表

周次	章节题目	内　容	课时	课堂讨论、实（验）践等其他教学环节题目
12	第二节　领导特质与行为理论 第三节　领导权变理论 第四节　领导理论与新观点	• 传统的领导特质理论 • 现代的领导特质理论 • 勒温的领导作风理论 • 利克特的领导方式理论 • 领导行为四分图理论 • 管理方格论 • 领导行为连续统一体理论 • 费德勒模型 • 情境领导理论	3	• 传统领导特质理论与现代领导特质理论的区别在哪里？ • 如何选择在不同的情境下的领导方式？ • 管理方格论的运用案例 • 费德勒模型的运用 • 案例分析和视频材料 • 中国管理学家和著名企业家实现中华民族复兴的理想与责任 • 案例分析：惠普公司前CEO卡莉·菲奥莉娜，从领导特质理论和领导权变理论的角度，分析企业家的社会主义核心价值观要求。
13	第九章　沟通 第一节　沟通概述 第二节　组织沟通的渠道与网络 第三节　组织沟通的障碍及其改善方法	• 沟通的概念 • 沟通的过程 • 沟通的重要性及种类 • 组织沟通的渠道 • 沟通的障碍及改善	3	• 如何选择不同的沟通方式？ • 组织沟通中的障碍来自哪些方面？如何克服这些障碍？ • 正式沟通与非正式沟通的优劣势比较及运用
14	第十章　控制 第一节　控制概述 第二节　控制过程 第三节　控制的有效性 第四节　控制方法	• 控制的概念、重要性 • 控制的类型 • 控制的过程 • 有效控制系统的特征 • 影响控制的因素 • 财务控制方法和综合控制方法	3	• 控制第一步的标准如何确立？与计划之间的关系是什么？ • 纠正偏差的措施有哪些？ • 如何进行有效控制？ • 各种因素是如何影响控制系统的工作的？ • 课堂讨论和阅读：互联网行业贪腐实录

续表

周次	章节题目	内　容	课时	课堂讨论、实（验）践等其他教学环节题目
15	第十一章　管理新环境与新问题 第一节　企业伦理与社会责任 第二节　全球化与多元文化中的管理 第三节　创新创业管理	● 企业间的伦理道德要求 ● 管理实践的本土化与国际化问题	3	● 本章各课程模块、教学形式根据不同授课班对象可以调整。 ● 课后思考题：如何构建中国式管理？ ● 案例分析：双汇"瘦肉精"事件、麦当劳的有效实施管理控制 ● 在控制职能中，讨论如何控制和引导伦理道德行为。
16	第四节　数字经济与组织管理 第五节　中国企业的管理探索及展望 复习答疑	● 数字化转型下的组织变革与管理挑战 ● 中国式管理的实践与创新	3	● 任务团队：成立小组辩论"是否存在放之四海而皆准的国际化一般管理理论"。

三、课程教学手段

本课程教学主要采用课堂讲授与实践教学结合的方式，在教学过程中，将教材所涉及的基本理论与方法与实践有机地结合起来，课堂理论教学与学生参与专业实践相结合。

在教学手段上，本课程采用多媒体教学手段，为了培养学生的实际操作能力，在课堂中增加课堂讨论和课后作业练习。结合管理学课程实践性较强的特点，加强案例教学，增强学生对所学知识的理解。基于商科数字化的要求，使用新媒体教学手段和技术，主要包括BB平台延展教学、慕课平台以及北京工商大学优秀课程思政案例示范课等平台，全方位提升教学效果。具体教学实践如下：

（1）**教师讲授与学生参与相结合**。本课程采取课堂讲述与学生实践结合的形式，教学周为单双周安排，单周四节课的最后一节课为学生展示时间。学生自由结合组成3~5人的小组，由老师提出跟课程相关的思考题或者由学生自选题目，分工合作共同完成，每周选取2~3个小组在课堂上讲述。展示形式不限，鼓励发散思维。

（2）**线下讲授与线上资源分享相结合**。管理学课程组依据课程大纲，已将每章节要点录制为完整的慕课资源，上线学堂在线平台。管理学课程上线首批优秀课程思政案例示范课平台，通过分享本课程慕课资源和推荐其他学校的优质线上课程资源，帮助学生课后复习巩固，掌握知识重点，突破难点，这两个平台界面如图 1-1 所示。

（3）**文字、图片、视频等多种教学工具相结合**。课堂讲述和 PPT 设计采取多种形式，借助多媒体科技的辅助，用视频、音频和图片等手段增加课程的生动性和趣味性。

图 1-1　学堂在线慕课平台和北京工商大学优秀课程思政案例示范课平台

四、课程参考资料

主教材：《管理学》编写组编：《管理学》，高等教育出版社，2019 年版。

辅教材：王国顺、邓春平、王长斌编：《管理学》，清华大学出版社，2020 年版。

斯蒂芬·罗宾斯等著：《管理学原理（英文版·第 10 版）》，中国人民大学出版社，2019 年版。

周三多、陈传明、贾良定编著：《管理学——原理与方法》，复旦大学出版社，2014 年版。

推荐阅读期刊：

学术类：《管理世界》《心理学报》《南开管理评论》《管理学报》《经济管理》

实践类：《清华管理评论》《企业管理》《第一财经周刊》

外文类：*Academy of Management Journal*，*Journal of Applied Psychology*，*Organizational Behavior and Human Decision Processes*，*Harvard Business Review*，*Sloan Management Review*

五、课程前后联系

先修课程：商业伦理与企业社会责任
后续课程：组织行为学、企业管理实践、创新创业管理、跨文化管理、人力资源管理

六、课程评价手段

本课程评价由期末考试（70%）、过程评价（20%）和增值评价（10%）三部分组成。具体构成如下：

（1）**期末考试（70%）**。严格学业标准，不划定考试范围，不划重点，采取题库抽取的方式。采取流水集体阅卷，评分标准兼顾客观性和开放式，不强调死记硬背。提高开放式案例分析题比例，案例分析题体现思政目标评价。

（2）**过程评价（20%）**。客观记录学生品行日常表现和突出表现，考核课程和思政教学参与度。团队任务、决策模拟等环节，由指定团队秘书记录参与表现。采取随机抽查式点名，强调学习环境综合评价和触发机制（缺勤人数达到5%，即启动记勤）。

（3）**增值评价（10%）**。引进奖惩机制，学习态度改善可作为前期缺勤的弥补。强调适应性、反馈性学习评价。及时反馈，引导学生根据学习获得感调整学习策略，根据期末与期中综合测评表现的改进程度，给予奖励。

过程评价和结果评价具体如表1-3所示。

表1-3 过程评价和结果评价

评价形式		评价维度		
		评价项目	评价指标	评价方式
过程评价	课前	线上学习进入	观看量 下载率	线上记录
	课中	线上\线下到课情况	出勤率	线上\线下考勤
		学生实践过程	学习参与度 心流体验 满意度 持续学习意愿	追踪调查
		学习效果检测	阶段测试成绩 汇报展示分数	线上\线下考核

续表

评价形式		评价维度		
		评价项目	评价指标	评价方式
过程评价	课后	知识巩固训练	课后作业成绩	线上\线下考核
		知识拓展训练	拓展延学成绩	
结果评价	客观评价	学科成绩	期末成绩	考试
	主观评价	教师评价	教学质量	线上\线下评价
		学生评价		
		督导评价		

七、课程思政体系融入

本课程以马工程《管理学》教材为范本，立足数字化管理的课程大纲和教学目标具体分解，构建了"四位一体"的思政融入体系，按照教学章节整理了每一部分的教学内容，并系统提取了各个章节的思政要素，作为教学实践的框架参考，具体内容如表1-4所示。

【价：社会主义核心价值观模块】、【思：中国传统文化与管理思想史模块】、【德：道德法制与德育模块】、【行：中国优秀企业案例模块（优秀企业文化与国家竞争力）】

表1-4 管理学原理课程思政教学内容及思政要素

教学	教学内容	思政元素	模块
管理理论演进	现代管理理论的发展历程、中国古代管理思想	用辩证唯物主义和历史唯物主义的观点去追溯历史演进；中国传统文化中的管理思想	【思】【价】
管理与组织概论	为什么学习管理、管理概述、管理发展历程、管理理论	宏观、微观意义；爱国；敬业；家国情怀；文化自觉；文化自信；创新精神；哲学思想	【思】【价】【德】
管理环境	管理环境	大局观；权变观	【价】【德】
综合管理问题	管理变革与创新、管理面临的挑战	中国管理故事；工匠精神；变化中的管理	【思】【价】【行】

续表

教　学	教学内容	思政元素	模　块
决策	管理决策	长征中的决策；《孙子兵法》；改革开放政策；"一带一路"倡议；数字中国；党的全国代表大会决策；党和国家在重大事件中的正确决策；职业规划决策	【价】【行】【德】
计划	长短期计划等各种计划类型	我国各类发展战略及规划；企业家制定战略；国家重大赛事中的计划工作（冬奥会、亚运会）	【价】【行】
组织	组织文化、组织职能、组织结构、事业部型组织结构	文化自信；党的组织管理；马克思主义内容与形式的规律；企业家管理创新精神	【思】【价】【行】
人力资源管理	管理伦理与社会责任	道德观；社会责任感	【思】【价】
激励	激励过程；内激励、外激励；激励理论	如何提高工作积极性；员工敬业精神；职业选择	【行】【德】
领导	领导职能、领导理论、领导者的素质	国内外优秀企业家的领导方式；企业家精神；周总理的沟通艺术；提高自身领导能力；职业素质；培养自身领导艺术	【价】【行】
沟通	沟通类型	各种情境下与人沟通的技巧；诚信友善的沟通	【价】【行】
控制	控制职能、管理控制、质量控制、质量控制不严格造成损失	国家对国内外突发事件的应对；质量控制；工匠精神；诚信；道德；责任与担当	【思】【价】【行】【德】
创新	创新类型	服务创新、商业模式创新、企业家精神等内容，并对华为、海尔、小米等优秀企业案例进行分析	【价】【行】

第二章　跟着党史学习理性决策

撰写人：徐正达[①]

一、样例章节教学内容

（一）本章教学目标

依据本课程的要求和学生现有知识的基础，确定章节的教学目标是：

价值目标：（1）强化党史教育和社会主义核心价值观教育；
（2）强化对奋斗自强人生观的使命追求；
（3）强化对社会主义新时代背景下个人决策和奋斗的激励教育。

知识目标：（1）掌握组织内外部环境分析的常用方法；
（2）掌握理性决策、行为决策和非理性决策的定义和分类；
（3）了解价值理性与工具理性的对立关系。

能力目标：（1）能够分清组织的内部环境和外部环境，并利用合适的工具对内外部环境进行分析；
（2）能够掌握理性决策的环节，并有能力进行理性决策；
（3）能够在信息有限的情况下进行社会效益最大化的非理性决策。

（二）教学重点难点

该知识点为《管理学》第四章"环境分析与理性决策"中第一节"组织的内外部环境要素"与第二节"理性决策与非理性决策"的内容。内容设计为1课时（50分钟）。

---

① 该案例为国家自然科学基金青年项目阶段性成果（No. 72402006）。

在整个课时的设计中，将按照"内容回顾—引入主题—案例实践—核心知识传授—补充分析—内容回顾—总结问答"的逻辑顺序进行。

教学重点：组织内外部环境分析的方法。

教学难点：如何结合组织的内外部环境情况进行理性决策或非理性决策。

对重点难点的处理：

（1）采用案例分析的方式对重难点内容进行具象化处理，降低知识点的理解度；

（2）利用新媒体等数字化手段提高学生的注意力，并提升知识传授效果；

（3）引入课堂分组辩论的形式，及时消化吸收所学知识，并将所学知识进行应用，强化记忆；

（4）布置作业加强学生的课后巩固。

二、课程思政元素挖掘

结合课程内容以及教学目标，基于决策相关知识点的思政设计，进行了知识模块扩展，增加了理论知识的深度与广度，从而形成了一个良好的思政资源。具体而言，本章节的课程可以帮助我们进行以下具体的思政内容建设。

（一）党史红色教育，传承红色基因

在本章节的思政教学案例设计中，我们将以中国共产党历史上典型的决策事件"四渡赤水"作为案例进行分析。习近平总书记指出："讲中国故事是时代命题，好的中国故事是时代使命。"没有什么故事比中国共产党切身经历的故事更能够体现中国的国情。"四渡赤水"是中国共产党长征过程中面临的重大战略决策事件，四渡赤水战役的成功为革命的成功奠定了基础，体现了决策的重要性，这一案例可以有效地帮助学生理解决策的制定、执行以及正确进行决策的重要意义。

讲好党史故事，可以做到以专业课为依托，以具体知识点为抓手，以历史事件为呈现的方式，达到预期的思政目标。第一，学生在听故事的过程中，可以自行思考决策的重要性，在这个过程中不仅拓展了专业知识，也潜移默化地学到了党史内容；第二，学生在分析故事的过程中，可以模拟当时的情况自己进行决策，这个过程不仅增强了专业知识与实践结合的效果，同时也让学生体会到了中国共产党当时进行决策的艰难；第三，通过互相讨论，学生明白在信息缺乏时进行正确的决策需要依赖决策者的个人能力和特质，同时了解党在当时进行决策的重要性，进而提升对党的领导的必然性和必要性的认知和理解。

习近平总书记强调，要认真总结这次党史学习教育的成功经验，建立常态化、长效化制度机制，不断巩固拓展党史学习教育成果。"四渡赤水"在党史中具有重要的地位，这些决策让红军从被动走向主动，从失败走向胜利。这一案例有效地结合了党史教育、爱国主义教育、红色教育和中国梦教育的思政内容以及决策中的专业知识内容，可以有效地实现课程思政目标。

(二) 培养个人品德，树立正确三观

通过上述案例和课堂专业知识的学习，课程可以帮助学生树立正确的世界观、人生观和价值观，增强学生的社会道德意识、个人道德意识和职业道德意识，帮助他们在今后的学习和工作中进一步完善自身。从党史教育中，学生可以学习中国共产党不怕艰苦、不怕牺牲、勇敢顽强的奋斗精神，这些都可以帮助他们在建设社会主义现代化的过程中奋力拼搏，勇争上游。

三、课程思政案例设计

(一) 课程思政理念和内涵

本节课程思政的核心理念为隐性思政教育，在教育的过程中重点强调课堂案例与安排对所学知识点的涉及和传授，在学习的过程中用渗透性的、潜移默化的方式使学生在耳濡目染中感受到思政教育的内涵。在课程的设计上，本节所引用的案例是我国历史上发生的真实情况。管理学课程的特征使得历史内容的学习本就是专业知识中不可或缺的一环。因此，在本节课程中，隐性思政教育可以取得很好的效果。通过对案例进行介绍和分析，学生可以在学习和实践中加强对中华传统文化和中国共产党党史的了解，尤其是增强对党的领导的重要性的理解，传承红色基因。本章节还结合了时政内容，突出了中国特色社会主义制度的优越性，强调了中国共产党领导的历史必然性和必要性，以及继续推进马克思主义中国化的重要性。

(二) 数字化手段助力案例建设

课堂中使用的具体的案例以我国实际发生的事件为基础，通过教师自己对历史资料以及数字辅助资料的整理，在案例讲解中着重强调与管理学知识相关的内容，引导学生自行对案例进行总结和思考，考验学生学习和应用专业知识解决问题的能力，并通过案例学习与决策环境分析、理性决策以及科学决策相关的知识点。

案例建设中使用多种数字化教学手段，不仅为学生提供了直观的视频片段，还利用三维地图展示随着时间变化的"四渡赤水"过程，帮助学生更加清晰直观地了解案例所讲述的内容，增强思政案例的活泼性和可接受性，提升教学效果。

从"四渡赤水"看中国共产党的战略决策[①]

案例内容

展开中央红军长征路线图，可以清晰地看到，最复杂的一段行军路线是在贵州遵义一带及其西北地区，著名的"四渡赤水"就发生在这里。《长征组歌》中有一句人们所熟知的歌词"四渡赤水出奇兵"，毛泽东本人也把"四渡赤水"之战视为平生得意之笔。此战究竟"奇"在哪里？要想了解这个问题，首先要知道红军为何四渡赤水。

一渡赤水，原计划北渡长江

遵义会议后，中央红军为了实现北渡长江与红四方面军会合，也为了摆脱四面包围而来的敌军，于1935年1月19日撤离遵义，准备渡过赤水河，从宜宾至泸州段北渡长江。27日，红军在向土城镇前进途中，毛泽东提议利用有利地形歼灭追敌川军一个师。但由于对敌情判断有误，激战数小时未能解决敌人。眼看战斗形成僵局，毛泽东与政治局其他领导人研究认为，应迅速撤出战斗，保存实力。遂于29日凌晨一渡赤水，向古蔺、叙永地区前进，打算从那里寻机渡江。而此时，四川军阀刘湘为防止红军入川推翻其统治，集中了36个团于长江南岸，其战斗力也超出我军的预想。

二渡赤水，运动战消灭敌人

这样一来，北渡长江的计划将难以实现了。于是，毛泽东提议再渡赤水回师遵义。他要利用敌人判断红军北渡长江的错觉，出其不意挥师向东，打击战斗力最薄弱的黔军王家烈部，以运动战主动消灭敌人。2月20日前后，红军由太平渡、二郎滩等地向东二渡赤水，并在五天之内攻下桐梓，夺取娄

[①] 案例来源：徐焰. 四渡赤水出奇兵："奇"在哪里 [A]. 青霖编. 四渡赤水（读·党史第28辑）[C]. 中共党史出版社，2017：1-3. 案例内容为图书原文直接引用，作者未进行改编。

山关，重新占领遵义城，歼灭了王家烈的八个团和吴奇伟纵队的两个师，取得了长征以来最大的一次胜利。

三渡赤水，牵着敌人鼻子走

此后，蒋介石重新调整部署，以数十万军队形成了新的包围圈。为了摆脱敌人的包围，3月11日，红军再次撤离遵义西进，打算先歼灭周浑元部，然后在遵义以西建立根据地。但在茅台镇附近的鲁班场进攻周浑元部未能得手，毛泽东和军委决定放弃在黔北建立根据地的计划，再次向西渡过赤水河，以便把敌军调向西面，再图南进。3月16—17日，红军在茅台附近三渡赤水，再入川南，并派出一个团向古蔺一带进发，朝着西北方向的长江南岸佯动。蒋介石因此判断红军有北渡长江的迹象，急忙下令各部追击。

四渡赤水，终于跳出包围圈

为了彻底地甩掉敌人，毛泽东指挥红军再次调头向东，从敌军的间隙中穿过，于3月21日晚至22日晨四渡赤水，然后迅速向南，渡过乌江，锋芒直指贵阳。而此时，蒋介石正在贵阳坐镇指挥，偌大的贵阳城只有一个团的兵力防守。眼看红军大部队即将兵临城下，蒋介石惊慌失措，急调滇军前来保驾。没想到，红军又乘虚进军云南，一路上基本未遇拦阻，迅速抵达金沙江边，以十几条小木船从容渡江，就此把国民党军队远远地甩在了后面。

思考问题

(1) 红军当时面临的内外部环境分别是什么？请用所学的分析工具进行分析。

(2) "四渡赤水"的决策是在什么条件下制定的？

(3) 为什么"四渡赤水"会获得成功？

四、专业知识与课程思政元素融合分析

本部分将以课本上的知识点的逻辑顺序为线索，分别分析案例是如何表现这些知识点的，以及案例内容在辅助知识点教学的过程中是如何完成思政教育的。

（一）内外部环境分析工具及应用

知识点简介：本案例所涉及的内外部环境分析工具为 PEST 分析法和 SWOT 分析法。PEST 为外部环境分析工具，主要从政治与法律环境（P）、经济环境（E）、社会与文化环境（S）和技术环境（T）四个方面来探查、认识影响组织发展的重要因素。SWOT 为内外部环境综合分析工具，主要从组织

的优势（S）、劣势（W）、机会（O）和威胁（T）四个方面进行分析，形成环境分析矩阵。

课程思政元素：该案例讲述的内容为红军长征时期的我党决策行为。当时党领导的红军正面临着内忧外患，因此在决策中要充分考虑内外部环境的共同影响。通过运用 PEST 和 SWOT 工具，学生自己动手分析当时的环境，将理论知识与实践相结合，真切地感受到当时我党面临的危难境地。通过将相关知识融入案例分析的过程，可以"润物细无声"地完成课程思政内容。

（二）行为决策理论

知识点简介：行为决策理论认为人是决策人，这种模式下，组织成员都是为实现一定目的而合理地选择手段的决策者。决策者把学习、记忆、习惯等心理学因素作为决策的行为基础。该理论认为人的理性介于完全理性和非理性之间，即人是有限理性的。

课程思政元素：本案例涉及的决策是典型的行为决策模型。毛泽东"四渡赤水"的决策受到了很多人的质疑，这就是因为人的理性的有限性。在高度不确定和极其复杂的决策环境中，人的知识、想象力和分析能力是有限的。因此，不同的决策者在对未来的状况进行判断时会受到自身认知直觉上的偏差。毛泽东在进行决策时也很难对决策内容进行详细的描述，而其他决策者依赖自己的认知也难以理解这一决策内容的正确性，这些都表现出行为决策的特点。除此之外，决策过程中决策者的时间和资源都受到了严格的限制，因此只能依赖自己的认知。这就使得决策的正确性主要依赖于决策者的个人素质。"四渡赤水"的成功表明毛泽东、周恩来、王稼祥、朱德等人是伟大的军事家、战略家。

（三）领导集体决策模型

知识点简介：领导集体决策模型认为政策选择是建立在领导者优秀的素质和管理经验的基础上的，由领导者或领导集体依据自己的应变能力和判断力进行决策。其优点是决策迅速，但决策质量同领导者的个人素质、经验密切相关，是决策是否成功的决定性因素。

课程思政元素："四渡赤水"的案例充分体现了领导集体决策模型的重要性和有效性。在四渡赤水的过程中，以毛泽东同志为首的中共中央领导集体根据战争的局势变化迅速做出决策。根据党史记载，许多决策都是依据领导者和领导集体的个人素质和经验做出的，并在当时取得了巨大的成功。通过学习并模拟当时的情境进行决策，可以帮助学生加深对领导集体决策模型的认知，并让学生深刻地意识到领导的素质是影响决策的重要因素，促进学生努力学习，提升自己的能力和素质，进而提升进行正确决策的能力。

五、现场教学组织与控制

（一）课堂活动设计

本节将以 50 分钟的课程为例，介绍详细的教学步骤、教学过程以及教学活动的设计思想，重点介绍上述思政案例与课堂所学知识的融合方式和逻辑思路。具体的教学方法包括课堂案例教学、新媒体教学、课堂辩论、翻转课堂等，详见表 2-1。

表 2-1　课堂活动设计

教学步骤	详细教学过程	课程思政
5 分钟 知识回顾	【复习】在上一节中，我们共同学习了决策的概念和定义，以及决策的准则和影响因素。 【提问】大家还记得影响决策的组织内外部环境的层次吗？ 【回答】环境可以分为一般或宏观环境、具体或微观环境以及组织内部环境。 （图：一般或宏观环境因素、具体或微观环境因素、内部环境因素——经济、顾客、技术、供应商、物质、文化、战略同盟伙伴、自然资源、管理机构、竞争者、社会、政治法律） 【复习提问】在上节课结束时，给大家留了一个作业，让大家思考自己现在所处的环境是怎么样的，环境会怎样影响你的学习、生活和就业决策。 【学生回答】学生反馈回答校园环境和社会环境的影响，并结合自身情况分析外界环境的影响。 【教师讲授】根据学生反馈情况加强对于环境会影响决策的相关知识的讲授，帮助学生加强对于环境是会互相影响、互相交互的认知。	引导学生复习所学内容，形成完整的知识体系，通过问答形式检验学生的知识掌握情况及预习情况，帮助学生建立完整的知识框架。

续表

教学步骤	详细教学过程	课程思政
5分钟 案例导入	【案例引入】运用PPT、图片和视频的方式展示案例。在案例讲述过程中，鼓励学生进行多种模式的学习，如可以邀请部分同学上台对案例进行诵读或介绍等，或是在案例视频播放完毕后邀请不同的同学进行简单的归纳总结，提升大家的课堂注意力。 【讲述重点】提前将电子版案例文件发给学生，鼓励学生使用多种媒介自行阅读文字，并结合文字和图片内容进行标注。 【提问学生】在介绍完案例后，引导学生思考以下问题： （1）红军当时面临的内外部环境分别是什么？ （2）"四渡赤水"的决策是在什么条件下制定的？ （3）为什么"四渡赤水"会获得成功？	通过历史案例，引导学生了解本节课的重点内容，即环境分析方法以及环境对决策的影响。 通过案例的形式介绍党史，融入思政内容。
3分钟 案例补充	【学生讨论】针对这一案例，请大家思考上述三个问题，尤其是结合我们之前所学的内容，尝试去解答以上问题。 【教师讲授】在学生阅读完毕后，教师补充一些宏观背景信息，如当时世界的局势情况、世界的技术发展情况、红军所拥有的装备的技术水平与国际先进水平之间的差异等，让学生更充分地了解到为何当时的决策更多的是在缺乏信息的情况下制定出来的。这一补充过程可以通过引导式地提问进行，如询问学生："有同学了解当时的社会和技术情况吗？""哪位同学知道为什么我们当时不利用先进的侦察手段推断敌军的动向？" 【学生回答】学生根据案例内容和补充信息讨论并回答以上三个问题。	通过讲授补充内容，帮助学生了解我国的现实情况，增强同学们学以致用的爱国主义情怀。
3分钟 案例分析	【板书设计】将学生讨论的内容根据类别记录在黑板上，按照PEST的分类以及组织内外部环境的分类进行归纳划分。板书按照如下图格式进行安排，学生回答后保留板书内容。尽量引导学生从政治、经济、社会和文化四个角度分析红军面临的外部环境，并结合当时的具体情况分析红军的内部环境。 外部环境 | 政治 | 经济 | | 社会 | 文化 | 内部环境 【教师讲授】在此处并不给大家公布案例问题的正确答案，而是将大家回答的内容以板书的形式留在黑板上，让大家带着问题进行学习，从而加深对知识点的理解。	通过板书增强学生记忆，并与后续知识相结合。

续表

教学步骤	详细教学过程	课程思政
5分钟 知识点 讲授	【知识讲授】一般环境分析方法 【教师讲授】一般环境的改变对组织的影响往往是通过具体环境对组织产生作用力表现出来的。在组织管理中，一般环境和具体环境是相对的。一般环境和具体环境还可以相互转化。在分析任何问题的时候，都应该先界定企业的一般环境。根据黑板上大家的讨论结果，我们可以看出大家归纳的影响因素大概可以分为政治与法律环境（P）、经济环境（E）、社会与文化环境（S）、技术环境（T）四个方面。 【板书展示】PEST分析的具体内容如下表所示。 | 主要方面	主要内容
---	---
人口	人口的地理分布、就业水平、收入水平、年龄、文化差别等
经济	增长率、政府收支、外贸收支及汇率、利率、通货膨胀率等
政策与法律	环境保护、社会保障、反不正当竞争法以及国家的产业政策
社会与文化	公民的环保意识、消费文化、就业观念、工作观念等
科学技术	高新技术、工艺技术和基础研究的突破性进展 | 【教师活动】以案例为引导，在板书过程中引导学生自行思考，总结这四个方面的具体影响以及包含的要素。 【教师讲授】除了外部环境外，SWOT分析是最常用的内外部环境综合分析技术，是由哈佛大学的安德鲁斯等人提出的一种分析方法。SWOT分别从优势、劣势、机会和威胁的维度辩证思考组织面临的内外部环境。根据黑板上大家讨论的结果，我们可以进行简单的分析：外部环境为红军带来的机会和威胁是什么？同时红军又有哪些优势和劣势？	重点知识讲授，帮助学生掌握PEST和SWOT分析方法。
3分钟 知识点 分析	【教师提问】一般环境因素是怎样通过影响组织的具体环境来影响组织活动的？ 【学生互动】引导学生继续通过案例进行思考，探讨一般环境对组织内部环境的影响。例如，可以引导学生思考"四渡赤水"时的社会人口、经济、社会和技术环境等分别如何影响了红军的内部构成，为什么红军的执行力比国民党军队要强。通过这些分析引发对环境影响决策的思考。 【教师提问】红军是如何利用优势、避免劣势的？又是怎样抓住机会的？ 【学生回答】学生根据案例材料进一步进行总结，将外部分析逐渐深入转化为内外部环境分析。	引导学生自行从外部环境分析转向内外部环境分析，加强对知识逻辑的认知。

续表

教学步骤	详细教学过程	课程思政
3分钟总结本节内容并介绍下节内容	【教师讲授】通过本节课的学习，我们掌握了环境分析方法，并了解了什么是理性决策。通过学习，我们明白了决策要兼顾经济效益和社会效益。那么大家可以思考一下，我们在课堂开始时提出的案例的问题是否能够进行更全面的解答？ 【学生回答】根据所学内容进一步回答案例问题。 【教师讲授】简单回顾今天所学知识，并向学生介绍本节课的回顾内容： （1）根据环境分析的层次不同，我们在不同的情况下应该选择什么具体的环境分析工具？ （2）环境分析是万能的吗？这些工具有什么弊端？分析结果如何影响决策？ （3）在进行决策时，除了考虑社会效益外，要如何具体评价一个决策方案的好坏？ 【教师讲授】以上问题留给大家回去思考。这些问题的解答也与下节课要学习的决策方法的内容相关。我们将在下一节课对这些问题进行进一步解答。	通过复习知识形成知识闭环，帮助学生构建知识框架。 通过回顾相关案例对学生进行党史教育和红色教育，普及社会主义核心价值观。

（二）课后作业及安排

1. 课后作业

在学习完本节课的案例后，学生经常会提出许多党史内相似的经典案例，许多都能够体现环境分析以及行为决策的相关知识点。因此，一般课后都会让同学们自行寻找类似的案例，并基于本节课所学的知识对自己找到的案例进行分析，从而增强学生自主学习的能力，并帮助学生巩固复习知识点。

利用数字化教学平台，鼓励学生通过短视频、Vlog、图文结合等方式分享自己收集到的与本节课内容相关的案例，并鼓励同学在其他数字化平台上积极分享自己的作业成果和案例分析内容，扩大相关知识点以及思政教育的影响力，实现课堂教学反哺社会的目的。

2. 线上线下相结合的课后活动

基于当地的条件和历史文化，可以要求同学们进行户外调研、博物馆参观等相关的课后活动，增强对于相关知识的理解，尤其是深化学生对于决策过程以及响应结果的认知。相关的活动不仅可以提升课堂知识的延续教育，同时也可以提升思政育人的效果。

鼓励学生使用多种形式组织课后活动，如在博物馆参观的过程中，可以充分利用多种线上的虚拟讲解资源等增强自己的理解。鼓励学生在参观的过程中寻找博物馆等景区在数字虚拟资源建设中的不足之处，并通过自己的思考为博物馆等的数字虚拟资源建设提供建议，尤其是在创新展示形式上提供自己的想法。

六、教学反思

学生使用 PEST 以及 SWOT 分析时，要注意学生的认知水平以及个人偏见。在实践中，许多学生会基于自己的经历和理解过度强调某些内外部因素的重要性，形成某些先入为主的观点，而忽视其他维度的要素的重要性。因此，在实践中可以采用列清单的方式让学生或小组之间进行想法的交流，从而克服先天偏见。

形成清单也有助于学生交换想法，并在后续教学中形成交叉引证的观点以供讨论。由于纸质清单的制作较为耗时耗力，也可以避免学生在课堂上过度的思维发散，因此建议教师在课堂上使用纸质清单的方式组织教学活动，或是邀请学生在黑板上罗列清单，这些方式有助于教师把握课堂进程。但对于时间较为紧张的课程，数字清单的构建同样也可以起到不错的效果，但要注意让学生将注意力集中到讨论的话题上。

在以团队形式开展的教学活动中，清单的运用更加灵活。可以先要求学生以个人身份独立进行分析，再进行小组的讨论和整合；也可以利用头脑风暴的方式直接进行小组讨论，从而提升效率。

教学中可以使用多种线上程序迅速完成纸质清单的构建，如利用剥豆豆、课堂有点酷等网站提供的轻量化线上教学工具，避免学生上课时不愿意利用纸质列清单导致课堂活动难以组织的情况发生。线上轻量化小程序不需要学生下载，直接扫码即可使用，不仅提高了学生的兴趣和参与程度，也有助于教师在后续课程的讲授中随时调取相关内容，并利用大屏幕对不同学生的观点、不同组的观点进行比较分析，提升讲课内容的针对性，更有利于学生接受相关知识。

第三章　坚守职业初心，发扬敬业精神
——工作动机的分类与应用

撰写人：孙笑然　王　楠

一、样例章节教学内容

（一）本章教学目标

依据本课程的要求和学生现有知识的基础，确定章节的教学目标是：

价值目标：（1）感受和体会激励的实际过程。
　　　　　　（2）深入理解动机的本质，尤其是内部动机的作用。
　　　　　　（3）通过先进人物实例鼓励学生坚守初心，践行使命。
知识目标：（1）根据实例分析，了解激励的过程及动机的含义。
　　　　　　（2）理解内部动机和外部动机的区别和联系。
　　　　　　（3）了解德西效应的原理和作用机制。
　　　　　　（4）理解双因素理论的激励原理。
能力目标：（1）培养学生有条理的思考与表达能力，提高逻辑思维能力。
　　　　　　（2）培养学生从管理者角度激励员工的思维，掌握正确的激励方法。
　　　　　　（3）能够在现实的管理场景中有效地激励和影响员工。

（二）教学重点难点

该知识点为《管理学》第七章"激励"第二节"基于需要的激励理论"中的"动机的分类与应用"，旨在讲解动机的概念与分类，厘清内部动机与外部动机的关系，并通过其在管理实践中的应用，解释双因素理论的含义及其对于员工激励的意义。内容设计为1课时（45分钟）。

在整个课时的设计中，将按照"内容回顾—案例导入—理论讲解—实践

应用—内容回顾—总结升华"的逻辑顺序进行。具体的课堂设计和教学过程将在第五部分进行详细介绍。

教学重点：

（1）通过实例解释内部动机与外部动机的区别和联系。

（2）德西效应的原理。

（3）双因素理论在员工激励中的应用。

教学难点及解决对策：

（1）德西效应的理解。在某些情况下，人们在内在报酬和外在报酬兼得的时候，不但不会增强工作动机，反而会减低工作动机。此时，动机强度会变成两者之差。

解决对策： 通过学生喜闻乐见的实际案例，来解释理论知识。该部分采用字幕组的案例，如图3-1所示，来解释德西效应的作用效果。

图3-1 德西效应的实例解释

（2）保健因素和激励因素的划分。

解决对策： 以数据图表的方式，如图3-2所示，让学生直观理解不同因素的激励效果，并通过实际管理场景的案例加深学生对理论的理解。

二、课程思政元素挖掘

结合课程内容以及教学目标，基于决策相关知识点的思政设计，进行了知识模块扩展，增加了理论知识的深度与广度，从而形成了一个良好的思政资源。具体而言，该章节的课程可以帮助我们进行以下具体的思政内容建设。

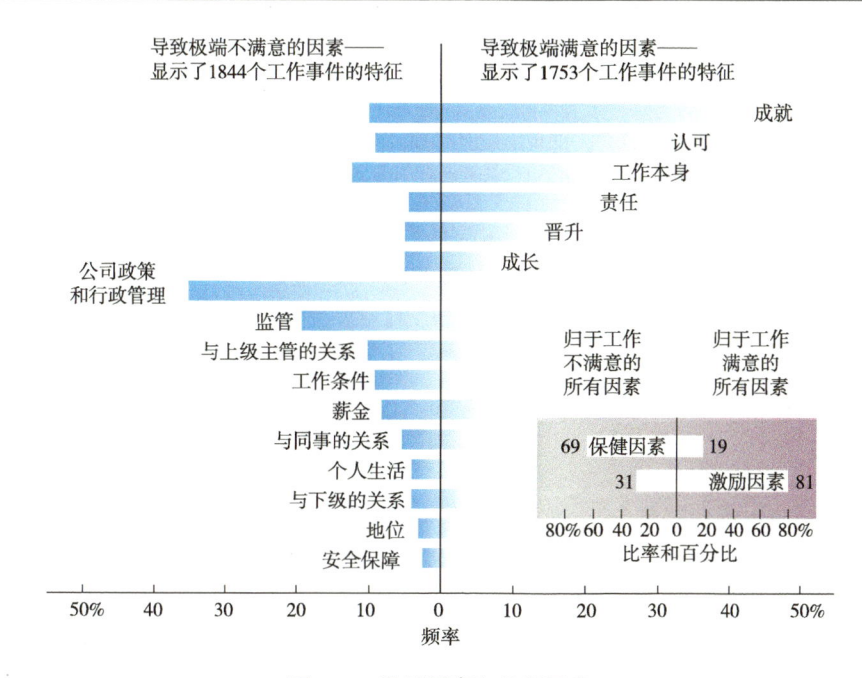

图 3-2 激励因素和保健因素

(一) 加深学生对社会主义核心价值观的理解

在本章节的思政教学案例设计中,将通过对张桂梅校长事迹的讲解,加强学生对于社会主义核心价值观——敬业的理解。敬业是对公民职业行为准则的价值评价,要求公民忠于职守,克己奉公,服务人民,服务社会。而张桂梅校长正是这一价值观的生动体现。她把自己的全部心血和精力都投入到了教育事业中,三十年如一日,无私奉献,执着追求教育的理想和目标。她不仅教书育人,更以自身的行动诠释了什么是真正的敬业。

在案例分析过程中,结合具体事例让学生感受张桂梅的敬业精神。比如,讲述她如何身患重病仍坚守岗位,如何家访超过11万公里深入了解学生情况,如何用自己的行动诠释什么是真正的教育工作者。这些具体的事例可以让学生更加深刻地理解敬业的内涵。

通过案例思考,鼓励学生将张桂梅的事迹与自己的学习和生活联系起来。让他们思考如何在自己的学习和生活中践行敬业精神,如何以张桂梅为榜样,努力追求自己的梦想和目标。

通过以上方式,学生不仅能够加深对敬业的理解,还能够从张桂梅的事迹中汲取精神力量,激发自己的学习热情和奋斗精神。

（二）培养职业精神，树立正确工作态度

通过上述案例和课堂专业知识的学习，可以帮助学生建立正确的世界观、人生观和价值观，增强学生的职业道德和职业精神，帮助他们在今后的学习和工作中进一步完善自身，树立正确的学习和工作态度。从初心教育中，学生可以学习张桂梅校长坚定的信念和无私的奉献精神，激励学生投身于自己热爱的事业，为推动社会进步贡献自己的力量。

三、课程思政案例设计

（一）课程思政要点

本节内容的思政要点如下：
（1）从社会主义核心主义价值观的"敬业"出发，探讨如何激发员工的敬业精神。
（2）以需要层次理论和成就需要理论解释员工需要层次的差别及变化，让学生了解不同需求层次的重要性，并认识到在满足个人需求的同时，也要关注他人和社会的需要。结合国家政策，分析政策如何满足人们的不同需要层次。
（3）以双因素理论解释：作为管理者，不能把物质奖励作为激励员工的唯一途径，要善于利用内部动机和内激励。从员工角度出发，提醒不要忘记自己的职业初心，鼓励学生坚持初心，践行理想。

（二）数字化手段助力案例建设

本节主要介绍课堂中将会使用到的具体的案例，本案例将以榜样人物的事例为基础，通过教师自己的改编，在案例讲解中着重强调与管理学知识相关的内容，引导学生自行对案例进行总结和思考，考验同学学习和应用专业知识解决问题的能力，并通过案例学习与决策环境分析、理性决策以及科学决策相关的知识点。

案例建设中使用多种数字化教学手段，不仅为学生提供了直观的视频片段，还通过线上慕课及思政课程的展示，帮助学生更加清晰直观地了解案例所讲述的内容，增强对课程知识的理解，提升教学效果。

坚守职业初心，发扬敬业精神
——"校长妈妈"张桂梅

案例内容

张桂梅，原名张玫瑰，满族，中共党员，出生于1957年6月。她是一位杰出的教育工作者，现任丽江华坪女子高级中学书记、校长，华坪县儿童福利院院长（义务兼任），丽江华坪桂梅助学会会长。

张桂梅的早年生活并不富裕，母亲在她很小的时候就病逝了。然而，生活的艰辛并没有击垮她，反而培养了她吃苦耐劳的品质。1974年，张桂梅跟随参加"三线建设"的姐姐来到云南省中甸县（现香格里拉市）支援边疆建设，并于1975年12月在当地参加工作，成为中甸林业局办公室工作人员。后来，她调到子弟学校当中学教师，并在1988年以优异的成绩考入了丽江教育学院中文系。

在教育事业中，张桂梅展现了出色的能力和坚定的信念。她毕业后随丈夫调到大理白族自治州喜洲一中任教，然而，丈夫的去世给她带来了巨大的打击。但张桂梅并未被悲伤击垮，她调离了伤心之地，来到边远的丽江市华坪县中心学校任教，这一去就再也没有离开。

在华坪县，张桂梅坚守教育报国的初心，牢记立德树人使命，创办了全国第一所全免费女子高中——丽江华坪女子高级中学，并担任书记、校长。她致力于教育扶贫，帮助1800多名贫困山区的女孩走出大山、走进大学，改变了她们的人生轨迹。在过去的十多年里，张桂梅老师坚持走进学生的家庭，完成超过11万公里的家访路，走进了1000多名学生的家。她跋山涉水，不畏艰难，即便面对包车司机都不愿意去的地方，她也坚持亲自前往。在家访的过程中，她与学生家长亲切交流，关心学生的生活和学习情况，甚至将自己的外套脱下给贫困家庭，自己则因此受冻。除了提供教育机会，张桂梅还积极资助贫困学生，帮助她们解决生活上的困难。她用自己的爱心温暖着每一个需要帮助的学生，让她们感受到了社会的关爱和温暖。

除了教育事业，张桂梅还兼任华坪县儿童福利院院长，为孤儿和贫困儿童提供关爱和帮助。她用自己的行动诠释了什么是真正的爱心和奉献，成为了新时代"四有好老师"的实践者和师德丰碑的构筑者。

张桂梅的事迹感动了无数人，她荣获了众多荣誉称号，包括"全国优秀共产党员""全国三八红旗手""全国优秀教师""时代楷模"等。她的坚韧不拔、无私奉献的精神,为全社会树立了崇高的榜样。见图3-3。

图 3-3　张桂梅老师

(注:案例内容参考《张桂梅:大山里的女孩》(央视网·面对面);《最美张老师带着1804个山里女娃"逆天改命"》(央视网);《扎根山乡教书育人的张桂梅》(《人民日报》)等相关资料。作者进行了改编整理。

思考问题

(1) 支撑张桂梅校长坚持教育事业的动机是什么?请结合双因素理论分析。

(2) 结合张桂梅校长的事例思考,如何激励员工的敬业精神?

(3) 张桂梅校长的事迹对你的职业选择和发展有什么启示?

四、专业知识与课程思政元素融合分析

本节将对案例如何有效地结合专业知识和思政元素进行分析。本文将以课本上的知识点的逻辑顺序为线索,分别分析案例是如何表现这些知识点的,以及案例内容在辅助知识点教学的过程中是如何完成思政教育的。

(一) 内部动机与外部动机的作用

知识点简介:内部动机 (intrinsic motivation),个体对所从事的活动本身有兴趣而产生的动机。这种活动能使个体获得满足,也是对个体的一种奖励和报酬。内部动机由三种内驱力引起,一是好奇的内驱力,即求知欲;二是好胜的内驱力,即求成欲;三是互惠的内驱力,即人们都需要和

睦共处，协作活动，人们必须结合起来才能对个人行为发生更大的推动作用。

外部动机（extrinsic motivation），活动本身并不能给个体带来直接的满足，要依靠来自活动本身之外的刺激，如金钱、物质奖励，或者为了避免惩罚而完成某项活动。

课程思政元素：内部动机对个体行为有显著的激励作用，能够提高个体的努力水平，而外部动机产生的激励效果通常是短期的，长期的激励效果不如内部动机。在实践中，工作的内部动机，就是工作者的初心和热爱。本案例中讲述的张桂梅校长，坚守大山教书育人，支撑她的工作动力就是来自对教育事业的热爱，对大山中学生负责的内部动机。通过实例的讲解，让学生更深入地理解内外动机的区分，激发他们对职业的热爱和坚守。

（二）双因素理论

知识点简介：组织中存在两类性质不同的因素。一类叫保健因素（hygiene factors），指预防出现不满情绪有关的因素，大多跟工作环境相关，不能激励员工，也叫不满意因素。如组织政策、管理监督方式、工作环境和条件、人际关系、工资报酬、地位、职业稳定性、个人生活需要等。

另一类叫激励因素（motivators），是能够带来满意的因素，和工作任务本身有关，能激励员工，也叫满意因素。如工作上的成就感、工作得到的认可和赏识、工作本身的挑战性和兴趣、工作职务上的责任感、工作发展前途与晋升机会、个人的成长等。

赫茨伯格认为，"满意"的对立面并不是"不满意"，而是"没有满意"；"不满意"的对立面也不是"满意"，而是"没有不满意"。"没有满意"和"没有不满意"是零状态。保健因素只能消除不满意，不能带来满意，激励因素才能保证从没有满意到满意。

课程思政元素：本案例对于管理者的启示是，要摒弃传统的只有物质奖励才能激励员工的思想，要善于利用激励因素激发员工的内部动机。

（1）管理者要正确识别保健因素和激励因素。

（2）不要忽视保健因素，保证保健因素，消除员工不满。

（3）注重内激励，调动员工积极性。

通过结合案例的知识讲解，让学生深入理解双因素理论的内涵，进而理解管理者应该如何在管理实践中利用双因素理论激励员工。

五、现场教学组织与控制

(一) 课堂活动设计

本节将以45分钟的课程为例,介绍详细的教学步骤、教学过程以及教学活动的设计思想,重点介绍上述思政案例与课堂所学知识的融合方式和逻辑思路。具体的教学方法包括课堂案例教学、新媒体教学、课堂辩论、翻转课堂等,详情见表3-1描述。

表3-1 课堂活动设计

教学步骤	详细教学过程	课程思政
5分钟 知识回顾	【复习提问】上周的课程中,我们了解到激励是组织诱发个体产生满足某种需要的动机进而促使个体行为与组织目标趋同的管理过程。因此,激励应从调动人的积极性的角度出发,系统解决"激励什么"和"如何激励"两个关键问题。管理者为了实现特定的目的,通过满足人的需求调动人的积极性,使之为了组织目标的实现努力的过程,叫作激励。 【提问】大家还记得个体行为产生的过程吗? 【回答】 未满足的需要 → 引起 → 内心紧张感形成动机 → 导致 → 寻找解除紧张感的行为 → 达到 → 需要满足,紧张感解除 产生新的需要 当人们产生某种需要之后,在这种需要没有得到满足时,就会处于一种心理紧张状态,从而形成驱动力,这就是动机。因此,动机是行为产生的直接原因,它引起、维持并指引着我们的行为。 【教师讲授】虽然行为的背后是动机,但是我们的动机来源并不唯一,为了兴趣而做事和为了报酬而做事是两种不同的动机来源。这就是我们今天要讲的内容,动机的分类及其在管理中的应用。	引导学生复习所学内容,形成完整的知识体系,通过问答形式检验学生的知识掌握情况及预习情况,帮助学生建立完整的知识框架。

续表

教学步骤	详细教学过程	课程思政
5 分钟 案例导入	【提问学生】为了让大家理解动机的不同来源，我先来问个问题：你们上课的时候，对于自己不喜欢上的课和特别喜欢上的课，上课的心情一样吗？ 【学生回答】讨论自己喜欢的课和不喜欢的课，上课状态有何不同。 【教师讲解】展示上班和下班时的状态，解释当员工仅仅把上班当成赚钱谋生的手段，对工作本身没有兴趣时，可能会展现的工作状态。而如果员工本身就喜欢自己的工作，那么工作状态就会完全不一样。这两类员工动机的来源是不同的，一个叫作内部动机，一个叫作外部动机。下面我们就以张桂梅校长的案例来解释一下内部动机和外部动机的分类和作用。	
5 分钟 案例展示	【案例展示】运用 PPT、图片和视频的方式展示案例。案例内容此处不再赘述。在案例的讲述过程中，鼓励学生进行多种模式的学习，如可以邀请部分同学上台对案例进行诵读或介绍等，或是在案例视频播放完毕后邀请不同的同学进行简单的归纳总结，提升大家的课堂注意力。 【讲述重点】在案例的引入中，通过电子版案例文件发放的形式提前发给学生，鼓励学生使用多种媒介自行阅读文字，并结合文字和图片内容进行标注。 【提问学生】在案例介绍完成后，引导学生思考以下问题： (1) 支撑张桂梅校长坚持教育事业的动机是什么？ (2) 结合张桂梅校长的事例思考，如何激励员工的敬业精神？ (3) 张桂梅校长的事迹对你的职业选择和发展有什么启示？	通过先进人物张桂梅的事迹，引导学生了解本节课的重点内容，即内部动机和外部动机的分类和作用。 通过案例的形式介绍员工敬业的动力来源，融入思政内容。
5 分钟 案例讨论	【学生讨论】针对这一案例，请大家思考上述三个问题。尤其是结合我们之前所学的内容，尝试去解答以上问题。 【教师讲授】 员工的工作动机有两类： 内部动机（intrinsic motivation）：个体对所从事的活动本身有兴趣而产生的动机。这种活动能使个体获得满足，也是对个体的一种奖励和报酬。 内部动机由三种内驱力引起，一是好奇的内驱力，即求知欲；二是好胜的内驱力，即求成欲；三是互惠的内驱力，即人们都需要和睦共处、协作活动，人们必须结合起来才能对个人行为发生更大的推动作用。 外部动机（extrinsic motivation）：活动本身并不能给个体带来直接的满足，要依靠来自活动本身之外的刺激，如金钱、物质奖励，或者为了避免惩罚而完成某项活动。 内部动机对个体行为有显著的激励作用，能够提高个体的努力水平，而外部动机产生的激励效果通常是短期的，长期的激励效果不如内部动机。 【学生回答】学生根据案例内容和补充信息讨论并回答以上三个问题。	通过讲授补充内容，帮助学生了解内部动机与外部动机的区别，进而思考张桂梅校长的工作动机来源，激发学生对职业的热爱。

续表

教学步骤	详细教学过程	课程思政
5分钟 案例分析	【板书设计】将学生讨论的内容记录在黑板上，按照动机分类—管理应用—实践反思的顺序安排三个问题。 【提问学生】当内部动机和外部动机同时存在的时候，产生的效果一定是1+1=2吗？ 【教师讲授】 德西效应： 为了兴趣而做事和为了报酬而做事是截然不同的。内在动机能让行为本身就成为一种回报，而对外在动机来说，回报来自于行为。在某些情况下，人们在原有的内在动机基础上增加外在报酬，不但不会增强工作动机，反而会减低工作动机。 通过字幕组的案例解释德西效应。 字幕组成员很少有专业的翻译人员，即使有翻译公司出价要收编一些字幕组，给他们工资，还是干原来的活，但是，他们都拒绝了这些公司伸出的橄榄枝。 解释：因为他们预见到了，一旦把现在的兴趣变成工作，原有的兴趣就会减少，从为了爱而翻译，变成了为了钱而翻译，如果要维持现有的动力，就要一直给报酬才可以，一旦没有了报酬，原来的内部动机也会减少，这就是德西效应。 【教师讲授】通过刚才的讨论，我们知道了工作动机来源的分类不同，以及它们对行为激励产生的不同效果，将动机分类应用在管理实践中，学者总结了一个经典理论，叫作双因素理论。	通过板书增强学生记忆，并与后续知识相结合。
10分钟 理论讲授	【理论讲授】双因素理论 【教师讲授】组织中存在两类性质不同的因素。一类叫保健因素（hygiene factors），指预防出现不满情绪有关的因素，大多跟工作环境相关，不能激励员工，也叫不满意因素。如组织政策、管理监督方式、工作环境和条件、人际关系、工资报酬、地位、职业稳定性、个人生活需要等。 另一类叫激励因素（motivators），是能够带来满意的因素，和工作任务本身有关，能激励员工，也叫满意因素。如工作上的成就感、工作得到的认可和赏识、工作本身的挑战性和兴趣、工作职务上的责任感、工作发展前途与晋升机会、个人的成长等。	重点知识讲授，帮助学生掌握双因素理论的基本原理。

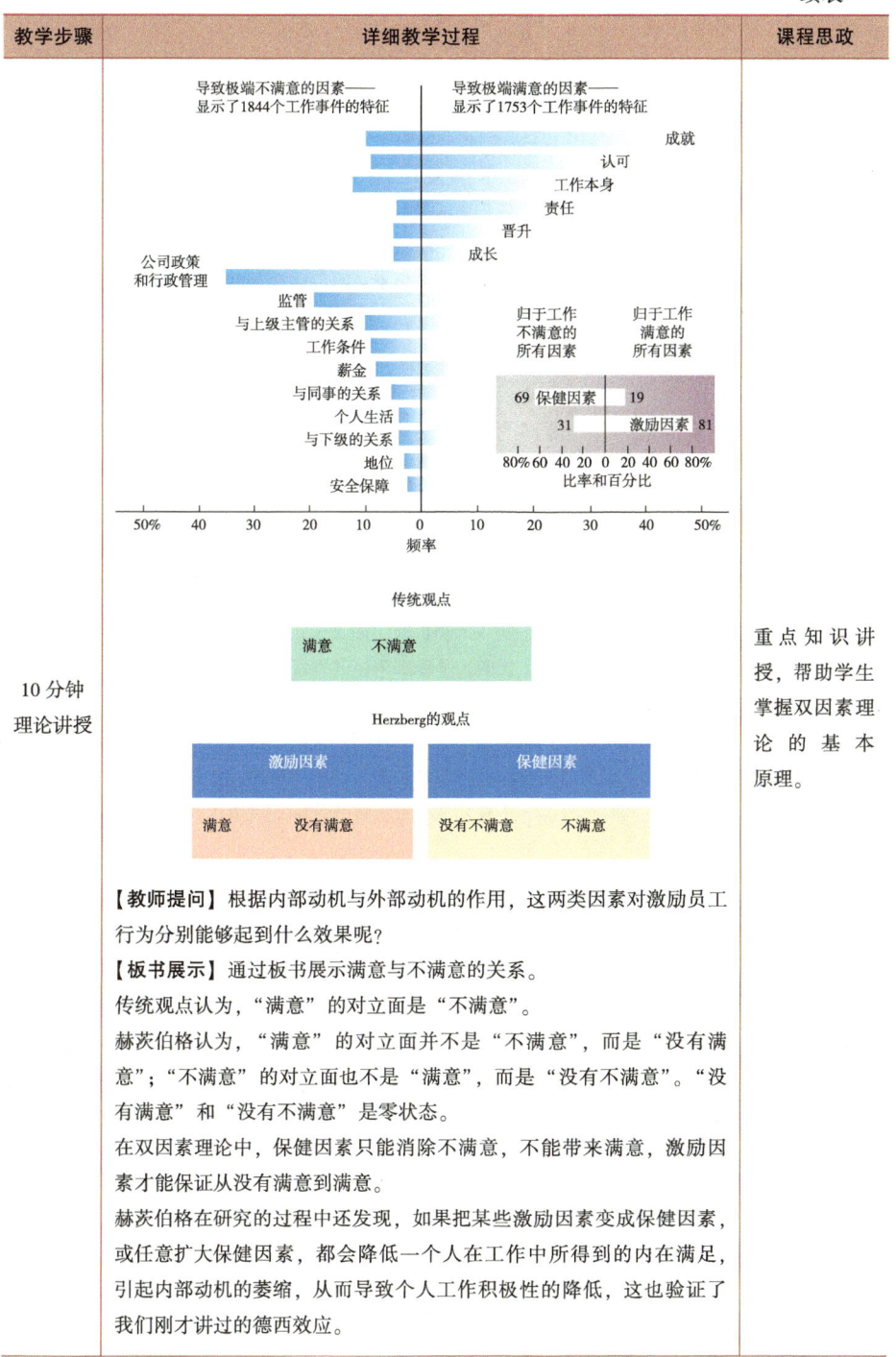

教学步骤	详细教学过程	课程思政
10分钟理论讲授	导致极端不满意的因素——显示了1844个工作事件的特征 导致极端满意的因素——显示了1753个工作事件的特征 成就　认可　工作本身　责任　晋升　成长 公司政策和行政管理　监管　与上级主管的关系　工作条件　薪金　与同事的关系　个人生活　与下级的关系　地位　安全保障 归于工作不满意的所有因素　归于工作满意的所有因素 69　保健因素　19 31　激励因素　81 80% 60 40 20 0 20 40 60 80% 比率和百分比 50% 40 30 20 10 0 10 20 30 40 50% 频率 传统观点 满意　　不满意 Herzberg的观点 激励因素　　保健因素 满意　没有满意　　没有不满意　不满意 【教师提问】根据内部动机与外部动机的作用，这两类因素对激励员工行为分别能够起到什么效果呢？ 【板书展示】通过板书展示满意与不满意的关系。 传统观点认为，"满意"的对立面是"不满意"。 赫茨伯格认为，"满意"的对立面并不是"不满意"，而是"没有满意"；"不满意"的对立面也不是"满意"，而是"没有不满意"。"没有满意"和"没有不满意"是零状态。 在双因素理论中，保健因素只能消除不满意，不能带来满意，激励因素才能保证从没有满意到满意。 赫茨伯格在研究的过程中还发现，如果把某些激励因素变成保健因素，或任意扩大保健因素，都会降低一个人在工作中所得到的内在满足，引起内部动机的萎缩，从而导致个人工作积极性的降低，这也验证了我们刚才讲过的德西效应。	重点知识讲授，帮助学生掌握双因素理论的基本原理。

续表

教学步骤	详细教学过程	课程思政
10 分钟 理论讲授	【教师活动】以案例为引导，在板书的过程中引导学生自行思考，总结保健因素和激励因素的作用。 【教师讲授】双因素理论是激励理论发展中的一个重要节点，因为它改变了我们传统观点中对于员工满意和不满意的理解，从不满意到满意并不是一个连续的过程，而是被一个中间状态截开的，那就是既没有不满也没有满意，而保健因素和激励因素分别只能负责其中一个方向的变化。	重点知识讲授，帮助学生掌握双因素理论的基本原理。
5 分钟 知识点 分析	【教师提问】从管理者的角度来看，双因素的理论给了我们哪些新的启示？ 【学生互动】引导学生继续以案例为例进行思考，探讨管理者如何运用双因素理论激励员工。 【教师讲解】双因素理论提示管理者应该改变传统观念中只有给钱员工才愿意工作的观点，而要善于运用激励因素，比如通过工作丰富化、工作扩大化等方式来激发员工的内部动机，才能真正让员工满意。但是也要注意不要走到另外一个极端，不能因为保健因素不能引发员工满意就忽略保健因素的作用，认为这些物质条件都不用给员工了，让他们靠爱发电就可以。在双因素中，保健因素就像我们每天吃的一日三餐，是保证你不挨饿的基本条件，激励因素就像甜点水果，是让你在吃饱的基础上还吃得开心，二者缺一不可，管理者要学会用保健因素锦上添花，而不是舍本逐末。 【教师提问】对于工作者来说，双因素理论对我们的启示是什么呢？作为工作者，双因素理论提醒我们，不要忘了当初从事这个职业的初心是什么。你的初心和坚持，是比工资、奖金、福利这些外部奖励更有效的工作动力。在雪灾、山火发生的时候，我们的解放军战士、消防官兵义无反顾地赴汤蹈火，逆行出征，是因为他们牢记自己保家卫国、守护人民的初心。感动中国的校长妈妈张桂梅，扎根山区十几年，帮助 2000 多名贫困女孩走出了大山，改变了命运，她坚守的是人民教师传道授业、教书育人的初心。同为教育工作者，我不敢比肩张桂梅，但是如果时光能倒流，我至少可以对当年坚定选择教师职业的自己说：我的初心，我还在坚持。我也希望同学们在开始自己的职业生涯时，也能坚守自己对专业的热爱，将来有一天你们作为优秀校友返校的时候，也能跟我说一句：老师，我也一直在坚持自己的职业初心，这就是我作为老师最大的收获和欣慰。	引导学生结合管理和工作实际分析双因素理论在实践中的应用，并以张桂梅校长的事例和自己的工作经历激励学生坚守职业初心，发扬敬业精神。

续表

教学步骤	详细教学过程	课程思政
5分钟总结本节内容并介绍下节内容	【教师讲授】我们来总结一下本节课的内容。通过本节课的学习，我们掌握了动机的分类和双因素理论。当我们理解了双因素理论之后，对于案例里的问题，是否有了更深入的理解呢？ 【学生回答】根据所学内容进一步回答案例问题。 【教师讲授】简单回顾今天所学知识，并向学生介绍本节课的回顾内容： （1）动机的定义和分类； （2）德西效应的含义； （3）双因素理论的内涵和应用。 其中，内部动机和外部动机的关系及作用是本节重点，德西效应和双因素的划分是难点，请同学们结合课上案例，深入理解。 【课后思考】下周小组展示题目。结合你的学习和社团工作的实际解释：管理者应当如何有效利用保健因素和激励因素激励员工？	通过复习知识形成知识闭环，增强学生的知识框架构建。 通过回顾相关案例增强学生对敬业精神的理解，普及社会主义核心价值观。

（二）课后作业及安排

1. 课后作业

由于学生学习本课程时为第一或第二学期，缺乏工作体验，对现实的商业行为了解较少，因此，课后布置学生搜寻相关案例，以深入浅出的方式理解理论知识，进而引申到该理论在管理实践中的应用。同时引导学生将班级、宿舍、社团等场景模拟为工作场景，结合实际解释：管理者应当如何有效利用保健因素和激励因素激励员工？以小组为单位，下周上课时进行现场讲解和展示。

基于数字化教学要求，通过分享 BB 平台、慕课、思政案例平台等链接，让学生实现线上的预习和复习，加深对课堂知识的理解，并鼓励学生在数字化平台上积极分享自己的作业成果和案例分析内容，扩大相关知识点以及思政教育的影响力，实现课堂教学反哺社会的目的。

2. 线上线下相结合的课后活动

鼓励学生进入父母、老师或自己实习的工作单位进行实地调研，开展访谈调查等工作，增强对于课堂知识的理解，并积极引导学生将所学知识应用到学习和学生社团管理工作中。相关的活动不仅可以提升课堂知识的延续教育，同时也可以提升思政育人的效果。

以教带赛，以赛促教，依托新商科青创中心，鼓励学生参加挑战杯、互联网+等重点竞赛，将课堂所学知识应用到实践，同时通过比赛促进学生对理论知识的理解。

六、教学反思

理论与实践的结合：激励理论通常涉及许多心理学和管理学的理论知识。在教学中，有时会出现理论与实践脱节的情况。为了使学生能够更好地理解和应用这些理论，教师需要不断地寻找实际案例，将理论与实际情境相结合，使学生能够直观地理解理论的实际应用。

学生参与和互动：在教学中，增加学生参与和互动的机会，如小组讨论、角色扮演等，可以帮助学生更好地理解和体验这些理论。同时，这种教学方式也能够激发学生的学习兴趣和积极性。

强调个体差异：每个人的动机和需求都是不同的，因此在教学中需要强调个体差异的重要性。教师需要引导学生认识到，在应用双因素理论时，需要根据个体的不同特点来制定不同的激励策略，这样才能使激励效果最大化。

反思与批判性思维：教学中应鼓励学生进行反思和批判性思维。对于激励理论，学生需要思考其适用性和局限性，以及如何在实际应用中进行调整和改进。通过这种方式，学生不仅能够更好地理解和应用这些理论，还能够培养自己的批判性思维能力。

持续更新教学内容：激励理论是一个不断发展的领域，新的研究成果和理论不断涌现。因此，教师需要持续关注该领域的最新动态，并及时更新教学内容。这样才能确保学生获得最新、最全面的知识。

第四章　将社会主义核心价值观教育引入管理学课堂

撰写人：周　燕　王　楠

一、课程基本信息

> **课程名称**：管理学
> **课程类别**：专业必修课
> **授课专业**：工商管理类
> **课程简介**：
> 　　管理学属于经济管理类专业的一门必修基础课。本课程以研究一般组织管理理论为己任，以组织管理为研究对象，致力于研究管理者如何有效地管理所在的组织。它所提出的管理基本原理、基本思想和基本原则是各类管理学科的概括和总结，是整个管理学科体系的基石。
> 　　管理学是一门综合性学科，同时也是一门实践性很强的应用学科。通过这门课的学习，使学生了解和掌握现代管理学的框架结构，系统地把握管理理论的主要内容、重要性及其内在联系，熟悉履行各项管理职能的基本程序、原则与常用方法，并能将其灵活地应用到解决实际管理问题中去，为后续开展各门专业课打好基础。

二、课程思政元素和资源分析

（一）育人目标

　　紧紧围绕培养学生理想信念的任务，以习近平新时代中国特色社会主义思想为指导，以爱祖国、爱人民、爱社会主义为主线，围绕政治认同、文化素养、道德修养等重点优化课程思政内容灌输，系统进行中国特色社会主义和社会主义核心价值观教育、商法教育、创新创业教育、管理者道德素质教育、中华优秀传统文化与管理思想教育。在工商管理类课程教学中坚持以习近平新时代中国特色社会主义思想为指导，运用马克思主义方法论，帮助学生了解工商管理类专业，学习各行业领域（尤其是国资国企管理、科技金融、数字经济）的国家战略、商业法律法规和相关政策，引导学生深入创新创业实践，培育学生德法兼修、富有企业社会责任的职业素养。具体包括以下几个方面：

1. 推进习近平新时代中国特色社会主义思想进教材进课堂进头脑

（1）知识目标。专业课教师在课程教学活动中，要把习近平新时代中国特色社会主义思想、社会主义核心价值观、科学精神、创新意识等思政元素有机地融入专业知识的传授中，做到知识传授与价值引领相统一。通过推进习近平新时代中国特色社会主义思想进工商管理教材进课堂进头脑，使学生系统了解习近平新时代中国特色社会主义思想的理论体系、内在逻辑、精神实质和重大意义，系统掌握习近平新时代中国特色社会主义思想蕴含和体现的马克思主义基本立场、观点和方法。

（2）能力目标。通过课程思政使学生具备运用马克思主义基本立场、观点和方法来分析当代中国基本国情和世界形势能力，学、思、用贯通。使学生坚定信心决心、强化行动自觉，具备投身民族复兴伟大事业的实践能力。

（3）素质目标。增强对党的创新理论的政治认同、思想认同、情感认同，坚定中国特色社会主义道路自信、理论自信、制度自信、文化自信，激发中国式管理与营销理论创新和实践的热忱。

2. 培育和践行社会主义核心价值观

（1）知识目标。通过课程思政融入社会主义核心价值观，发挥学科专业优势，充分挖掘蕴含在专业知识中关于社会主义核心价值观内容的思政元素，并贯穿于整个课程教学过程中，在"润物细无声"中对学生进行价值引导。使学生了解社会主义核心价值观的基本内容，理解马克思主义指导思想、中国特色社会主义共同理想、以爱国主义为核心的民族精神和以改革创新为核心的时代精神。引导学生了解社会主义核心价值观的主要内容，系统掌握社会主义核心价值观的内涵，深刻把握积极培育和践行社会主义核心价值观的重要性。

（2）能力目标。课程思政通过剖析富强、民主、文明、和谐的国家层面的价值目标，自由、平等、公正、法治的社会层面的价值取向，爱国、敬业、诚信、友善的公民个人层面的价值准则，使学生具备理论认知能力、价值判断能力、信息甄别能力、实践养成能力，善于归纳总结中国伟大实践中的管理和营销实践的能力。

（3）素质目标。培养学生正确的世界观和方法论，把国家、社会、企业、公民的价值融为一体，提高学生的爱国、敬业、诚信、友善和组织公民行为修养，不断追求国家的富强、民主、文明、和谐和社会的自由、平等、公正、法治，将社会主义核心价值观内化为学生的精神追求，将学生培养成为理想远大、热爱祖国、追求真理、勇于创新、全面发展的人，进一步增强学生的爱国情感，坚定勤奋学习的责任心。

3. 加强中华优秀传统文化教育

（1）知识目标。中华传统文化会带给我们深刻的启示，通过引导学生了解植根于实践的中华优秀传统文化的管理思维，使其掌握温润而隽永的中华优秀传统文化人文精神要旨，教育引导学生深刻理解中华优秀传统文化中讲仁爱、重民本、守诚信、崇正义、尚和合、求大同的思想精华和时代价值。

（2）能力目标。课程思政通过挖掘和阐发中华优秀传统文化的时代价值，把讲仁爱、重民本、守诚信、崇正义、尚和合、求大同的价值体系和精神追求讲足说清，阐发透彻，使学生具备积极宣传中华优秀传统文化与讲好中国故事的能力，在企业文化中寻求中华优秀传统文化映射的能力。

（3）素质目标。通过课程思政的学习，培养学生具有以爱国主义为核心的民族精神和以改革创新为核心的时代精神，教育引导学生传承中华文脉。其一，培养学生强烈的本土化意识和国际化视野，引导学生提炼体现"中国式智慧"的管理实践精髓。其二，针对数字贸易，加强国有企业"走出去"等典型涉外场景与教学情境的构建融合，引导学生探索构建"中国式管理"理论，并面向"一带一路"沿线经济体传播中国声音。其三，让留学生融入本科课堂，促进多元文化碰撞。在教学内容中创设融合元素和国际视野模块，有效解决国际化和本土化元素相互割裂的问题。

4. 深入开展法治与商法教育

（1）知识目标。丰富大学生的法律知识，扩展其法治知识储备，构建其法治知识体系。一方面，使学生认识和掌握中国特色社会主义法治的本质特征、理论体系、发展规律和实践经验；了解和掌握社会主义法治建设中的宪法法律等方面的基本知识；熟悉和掌握大学生应当遵循的有关教育方面的基本知识，特别是与自身专业和未来职业实践需要相关的法律知识。另一方面，教育引导学生学思践悟习近平全面依法治国的新理念、新思想、新战略，牢固树立法治观念，深化对法治理念、法治原则、重要商法概念的认知，了解数字化管理和数字营销时代下的商法变革与趋势。

（2）能力目标。加强学生的法治教育，增强学生的法治观念，是各门专业课程的应有之义，也是学生未来从事专业相关工作必备的能力素质。培养学生的法治能力素质，就要将政策法规融入专业课课程教学中，培养学生把有关的法治知识与思想道德和科学文化知识有机融合的能力，内化为专业能力与职业素养的能力，以适应未来法治建设的实际需要。提高运用法治思维和法治方式维护企业及自身权利、参与市场竞争、履行企业社会责任、化解矛盾纠纷的能力。

（3）素质目标。通过课程思政的学习，增强学生运用法治思维和法治方式维护企业及自身权利、参与竞争、履行企业社会责任、化解矛盾纠纷的意识，让学生了解这些法律法规的主要要求和精神实质，进一步增强学生的法律意识和法治观念。培养学生用法治思维和法治方式来处理日常生活中各种问题的习惯，养成遵循法律要求、依据法律规定、按照法律程序办事的行为习惯，使学生在日常的专业学习中加强法治知识和思维方法的运用，将专业知识和法治知识结合起来，成为使命担当的社会主义接班人。

5. 深化职业理想和职业道德教育

（1）知识目标。使学生了解职业道德不仅是从业人员在职业活动中的行为标准和要求，而且是本行业对社会所承担的道德责任和义务。深刻理解政治思想觉悟、道德修养水平对一个人的职业理想方向的重要意义，深刻认识个人的自身性格、性别特征、身体状况、兴趣爱好等因素对职业理想的重要影响。

（2）能力目标。通过对于职业理想和职业道德的学习，使学生具备职业精神和职业生涯规划能力、社交能力、解决问题时的逆向思维能力和考虑问题时的换位思考能力。

（3）素质目标。专业课教师要紧扣时代脉搏，将课程的内容进行改造、融合、创新，使之反映出时代发展的要求，增强大学生的政治认同、思想认同和情感认同。通过课程思政，培养学生将业务理论与实践操作相结合的能力，在实践中深化职业理想和职业道德教育，引导学生深刻理解管理、营销行业的职业规范，培养良好的职业精神，增强职业责任感。培养学生遵纪守法、爱岗敬业、无私奉献、诚实守信、公道办事、开拓创新的职业品格和行为习惯，增强学生社会责任意识和公民行为意识。

（二）知识点与对应的思政要素

（1）中国式管理创新中如何体现中国传统文化和社会主义核心价值观要求；

（2）中国管理学家和著名企业家的爱国情怀；

（3）在管理决策环节，引导如何体现伦理道德要求；

（4）在组织职能讲授中，从组织结构角度，引导思考如何在企业组织中发挥党团组织的作用；

（5）在人力资源管理章节中，从招聘、培训、绩效考核等环节，阐述对于现代职业素养的要求，达到育人目的；

（6）从领导特质理论和领导权变理论切入，引导植入奉献精神和爱国敬业精神要求；

（7）结合运营控制案例，进行法制、环保、可持续发展等方面的教育；

（8）通过管理控制案件，进行诚信法制和企业社会责任教育；

（9）在控制职能中，讨论如何控制和引导伦理道德行为，实现育人目的；

（10）由企业社会责任引入社会主义核心价值观和对职业素养的要求，实现育人目的。

三、课程思政教案设计

课程思政已成为当今高校课程发展的一大主流，传统的教学方法已不能满足新时代的教育需求，数字化线上教学逐渐替代一部分线下教学的任务，所以不应局限于老、旧的教学法，要多运用创新模式的教学法，增加学生的兴趣，同时达到教学的目标。持续推进"互联网+""智能+"教育教学改革，大力加强在线开放课程建设，积极推进线上线下混合式教学模式改革，推动建设"思政课程和课程思政教学创新实验室"，推进信息技术手段在思政课教与学两端的运用，提升学生的学习兴趣、学习体验和学习效果。

思政教学应用讨论式教学法，提升课堂教学实效性。重视学生的主体地位，引导学生在参与课堂讨论的过程中对社会主义核心价值观等知识点产生足够的认知与理解，从而提升其自主学习能力；充分利用多媒体设备，优化课堂教学结构。在讲解课程思政的知识时，教师可以使用现代化教学手段，应用投影仪、计算机制作幻灯片，通过多媒体设备播放各种类型的教育案例，领悟知与行的和谐统一；将时事政治内容融入教材，实现理论与实践的结合。将近期发生的时事政治与教材相结合，关注学生的兴趣爱好，为学生讲解他们感兴趣的时事政治新闻，有利于激发学生学习热情，为思政课堂教学带来良好的互动效果。学生也可以从课堂中接触到身边发生的新闻知识，进而开拓视野，养成正确的世界观、人生观与价值观。

四、教学案例

案例一：任正非的爱国精神

2018年8月底，2018年中国民营企业500强榜单公布，华为稳占冠军之席；在9月3日的2018中国500强企业高峰论坛上，中国企业联合会、中国企业家协会发布"中国企业500强"名单，华为以6036亿元位列第16位。

改革开放40多年来，涌现了大批企业，带动人们往小康的路上狂奔。而与此同时，市场竞争也十分残酷，我国注册企业的平均寿命是2.7年，大批创业公司快速兴起又陡然陨落。但还是有一批实力过硬的民营企业脱颖而出。究其原因，除了顺应发展趋势、把握体制机制优势外，这批企业掌舵人坚韧的创业精神和不断创新的远见卓识也极为重要。

仔细观察这些民营企业，除去业务内容上的差异外，都各有特色，从其发展历程中都能一瞥各自的"性格"。它们的独一无二，与其创始人的人格赋予是分不开的。

华为创始人任正非早年经历坎坷，青年从军，转业之后被骗200万元被迫创业，谁也想不到如今盘踞一方的华为竟有如此无奈的创立背景。创业当年，任正非43岁，就科技类企业来说这个年龄可以算是老大哥，也许正因为如此，华为的步调中常常透露出一种稳健。

他虽身价百亿，但在很长一段时间内，他的座驾一直是一辆十几万元的二手标致，与其他富豪的私人豪车截然不同。

生活教会任正非的或许还有未雨绸缪，他对华为进行的一系列管理模式的创新，包括其推行的人人股份制和CEO轮值制度，都为华为注入了新鲜的血液和蓬勃的生机。可以预见，华为稳健的步伐还将继续走下去。

任正非说："任何一个国家、任何一个民族，都必须把建设自己祖国的信心建立在信任自己的基础上，只能在独立自主的基础上，才会获得平等与尊重。""要关心时事，关心国家与民族的前途命运，提高自己的觉悟，但不要卷入任何政治漩涡，指点江山。公司不支持您，也不会保护您。公司坚持员工必须跟着社会潮流走。"

任正非和华为一直脚踏实地，如履薄冰。在当下中美贸易摩擦和全线的诚信危机中，任正非直面最惨淡的现实："我们要活下去。在以前这是最低纲领，现在这是最高纲领。"

危机就是转机。任正非在危机中反转的选择是：对用户的诚信要有宗教般的虔诚、敬畏和郑重去工作。肯向世间的苦处行，找到标靶找到生命支点；肯向自己的苦处行，死磕！拿出绝活，创造价值。

2018年8月31日，在德国柏林召开的IFA 2018展会上，华为消费业务CEO余承东正式为大家揭开了预告已久的新一代芯片的面纱，即华为下一代智能手机处理器海思麒麟980。该芯片的优势在于：

- 全球首发商用7纳米
- 全球第一枚基于ARM最新的Cortex-A76架构设计CPU
- 全球首发采用ARM Mali-G76 GPU
- 全球首枚集成双核NPU的芯片
- 全球首发1.4Gbps Cat.21调制解调器
- 全球首次支持LPDDR4X 2133MHz内存

从当前华为与苹果发布的两款芯片来看，虽然麒麟980和苹果A12都是7nm制程工艺的芯片，但是性能上麒麟980会更有优势。

有趣的是，在苹果A12芯片发布之后，一张"欢迎来到7nm芯球"的海报在微博流传，欢迎苹果A12也进入7nm时代，从海报中已经插好的标有"Mate 20"字样的旗子以及姗姗来迟的标有"iPhone XS"的鞋子来看，这张海报还有一层意思就是"苹果你来晚了！"其实早在全球首款7nm手机芯片麒麟980发布后，华为就宣布Mate 20将成为首款搭载麒麟980的手机，并将于10月16日在伦敦全球发布。

2016年5月30日，全国科技创新大会、中国科学院第十八次院士大会和中国工程院第十三次院士大会、中国科学技术协会第九次全国代表大会在北京人民大会堂隆重召开。任正非代表华为作了《以创新为核心竞争力为祖国百年科技振兴而奋斗》的汇报发言，在接受采访时任正非表示，"一个人一辈子能做成一件事已经很不简单了，为什么？中国13亿人民，我们这几个把豆腐磨好，磨成好豆腐，你那几个企业好好去发豆芽，把豆芽做好，我们13亿人每个人做好一件事，拼起来我们就是伟大祖国。"

在社会人心浮躁的时候，在很多热点大事件启动之初，任正非就不断要求公司所有员工，聚焦本职工作，做好本职工作，不跟风，不起哄。他也曾在华为内部讲过，每个人都要聚焦本职工作，我们国家 13 亿人每个人做好一件事就是最好的爱国，我们就非常了不起了，我们的国家就会强大起来。

华为总裁任正非充分体现了我国企业家的爱国精神和敬业精神，契合习近平总书记关于企业家精神的讲话。习近平总书记在 2021 年 7 月与多位企业家的座谈会上指出，改革开放以来，一大批有胆识、勇创新的企业家茁壮成长，形成了具有鲜明时代特征、民族特色、世界水准的中国企业家队伍。企业家要带领企业战胜当前的困难，走向更辉煌的未来，就要弘扬企业家精神，在爱国、创新、诚信、社会责任和国际视野等方面不断提升自己，努力成为新时代构建新发展格局、建设现代化经济体系、推动高质量发展的生力军。要增强爱国情怀，把企业发展同国家繁荣、民族兴盛、人民幸福紧密结合在一起，主动为国担当、为国分忧，带领企业奋力拼搏、力争一流，实现质量更好、效益更高、竞争力更强、影响力更大的发展。要勇于创新，做创新发展的探索者、组织者、引领者，勇于推动生产组织创新、技术创新、市场创新，重视技术研发和人力资本投入，有效调动员工创造力，努力把企业打造成为强大的创新主体。要做诚信守法的表率，带动全社会道德素质和文明程度提升。要承担社会责任，努力稳定就业岗位，关心员工健康，同员工携手渡过难关。要拓展国际视野，立足中国，放眼世界，提高把握国际市场动向和需求特点的能力，提高把握国际规则能力，提高国际市场开拓能力，提高防范国际市场风险能力，带动企业在更高水平的对外开放中实现更好的发展。

案例二：TCL 的人才招聘选拔策略

1981 年创立于广东的 TCL，是一家全球化的智能产品制造及互联网应用服务企业。在 2017 年财富中国企业 500 强榜单中，TCL 排名第 64 位，有员工 79000 多人。据 TCL 创始人李东生透露，TCL 这几年一直保持员工总人数的稳定，没有增加也没有减少。TCL 在 2013—2015 年的营业收入分别是 853.2 亿元、1010 亿元、1046 亿元，销售收入不断增长，而 TCL 的员工总人数保持不变，意味着 TCL 的每名员工创造的价值在不断增大，生产效率在不断提高。据 TCL 创始人李东生介绍，TCL 在人才招聘与选拔方面，尤其注重员工以下几种能力。

第一，员工的学习能力。TCL 非常看重员工的学习能力，员工可能原本具备一些专业知识和技能，但是工作一段时间之后，会发现这个世界变化非常快,技术不断更新,消费理念日新月异,客户心理也在不断变化。员工要想跟上企业、社会的发展趋势,必须不断地、主动地去学习,否则很容易就会被淘汰。因此,具备卓越学习能力的员工在 TCL 会脱颖而出。

第二,中高层干部需要沟通能力。TCL 作为一家跨国公司,对于中高层干部来讲,沟通能力被放在了首要的位置,特别是对于聘请的那些当地干部,这些干部除了要时刻与 TCL 总部保持沟通联系以外,还要与当地政府、协会、企业等各个方面保持密切沟通,这样才能保证企业有序良好地运转。因此管理人员的沟通能力就是 TCL 在选拔人才时重要的考查内容。

第三,对于应届大学生,除了专业能力外,更多的是考察大学生的综合能力。公司在招聘选拔时,面试官不只看简历上学生每门专业课的成绩,而是要进行深入的面谈,让双方能有较深入的互相了解,看是否彼此合适。

党的十八大提出,倡导富强、民主、文明、和谐,倡导自由、平等、公正、法治,倡导爱国、敬业、诚信、友善,积极培育和践行社会主义核心价值观。富强、民主、文明、和谐是国家层面的价值目标,自由、平等、公正、法治是社会层面的价值取向,爱国、敬业、诚信、友善是公民个人层面的价值准则,这 24 个字是社会主义核心价值观的基本内容。选拔人才和培养人才的时候要参照社会主义核心价值观进行。在 TCL 的人才选拔中,更重视员工的学习能力、沟通能力和综合能力,而不再只看成绩。在今后的选拔中,还要重视员工的思想道德水平。

案例三:柳传志创业路上的奉献精神

柳传志走上创业之路,是因为"憋得不行"。

"我们这个年龄的人,大学毕业正赶上'文化大革命',有精力不知道干什么好,想做什么都做不了,心里非常愤懑。"

"突然来了个机会,特别想做事。科学院有些公司的总经理回首过去,总喜欢讲他们从前在科研上都多有成就,是领导硬让他们改行。我可不是,我是自己非改行不可。"

柳传志非要从头开始的时候,已经整整 40 岁了。1984 年,"两通两海"挺立在中关村,而柳传志的名字却普通得让人容易忘记。但今天,柳传志成了大事,他把这个鲜明的对照归结为创业之初是否立意高远。

立意高,才可能制定出战略,才可能一步步地按照你的立意去做。立意低,只能蒙着做,做到什么样子是什么样子,做公司等于撞大运。

柳传志有一个比喻:"北戴河火车站卖馅饼的老太太,分析吃客都是一次客,因此她把馅饼做得外面挺油,里面没什么馅,坑一把是一把,这是她的立意。盛锡福鞋帽店做的是回头客,所以,他的鞋怎么做也要合适。"

柳传志认为,同样是卖馅饼,也可以有立意很高的卖法,比如,通过卖馅饼,开连锁店。

柳传志强调立意。他明白,公司发展进程中,肯定会遇到各种各样的难题,只有立意高,才能牢牢记住自己所追求的目标不松懈,才能激励自己不断前进,才会不计较个人眼前得失,不急功近利;如果立意不高,就必须不停地提出新的更高的目标,那么,稍有成功就会轻易满足。

仅仰仗职权对下属施加影响的领导终将成为过去。真正的领导必将对应着一批心甘情愿的追随者。没有追随者的领导,所剩下的无非是用一官半职吊吊别人的胃口。

确立领导地位就是争取追随者。柳传志的方法是取信于下属。柳传志的能耐在于始终有办法让下属相信,跟着他干,联想一定能成功。这个"信"字很重要。信了,才会一呼百应,团结进取,百折不挠,勇往直前,令行禁止,服从大局。

领导人争取追随者有两个关键步骤:一是要使追随者相信,将要为之奋斗的事件有意义;二是要使追随者相信,这个领导人有能力带领他们完成此项事业。

柳传志认为应该掌握"建班子,定战略,带队伍"的管理三要素。

建班子:一把手是有战斗力的班子的核心,第一把手应该具备什么条件,应该如何进行自身修养?第一把手应如何选择班子的其他成员,其他成员不合标准怎么办?班子的成员如何考核?没有一个意志统一的、有战斗力的班子,什么定战略、带队伍都做不出来。宗派是班子的绝症,要杜绝一切可能产生宗派的因素。

定战略包括以下几步:①确定长远目标;②决定大致分几个阶段;③当前的目标是什么;④选什么道路到达;⑤行进中要不要调整方向。

带队伍要问几个问题:"兵会打仗吗?兵有积极性吗?要让他们学会炸碉堡。事业部体制、舰队模式是不是能调动人的积极性?规章制度定得是不是合理?另外还有激励方式、培训和发现人才、企业文化等。"

柳传志认为,自己的奉献精神也是成功的原因。"90年代以前,中国的创业和外国的创业有很大不同,早期在中国创业,没有奉献精神,创业实际很难实现。如果我比别人多一点什么的话,就多了点这种精神。"

柳传志的奉献精神来自他对自己境况的清醒认识。"像我,如果完全没有计算所的背景,没有计算所赋予的各种营养,联想的发展会有很多困难。联想是国有的,这一条其实起到了很大作用。我说我们贷款靠信誉,但如果我们不是国有的,光靠信誉行吗?1988年,我们能到香港发展,金海王工程为什么去不了?就因为它是私营的,而我们有科学院出来说'这是我们的公司'。年青同志不能忘了这个,心里要弄清楚,你做出的成绩主要部分应该归国家。心里想不透这一点,做着做着,就会出现问题。"

问题的关键不在于做什么事,而在于谁在做这些事。联想一开始没有资金,也只能替人卖机器,但柳传志同别人一样,代销机器的时候,开始琢磨用户的需求是什么,怎样的价格和服务才能够更吸引用户。

柳传志认为,学会做贸易是实现高科技产业化的第一步。

不把贸易做通了,再好的科研产品你也不知道怎样卖,不把制造业搞精良了,好的科研产品的一些特点也会被制造业的粗糙掩盖了。搞科研的人最怕做贸易,主要是这段苦他没吃过。一定要干下去,一定要对市场有个理解。会做贸易以后,看问题才会有穿透力。

振臂一呼,应者云集的领导能力决不是职位就能赋予的,没有追随者的领导剩下的只是职权威慑的空壳。是追随者成就了领导者,领导的过程就是争取追随者的过程。

柳传志觉得争取追随者的首要条件是"人行得正"。"在公司里面,我对他们要求挺严格,大家还都信我。甚至离开公司的人,想自己发展的人,也不会出去说联想不好。这其中,我觉得有一点很重要,就是决不搞宗派,决不给自己谋私利。不仅是不谋私利,对人处事还要公正。今天我把 A 训了一通,明天当他发现,其他人犯了错误也一样挨训的时候,他就不会感到委屈。"

争取追随者以身作则、身先士卒很重要,"创业的时候,我没高报酬,我吸引谁?就凭着我多干,能力强,拿得少,来吸引住更多的志同道合的老同志。

部下信你,要有办法,通过实践证明你的办法是对的。我跟下级交往,决定事情有三原则:第一,同事提出想法,自己想不清楚时,就按照人家的想法做。第二,我和同事都有看法,分不清对错,发生争执时,按你说的做,但是,我要把忠告告诉你,最后找后账,成与否要有个总结。你做对了,表扬你,再反思我当初为什么要那么做。你做错了,你给我说明白,当初为什么不按我说的做,我的话你为什么不认真考虑。第三,当我把事想清楚了时,我就坚决地按照我想的做。"

"第二个原则很重要,不独断专行,尊重人家意见,但是要找后账。这样做会大大增加自己的势能。"

柳传志争取追随者的第二步,是取信于领导、用户、合作者、员工。"说到的事情一定要做到,要不就别说。联想订的指标全都不冒,肯定超额完成,谁也不敢说大话。公司立的规矩一定要不管不顾地坚持。比如公司开会迟到罚站的规矩。传了十几年了,传下来不容易,因为不断地来新人,谁信这个。"

在领导方式方面,柳传志认为,当企业小的时候,或者刚开始做一件全新的事的时候,一定要身先士卒,那个时候,领导是演员。但是在公司上了一定规模以后,一定要退下来。"要做大事,非得退下来,用人去做。如果我一直身先士卒,就没有今天的联想了,我现在已经退到了制片人的角色。现在包括主持策划,都是由年青人自己搞,杨元庆他们自己的事,由他主持策划,我只是谈谈未来的方向。"

柳传志认为,作为股东的代表,一名董事长,你去打仗,十仗中有七仗打胜,你就是优秀的指挥官,认真反省是一回事,但不能因为有一仗打败,就在各方面的压力下徘徊不前。

柳传志的奉献精神和创业精神及领导方式充分契合习近平总书记关于企业家精神的讲话,尤其是2004年联想经历的大裁员,公司处理的方式与总书记提出的社会责任精神相契合。柳传志说自己亲眼见到联想从全面扩张到全面收缩的全过程。当年提出的口号是:高科技的联想,服务的联想,国际化的联想。现在,高科技仅剩下关联应用,而且还不知道能不能成功。代表服务的IT服务群组被划归为C类业务,自身难保了。软件设计中心也即将和联想没有任何关系了。联想四面出击,却伤痕累累。是谁的错?是领导的错!那篇因联想裁员而出名的网络文章,柳传志也看到了。尽管文章内容很委婉,几乎没有情绪化的语言,但他依然"很难过"。联想分拆前,老柳手下的员工,不少也在此次裁员的范围之内,但没有人因此而找过他,更让他在很长一段时间里都难以释怀。从1989年联想到香港组建公司,其间分分拆拆,有多少整建制的团队离开联想,柳传志记得清清楚楚。但是发生如此剧烈的产业震荡而给员工带来命运变迁,"是从来没有见过的。"柳传志为此感伤。他认为在企业发展的过程中,要特别小心,要爱护员工,对于那些因为战略性裁员受到影响的人,要做好妥善的安置。这就是习近平总书记提出的企业家要承担社会责任,努力稳定就业岗位,关心员工,同员工携手渡过难关。

五、教学反思

根据每一门课程的学理属性、知识特征、教育功能和授课目的，结合思政元素有针对性地突出某一价值问题的讲授。根据工商管理专业学科的特色和优势，深度挖掘提炼专业知识体系中所蕴含的思想价值和精神内涵，科学合理拓展专业课程的广度、深度和温度，从课程所涉专业、行业、国家、国际、文化、历史等角度，增强课程的知识性、人文性，提升引领性、时代性和开放性。对于专业课程中的教学重点，利用合理的课程思政内容进行教学。重点知识的学习往往需要丰富的感性认识，可以选择与之相关的课程思政内容作为材料，借助相关的课程思政资源对重点内容进行深化，在促进重点知识学习的同时达到课程思政教育的目的。

参考资料

王利平编著：《管理学原理（第四版）》，中国人民大学出版社，2017年版。

部分资料来源于新浪网、搜狐网等网页公开资料，作者对相关内容进行了整理。

第五章　从管理到实践的体验式思政教学

撰写人：王长斌

一、课程基本信息

课程名称：管理学，企业管理实践
课程性质：专业必修课
学分学时：3学分，48学时
开课专业：工商管理类

二、课程内容简介

本课程面向工商管理、人力资源管理、市场营销、管理科学等专业三年级学生开设，旨在通过"沙盘模拟+案例研讨"的场景化教学手段，使学生了解企业经营管理的环境，掌握企业创设、经营和管理的基本环节、基本流程，为学生学习和整合应用企业管理各学科知识提供机会，提高学生分析和解决问题的能力。

课程主要内容为：课程导论与管理技能测评、公司设立模拟、创业运营模拟、卓越运营模拟、管理层讨论与分析、现实企业案例研讨、个人管理技能开发规划。

学习该课程后，学生将全面了解现代企业的运营体系，体会综合管理者的感觉，培养统观全局和系统思考的能力；在运用中实现经济学、管理学、市场营销学、会计学、财务管理等经济管理类知识的整合；强化时间观念、数量观念、效率观念；增强创业意识、奋斗意识、创新意识；提升自我管理、人际沟通、团队领导和商业技能。

本课程的特色在于应用"场景化教学"和"体验式学习"理论，形成了"源于实践、模拟实践、回归实践"的商科学生管理技能开发新理念，构建了"三级 PDCA 循环嵌套"的教学流程，提升了工商管理类大学生对管理知识的理解和应用能力，让学生在竞争压力下感悟管理智慧，修炼管理技能，即"参与经营全过程，体验竞争苦与乐，发现自身优缺点，学会管理新思路"。

三、课程挖掘的思政元素和资源分析

作为一门面向工商管理专业大类三年级开设、以企业管理思维训练和技能提升为核心的社会实践课程，我们从专业培养目标出发挖掘思政元素，从习近平新时代中国特色社会主义思想、社会主义核心价值观和中华优秀传统文化中挖掘思政资源。

（一）思政元素分析

第一，工商管理伦理价值观。管理以"完成机构的特殊目的和使命、使工作富有活力并使职工有成就、处理本机构对社会的影响和承担其对社会的责任"为三大任务。这是管理职业合法性的基石。

第二，社会实践课程的本质要求。了解社会、认识国情、增长才干、奉献社会，锻炼毅力、培养品格，是企业管理实践课程的重要价值目标。

第三，工商管理专业的培养目标与培养理念。培养目标中的能适应和引领企业数字化转型、德才兼备、知行合一，富有社会责任感、创新精神、国际视野和实践能力的强基型、责任型经营管理人才。人才培养理念中的"育人为本、理论为基、应用为重、创新为先"以及"适应经济社会发展要求、具有国际视野、创新思维、强烈的社会责任感和较高的实践能力"的培养定位。

（二）思政资源分析

第一，社会主义核心价值观教育。主要涉及国家层面的"富强"，社会层面的"公正、法治"，个人层面的"爱国、敬业、诚信、友善"。

第二，中国特色社会主义和中国梦教育。主要涉及"民族复兴之路""新发展理念""数字中国"等内容。

第三，中华优秀传统文化教育。主要涉及"修齐治平""知行合一""自强不息""厚德载物""尊时守位""知常达变"等内容。

四、课程思政教案设计

（一）教学目标

1. 价值目标

（1）增强专业认识，提升职业认知，理解工商企业管理对于国家经济社会发展的重要性，从国家富强、民族复兴的伟大征程去看待企业家和管理者的使命。

（2）深化对"修齐治平"儒家理想与"格致诚正"修身之道的认识，理解今天的企业经营管理就是参与国家建设的重要工作，管理实践课程的目的就是在"知行合一"中修行管理能力素养。

（3）学习践行"实践论"，理解实践是认识的来源、目的、认识发展的动力，实践是检验认识正确与否的唯一标准；理解认识的渐进过程与质量互变规律，以及理论在一定条件下的决定作用。

（4）启发学生应用"社会学习"理论，善于以人为师，见人之长、用人之长的团队协作意识，鼓励进行"组合式创业"。

2. 知识目标

（1）了解现代企业的运营体系，包括企业的经营循环——价值创造过程、管理循环——辅助保障流程、企业的目标体系、现代企业管理的五大方面与十大相关利益群体等。

（2）掌握管理学科的特点和管理的本质，理解管理的三大任务与五项基本责任，以及管理的实践性。

（3）了解企业管理实践课程，包括课程的目的与目标、内容与形式、学习方法、考核方式等。

（4）理解企业管理实践课程的本质是源于现实企业管理实践的场景化训练，重点不在于学习管理知识，而在于修炼管理技能。

3. 能力目标

（1）提升系统思维能力，学会运用理论概念进行系统思考，从全局和发展变化的高度思考问题，从复杂现象中总结背后的本质和底层逻辑，找到解决问题的破局点。

（2）提升角色转换能力，从知识传授课堂的学习者转换成承担岗位责任的模拟公司经理人，快速适应新角色，融入新任务场景。

（3）提升整合应用能力，从实际问题出发，打破课程专业知识边界，融会贯通相关专业课程理论知识，解决经营管理问题。

(二) 教学思政内容

1. 课程思政理念和内涵

"立德树人是发展中国特色社会主义教育事业的核心所在，是培养德智体美全面发展的社会主义建设者和接班人的本质要求。"要"实现全科育人、全程育人、全员育人"，需要各门专业课程教师承担课程教学中的育人责任，有意识地挖掘思政元素，将思政教育与专业教育相融合，将价值引领与知识传授、能力培养相结合，从而与思政课程形成育人合力，用渗透性的、潜移默化的方式使大学生在耳濡目染中受教育。

具体到企业管理实践课来讲，就是要以社会责任和家国情怀为先导，启发学生树立工商管理职业价值创造的使命感和责任感，激发课程兴趣，并在企业管理实训中了解、反思和改进自身管理意识与技能，自觉践行社会主义核心价值观，以德驭才，以才显德，将个人发展融入社会发展和国家复兴事业中去。

2. 思政元素挖掘与思政素材选取

从价值目标出发，本章的思政元素和素材选取主要包括如表 5-1 所示的内容。

表 5-1 思政元素和思政素材

	思政元素	思政素材
一般职业伦理	工商管理职业伦理价值观	德鲁克有关管理的三大基本任务、五大基本责任的思想
课程特色要求	了解社会、认识国情、奉献社会、增长才干、锻炼毅力、培养品格	习近平总书记"中国梦"的思想、民族复兴之路、经济高质量发展的时代要求、对企业家精神的重视
专业培养目标	德才兼备、知行合一，富有社会责任感、创新精神	"修齐治平"的儒家理想与"格致诚正"的修身之道、阳明心学、"实践论"、荀子论学

3. 专业知识与思政元素的有机融合

在各部分知识点的学习中，融入思政内容，具体如表 5-2 所示。

表 5-2 思政融入

章节知识点	思政融入内容	思政育人元素
了解现代企业的运营体系	价值创造的企业立身之本、企业的社会责任与经济绩效双循环	职业道德观、社会责任感
掌握管理学科的特点和管理的本质	管理的三大基本任务 管理者的五大责任	社会责任感、职业素养
了解企业管理实践课程	规则意识、公平竞争、创新精神 敬业、诚信的成功路径	知行合一、创新精神
理解企业管理实践课程	"修齐治平"的儒家理想与"格致诚正"的修身之道、阳明心学、"实践论"、荀子论学	德才兼备的人生目标、知行合一的发展路径

（三）教学内容

1. 课堂设计思路

将课内理论思政拓展到课后的反思感悟与实践。具体课堂的教学组织通过课前准备、课中实施、课后提升三个阶段整合课程价值模块和思政内容，融合了思政课程与课程思政，系统化打造企业管理实践课程的思政因素。

第一，课前准备阶段的组织。课前利用本校和其他知名院校的优质精品MOOC资源，一方面通过这些线上资源倡导学生自主学习理论知识，另一方面通过引导学生关注和思考国内外经济形势，关心我国当下的社会变革和相关时事，增强学生的社会责任感。

第二，课中实施阶段的组织。课中实施过程中分三步进行课堂组织：首先发挥课堂育人主战场的作用，确定课堂的德育主题，利用真实案例引入有关课程理论知识进行教学；其次，通过设定问题，引导学生围绕管理课程的概念和实际现象进行讨论，培养学生的批判性思维和独立性思维；再次，设定课堂分组规则，倡导学生相互了解，寻找能力互补的同学进行组合式创业。

第三，课后提升阶段的组织。一是布置课后思考题启发学生思考，巩固理论知识；二是安排管理技能测评，让学生在线完成自测，并进行简要总结；三是引导学生参与创新创业模拟实践竞赛。

2. 教学重点

引导学生理解课程目标、课程内容与形式和课程基本规则；理解学习管理知识与管理技能的区别；学习管理技能开发方式与途径。

3. 教学难点

引导学生真正理解学习管理知识与管理技能的区别，帮助学生完成学习方式与学习思维的转变。

4. 对重点和难点的处理

通过精心设计教学过程、教师讲授、提问、分组讨论、引导学生发言等方式，使得学生在原有知识基础上建构起新知识。

（四）教学组织与教学方法

1. 教学过程

具体教学过程如表 5-3 所示。

表 5-3　教学过程

教学程序		具体教学内容
一级教学程序	二级教学程序	
100 分钟介绍课程目标：学习管理，开发管理技能	5 分钟课程目标	知识层面：了解现代企业的运营体系 技能层面：运用所学理论知识解决经营问题 态度层面：体会管理者的职责、角色与挑战 思维层面：开发自我管理与企业管理技能 重点：本课程不是学习管理知识，而是修炼管理技能
	18 分钟管理学与管理的区别	管理学≠管理：问世时间的不同、理论与实践的不同、知识与能力的不同
	25 分钟什么是管理	本体论的角度（15 分钟）： 德鲁克认为管理是任务、责任与实践。由此可延伸出管理的任务观、管理的责任观、管理的本质实践观。明茨伯格认为管理是艺术、是科学、是手艺。 方法论的角度（10 分钟）： （1）过程观：管理是计划、组织、领导、控制等活动的过程 （2）用人观：管理就是通过其他人来完成工作 （3）考核观：管理就是考核 （4）决策观：管理就是决策

续表

教学程序		具体教学内容
一级教学程序	二级教学程序	
100分钟介绍课程目标：学习管理，开发管理技能	45分钟什么是管理技能	管理技能具有普适性（6分钟）：科学的管理技能与技巧在数千年的演变中，其有效性和适用性几乎没有变化，可当成固定的参照点。管理技能可以跨越时间与空间。引用案例：王建华就职紫金矿业引发的猜想。 什么是管理技能（4分钟）： （1）管理技能是综合认知和行为方面的，不像那些纯粹的智力活动或嵌入人格中的特质。 （2）管理技能是可发展的。 （3）管理技能是相互联系、互相重合的。比如为了激励他人，管理者就必须灵活地掌握沟通、影响、授权和自我意识等多种技能。 （4）管理技能有时是矛盾的。 有效管理者具有什么技能（10分钟）：Quinn（2000）提出有效管理和领导的8颗"种子"；Whetten，David等（2004）从402个被评为有效管理的个体的调查结果中总结出10个提及率最高的管理技能，分别为：言语沟通（包括倾听）；时间和压力管理；个体决策管理；发现、定义和解决问题；激励和影响他人；授权；目标设置和阐明愿景；自我意识；团队建设；冲突管理。 课程讨论与交流（25分钟）：据你的观察思考，你所认识和关注的管理者擅长哪一项管理技能？你是怎样感知到的？
15分钟课程的具体内容与形式	2分钟课程内容	课程内容：跨越时空的学习=八年浓缩八天，经营模拟=学习+工作 五步走： 企业组建模拟实践 管理沙盘模拟实践一（三期） 沙盘模拟中期总结 管理沙盘模拟实践二（五期） 沙盘模拟期末总结 企业管理模拟培训涵盖的内容：运营管理、竞争战略、财务管理、领导决策、团队建设、企业文化、流程管理

续表

教学程序		具体教学内容
一级教学程序	二级教学程序	
15分钟课程的具体内容与形式	2分钟课程形式：分队竞争	团队任务：组建5~10个公司，在飞机市场上模拟6个会计年度的经营活动，在竞争中追求业绩。 角色扮演：每5~7名学员组成一个公司，分任公司总经理、财务部经理、市场部经理、研发部经理、生产部经理、人事部经理等职位。 决策模拟：团队要在动态变化的市场中，不断做出和调整研发、市场、财务、生产等决策。
	1分钟课程进度安排	<table><tr><th>周次</th><th>内容</th><th>知识点</th><th>备注</th></tr><tr><td>1</td><td>课程导入与分组</td><td>管理技能与创业</td><td>11组×7=77</td></tr><tr><td>2</td><td>公司成立大会</td><td>战略管理与沟通</td><td></td></tr><tr><td>3~6</td><td>创业运营</td><td>创业经营与学习</td><td>观察记录</td></tr><tr><td>7</td><td>第一个阶段总结与讲评</td><td>个人技能开发</td><td>自我意识与解决问题</td></tr><tr><td>8~9</td><td>管理运营</td><td>团队技能开发</td><td>观察记录</td></tr><tr><td>10~12</td><td>战略运营</td><td>战略管理</td><td>团队决策与冲突管理</td></tr><tr><td>13</td><td>沙盘总结与讲评</td><td>自我意识</td><td>11组×10分钟</td></tr></table>
	1分钟课程本质与主张	课程本质：企业管理（沙盘）模拟本质上是一套动态仿真模拟系统：以众多企业管理的现实案例和统计数据为依据，模拟标准化市场经济条件下，企业管理至关重要的基本参数量以及在现实市场中无法避免的偶然因素，界定相关规则而构建的一个互动模型。 课程主张：管理就是在各种复杂和不确定环境下做出决策的过程。
	9分钟沙盘中的管理	企业的经营循环——价值创造流程 企业管理的循环——服务辅助流程 企业的结构、布局与格局

续表

教学程序		具体教学内容
一级教学程序	二级教学程序	
10分钟课程的要求及考核	课程要求	上课时间：8:00—12:00（中间不休息，11:30按流程完成当年度任务者可以提前下课） 按时出勤签到，不许自行迟到早退；迟到或缺勤连续发生将追究公司CEO责任。 如有特殊情况需提前一天请假，否则一经查实总成绩降低一个等级。 按教务处规定，凡缺课三次者无课程成绩。
	成绩计算方法	一、平时成绩（40%） （1）出勤及课堂表现（25分，10%） （2）BB系统作业（25分，10%） （3）设立实践表现（25分，10%） （4）公司年报总结（25分，10%） 二、期末成绩（60%） （1）创业演练沙盘成绩（25分，15%） （2）卓越运营沙盘成绩（40分，24%） （3）个人管理技能评估（15分，9%） （4）个人能力开发规划（20分，12%） 备注：分值为成绩单中该部分的满分，百分数为占总成绩的比重。
10分钟基本课程规则	公司基本情况	虚拟的无人机制造公司
	经营产品	各公司经营相同的"自由F"系列民用无人机产品，具体有：F3（辅助驾驶无人机）、F4（自动驾驶无人机）、F5（智能驾驶无人机）
	经营条件	各公司享有相同的经营条件（实收资本、生产线数量以及人力资源状况）。
	经营任务	在竞争中战胜对手，更多地获取订单，提高赢利水平，使公司得到扩张或持续发展。
	产品市场演变趋势	F3产品由于技术水平低，虽然近几年需求较旺，但未来将会逐渐下降。F4是F3的技术改进版，虽然技术优势会带来一定增长，但随着新技术出现，需求最终会下降。F5为全新技术产品，发展潜力很大。

续表

教学程序		具体教学内容
一级教学程序	二级教学程序	
10分钟基本课程规则	运营环境	在市场管理中心和各家公司共同构造的市场环境下，从事连续三/五个会计年度的运营。 以两轮最终所有者权益排名（同累计未分配利润排名）决定公司的名次。 市场管理中心是市场运营的组织者、监督者、服务者，总体属于政府部门，但也要接受群众的监督。
	公司初始状况	组织结构、财务状况、人力资源、产品售价与成本
30分钟组建公司	企业发起	成立市场管理中心（6人）： 分别出任民用航天工业部部长，其他人担任交易中心主任、企业局局长、银行行长、审计局长。 组建公司，每组6人： 建议团队组建遵循以下原则：男女搭配、意气相投、能力互补。
	公司创始人招募联创	请要创建公司的同学到台前介绍自己，发起招募。
	组建公司管理团队	首席执行官（CEO）（法人代表）、首席市场官（CMO）、首席财务官（CFO）、首席运营官（COO）、首席信息官（CIO）、首席知识官（CKO）、首席学习官（CLO） 前四个岗位必须要有，后面三个岗位可以选择、兼职和自拟。
	企业命名	给企业取一个好名字，凝聚着创业者的抱负，彰显着企业家的理念。 命名规则：《企业名称登记管理规定》 企业命名举例：华为、宝马、奔驰、联想等
	确立企业理念与行为规范	企业文化：企业文化是什么、企业文化的定位、企业文化的功能、企业文化的落地策略
	商标创意	（1）结合商标的内容和特性，和商品有内在的密切联系。 （2）根据商标注册的时间，能体现一定的思想内容和时代精神。 （3）现代商标应富有人情味和生活气息，给人以一种亲切感和轻松感。

续表

教学程序		具体教学内容
一级教学程序	二级教学程序	
30分钟组建公司	公司发布会	介绍团队成员、团队特色（性别、个性、能力、知识、经历等特征）、团队目标、团队核心理念、团队言行准则、发布公司LOGO、CEO的职责和权力。
1分钟布置课后作业	作业要求	制作公司成立新闻发布会的PPT。PPT内容应包括团队成员介绍（含团队合照）、团队特色（性别、个性、能力、知识、经历等特征）、团队目标、团队核心理念、团队言行准则、发布公司LOGO、CEO的职责和权力等内容。

2. 教学方法

通过线上在线教育与线下课堂教育方法以及多种教学方法的并用，激发学生的学习兴趣。

（1）探究式学习法。通过师生互动、分组讨论等方法，学生进行探究式学习，理解什么是管理学、什么是管理等问题，掌握学习管理技能方法与途径。在探究式教学的过程中，学生的主体地位、自主能力都得到了加强。

（2）问题探索法。问题探索法有助于引发学生学习兴趣，激发学生积极思维。比如，当讲到学习的方法时，教师对学生提出问题：请用四条直线将规则排列（三行三列）的九个点一笔连起来。学生经过自主思考并得出答案后，教师和学生共同揭示出这个问题的潜在意义：每一个重大的突破都始于旧思想、旧传统、旧范例或旧思维的突破（think out of box），学习也应当如此。

（3）直观法。主要通过PPT中的文字、图片等向学生传递教学信息，提高学生学习的效率或效果。

（4）归纳法。归纳法有利于引导学生进行思考。比如，在讲到管理学与管理的区别与联系时，教师鼓励学生说出自己的想法、发表自己的见解，最后由教师和学生一同归纳出最终答案。

3. 教学活动设计

（1）课堂讨论与归纳（20分钟）：一位之前从未下过矿井的人，能否担任并胜任一个大型矿产生产企业的职务？（山东黄金前董事长、紫金矿业总裁

王建华的案例）

（2）课程讨论与交流（25分钟）：据你的观察思考，你所认识和关注的管理者擅长哪一项管理技能？你是怎样感知到的？鼓励学生的社会学习意识。

（3）小实验（10分钟）：请用四条直线将规则排列（三行三列）的九个点一笔连起来。学生经过自主思考并得出答案后，教师和学生共同揭示出创新意识的特点和重要性。

（4）学生自由分组（30分钟）：鼓励优秀学员组建团队，到讲台上发布招聘公告，使学生意识到管理者的社会责任感与主动性。

第二篇

创新创业管理
课程思政设计与案例

第六章 创新创业管理课程思政案例教学体例

撰写人：徐正达　王　楠

一、课程基本信息

> **课程名称**：创新创业管理
> **课程性质**：专业基础课
> **学分学时**：3 学分，48 学时
> **开课专业**：商科类、经济类

二、课程内容简介

创新创业管理课程为工商管理类的专业基础必修课，旨在系统性地介绍创新创业管理的理论框架、实践应用以及思维逻辑，同时紧密结合数字经济时代的发展趋势，对创新前沿和创业实践进行探索。通过本课程的学习，学生将掌握提出、分析并解决创新管理实际问题的能力。通过使学生了解创新管理在具体企业实践中的应用，帮助学生构建创新管理思维框架，理解创新管理在现代商业社会中的实际应用，逐渐培养学生的创新思维和创业实践能力，具体教学目标如表 6-1 所示。

表 6-1　课程教学目标

目　标	内　　容
思政目标	【价：社会主义核心价值观模块】 【思：中国传统文化与创新思想模块】 【德：道德法制与德育模块】 【行：中国优秀企业案例模块（优秀创新成果与创业企业）】

续表

目标	内 容
知识目标	（1）理解创新创业管理的基本概念和原则 （2）掌握创新分析方法和创业实践技能 （3）掌握创新管理与创业管理的相关知识和技能
能力目标	（1）培养学生分析现实创新创业问题的能力 （2）培养学生针对创新前沿的思辨性决策能力 （3）培养学生创新创业过程中的大数据的处理能力
素质目标	（1）培养学生的创新意识与创业精神 （2）提升学生工商管理专业职业成熟度 （3）培养学生的全球化视野与跨文化交流能力

课程讲授内容主要包括两大部分：第一部分是围绕创新创业知识的模块化授课展开，涉及创新创业管理、创新创业的战略视角、创新创业的组织与文化分析，以及创新创业的资源基础等4大模块，共设计了11讲；第二部分是结合创新创业管理最新前沿进展分专题展开，这部分内容每学年略作动态调整，共设计了5个专题，具体如表6-2所示。

表6-2 课程教学内容设计

	编 号	主 题	数字化转型教学内容
模块化操作部分	第一讲	走进创新创业	数字经济背景下的创新创业
	第二讲	创新概述	数字创新思维的培养
	第三讲	创业者与创业团队	数字化创业团队的管理
	第四讲	抓住创业机会	数字经济时代的创业机会
	第五讲	资源驱动创业之道	数据资源的探索开发和利用
	第六讲	商业模式构建之路	数字经济时代的商业模式创新
	第七讲	商业计划书	利用数字技术创新商业计划书
	第八讲	新企业的建立与成长	数据驱动的企业决策与优化
	第九讲	新产品开发与服务创新	数字时代的服务创新
	第十讲	创新组织与文化	数字平台的组织构成
	第十一讲	绿色创新与社会创新	数字经济时代的社会创业模式创新

续表

	编 号	主 题	数字化转型教学内容
前沿进展部分	专题一	数字创业专题前沿	
	专题二	创业者素质与能力建设专题	
	专题三	开放式创新与平台创新创业专题前沿	
	专题四	商业计划书的展示专题与培训	
	专题五	社会创业与绿色创业专题前沿	

三、课程教学手段

在创新创业管理的课程教学中，我们将采用多样化的教学手段，尤其是通过理论知识与实践相结合的方式来提升学生的知识积累和实践技能掌握。

在教学手段上，本课程将通过多媒体教学技术建立学生的知识学习和互动机制，通过课堂教学实时反馈平台的使用（如剥豌豆等），提升学生的学习兴趣与参与度，并在每次课程讲授后设计多种延续性教学任务，主要包括 BB 平台延展教学、慕课平台等，全方位提升教学效果。

在创业实践教学中，课程重视学生对真实社会问题的认知和发掘，并鼓励学生培养解决实际问题的能力。具体而言，课堂鼓励学生跨班级、跨年级、跨学院进行组队，针对乡村振兴等真实存在的社会问题进行调研和分析，并利用所学的知识提出切实可行的解决方案。课程实践环节的组织过程将引入"课程教师+实践教师"的双师体系，通过投资人和企业家进课堂的方式帮助学生完善自己的商业计划书，并鼓励学生真正将设计的创业方案进行落地。

四、课程参考资料

主教材：陈劲、郑刚编著：《创新管理：赢得持续竞争优势（第三版）》，北京大学出版社，2016 年版。

张玉利、薛红志、陈寒松、李华晶编著：《创业管理（第 5 版）》，机械工业出版社，2021 年版。

辅教材：郑刚、陈劲、蒋石梅编著：《创新者的逆袭：商学院的16堂案例课》，北京大学出版社，2017年版。

克里斯坦森著，胡建桥译：《创新者的窘境》（美），中信出版社，2010年版。

切萨布鲁夫（Chesbrough, H.）著，金马译：《开放式创新：进行技术创新并从中赢利的新规则》，清华大学出版社，2005年版。

推荐阅读期刊：

学术类：《管理世界》《心理学报》《南开管理评论》《管理学报》《经济管理》

实践类：《清华管理评论》《企业管理》《品牌管理》

外文类：*Academy of Management Journal*，*Journal of Business Venturing*，*Entrepreneurship Theory & Practice*，*Journal of Business Ethics*，*Journal of Business Research*.

五、课程前后联系

先修课程：管理学、商业伦理与企业社会责任
后续课程：战略管理、企业管理实践

六、课程评价手段

本课程评价由期末考试（70%）、过程评价（20%）和增值评价（10%）三部分组成。具体构成如下：

（1）**期末考试（70%）**。严格学业标准，不划定考试范围，不划重点，采取题库抽取的方式。采取流水集体阅卷，评分标准兼顾客观性和开放式结合，不强调死记硬背。提高开放式案例分析题比例，案例分析题体现思政目标评价。

（2）**过程评价（20%）**。客观记录学生品行日常表现和突出表现，考核课程和思政教学参与度。团队任务、决策模拟等环节，由指定团队秘书记录参与表现。采取随机抽查式点名，强调学习环境综合评价和触发机制（缺勤人数达到5%，即启动记勤）。

（3）**增值评价（10%）**。引进奖惩机制，学习态度改善可作为前期缺勤的弥补。强调适应性、反馈性学习评价。及时反馈，引导学生根据学习获得感调整学习策略，根据期末与期中综合测评表现的改进程度，给予奖励。

过程评价和结果评价如表6-3所示。

表 6-3 过程评价和结果评价

评价形式		评价维度		
		评价项目	评价指标	评价方式
过程评价	课前	线上学习进入	观看量 下载率	线上记录
		线上\线下 到课情况	出勤率	线上\线下考勤
	课中	学生实践过程	学习参与度 心流体验 满意度 持续学习意愿	追踪调查
		学习效果检测	阶段测试成绩 汇报展示分数	线上\线下考核
	课后	知识巩固训练	课后作业成绩	线上\线下考核
		知识拓展训练	拓展延学成绩	
结果评价	客观评价	学科成绩	期末成绩	考试
	主观评价	教师评价 学生评价 督导评价	教学质量	线上\线下评价

七、课程思政体系融入

立足数字化创新创业管理的课程大纲和教学目标具体分解，构建了四位一体的思政融入体系，具体融入要点如表 6-4 所示。

【价：社会主义核心价值观模块】、【思：中国传统文化与管理思想史模块】、【德：道德法制与德育模块】、【行：中国优秀企业案例模块（优秀企业文化与国家竞争力）】

表 6-4 思政融入要点

序号	章节	思政元素	模块
1	走进创新创业	(1) 中国创新发展史 (2) 改革开放进程中优秀民族企业与企业家故事录 (3) 传统制造业的数字化转型（美的智造）	【思】【行】 【德】

续表

序号	章 节	思政元素	模 块
2	创新概述	(1) 工业4.0与中国创新 (2) 核心技术创新与突破封锁（科大讯飞） (3) 高价值中国品牌的建立与成长（海尔）	【思】【价】【行】
3	创业者与创业团队	(1) 创业者的数字技能与数字创业过程 (2) "众人拾柴火焰高"的创业思维与成就（小米）	【思】【行】
4	抓住创业机会	(1) 社会发展与变化衍生的创业机会 (2) 数字乡村建设中蕴含的创业机遇 (3) 数字时代创业机会评价的变革与挑战	【德】【行】
5	资源驱动创业之道	(1) 资源约束条件下的创业理想实现 (2) 拼凑外部资源实现创业成功（蕃薯藤） (3) 天生数字化创业企业的资源利用（小红书）	【思】【价】【德】
6	商业模式构建之路	(1) 中国智能平台的商业模式建设与创新 (2) 数字经济的企业商业模式创新路径	【思】【行】
7	商业计划书	(1) 社会主义价值观与商业计划书的展示 (2) 数字技术促进商业计划书创新 (3) 摒弃"拜金主义"	【价】【德】【行】
8	新企业的建立与成长	(1) 创业企业的合法合规 (2) 创业企业的社会责任感 (3) 数字经济时代的创业战略与营销创新	【德】【价】【行】
9	新产品开发与服务创新	(1) 针对低收入群体的新产品与新服务探索 (2) 数字时代的新模式（文和友） (3) 数字时代的新产品开发	【德】【价】【行】
10	创新组织与文化	(1) 创新文化助力国有企业高质量发展 (2) 数字经济时代数字平台的组织构成 (3) 我国数字时代创新生态系统的构建	【价】【德】【行】
11	绿色创新与社会创新	(1) 绿色创新与ESG (2) 社会创业与企业社会责任 (3) 数字时代的社会创业模式探索	【德】【价】【行】

第七章　故宫文物活起来——商业模式场景化创新

撰写人：王　楠　杨　华

一、样例章节教学内容

（一）本章教学目标

依据本课程的要求和学生现有知识的基础，确定章节的教学目标是：

知识目标：（1）掌握商业模式的基本理论体系、基本概念和基本原理；
　　　　　　（2）掌握商业模式场景应用创新的本质、方向及路径；
　　　　　　（3）了解创新创业的理论，培养学生理论联系实践的能力。

能力目标：（1）提高学生应用商业模式的原理和方法，来解决现实问题的能力；
　　　　　　（2）培养学生运用场景应用商业模式创新的能力，并与中华传统文化相结合；
　　　　　　（3）提高学生利用现代信息技术进行毕业论文写作和开展创新研究的能力。

价值目标：（1）提高学生对弘扬中国传统文化和社会主义核心价值观的认识和理解；
　　　　　　（2）培养学生的爱国情怀。

（二）教学重点难点

教学重点：商业模式场景化创新的本质、方向。

如今，场景化已经逐渐出现在各行各业的商业模式中，为了使学生更好地理解商业模式场景化创新，需要为学生讲解清楚商业模式场景化创新的本质是什么，商业模式场景化创新的方向在哪里。

教学难点：商业模式场景化创新路径。

商业模式场景化创新如何朝着创新的方向去发展，这属于实际应用方面的问题，需要为学生讲解实现商业模式场景化创新需要怎么做的问题。

对重点难点的处理：

（1）采用案例分析的方式对"商业模式"的"抽象性"和"复杂性"进行学习，老师在进行知识传授时，将知识点与案例结合，可以使学生更容易理解知识点；

（2）利用新媒体等数字化手段提高学生的注意力，并提升知识传授效果；

（3）引入小组讨论的形式，及时消化吸收所学知识，并将所学知识进行应用，强化记忆；

（4）布置作业加强学生的课后巩固。

二、课程思政元素挖掘

结合课程内容以及教学目标，基于商业模式知识点的思政设计，进行了知识模块扩展，增加了理论知识的深度与广度，从而形成了一个良好的思政资源。

在思想政治教育中，我们不可忽视的两个重要目标是：深入了解和传承中国传统文化，以及积极践行社会主义核心价值观。这两者紧密相连，共同构成了我们思政教育的核心内容。通过引导学生深入学习和理解中国传统文化，从中汲取智慧和力量。

思政元素： 中国传统文化和社会主义核心价值观

思政内容： 弘扬文化自信和爱国

与课程知识点的结合点： 利用故宫文创案例教学方式的讲解，让学生了解场景应用商业模式的创新，认识到传播中华文化和弘扬文化自信的重要性，激发学生的爱国情怀。见表7-1。

表7-1 思政元素与课程内容的联系

思政元素	思政内容	课程知识点	课程知识点结合
文化自信	中华传统文化	商业模式场景化创新	通过商业模式场景化在故宫文创案例的应用，使学生对中华传统文化了解更加深刻，提升文化自信，加深爱国情怀
爱国	社会主义核心价值观		

专业知识与思政元素的有机融合：通过学习商业模式场景应用化的创新，让学生了解商业模式场景化在如今的应用情况，以及未来的发展方向。通过故宫文创的案例讲授，深入了解创新与中华传统文化相结合的应用，让学生认识到传播中华文化和弘扬文化自信的重要性。由浅入深的案例探究，激发学生的爱国情怀，使学生认识到社会主义核心价值观的重要性。

三、课程思政案例设计

课堂中使用的具体案例以我国故宫博物院转变路程为基础，通过教师自己的改编，在案例讲解中着重强调与创新创业管理知识相关的内容，引导学生自行对案例进行总结和思考，考验学生学习和应用专业知识解决问题的能力，并通过案例学习与商业模式场景性创新相关知识点。

案例建设中使用数字化教学手段，为学生提供了直观的视频片段，VR 讲解故宫，增强思政案例的活泼性和可接受性，提升教学效果。

案例内容

传统博物馆单一的收藏和展示功能已经逐渐不能满足民众与日俱增的文化需求，成立于 1925 年的故宫博物院对文创市场早有尝试。2008 年故宫文化创意中心成立，故宫淘宝也于此时上线，那时的故宫只是将书画、瓷器等进行简单的复刻，而且因为价格高昂，质量一般，消费者并不买账。故宫文创真正爆红要从 2013 年以后的事情说起。

转变之路：国民 IP 初步亮相

2013 年，台北故宫推出了"朕知道了"系列创意纸胶带，并迅速在网络爆红。当时的故宫院长看到了故宫 IP 在文创上的潜力，开始了故宫超级 IP 计划，同年 8 月，北京故宫第一次面向公众征集文化产品创意，举办以"把故宫文化带回家"为主题的文创设计大赛。此后，"奉旨旅行"行李牌、"朕就是这样的汉子"折扇等各路萌系路线产品，使有着近 600 年历史的看起来庄重高冷的故宫开始逐渐接地气了。

转变之路：互联网线上传播

2013 年，"故宫淘宝"微信公众号上线，上线之初的文章风格平实、内容严肃，到 2014 年突然画风一转，推送了《雍正：感觉自己萌萌哒》一文，随后引起广泛关注，上传一个星期网络阅读量已达 80 万次。随后的电视节目《我在故宫修文物》《国家宝藏》《上新了，故宫》三档热播节目成为故宫博物院互联网 IP 和文创平台宣传的重要突破口。同时淘宝、京东上的店铺也进行故宫周边文创产品的销售。

转变之路：走进百姓生活

2017 年，故宫提出了"让故宫成为一种生活方式"的口号，围绕这一理念，故宫博物院打造了故宫社区 APP，开通了故宫微博、公众号等社交媒体账号。2018 年故宫首家线下快闪店——"朕的心意"快闪店，让人们在逛街娱乐时就可以轻松感受故宫文化的魅力，同年故宫博物院首次开设母婴护理室，努力为观众提供更加全面、贴心的服务。故宫与稻香村、农夫山泉等众多知名品牌跨界合作，涉足各个行业，在衣食住行上走进人们的生活。疫情期间，故宫联合多家网络媒体以"安静的故宫，春日的美好"主题开启的"云游"故宫的直播，让游客足不出户就可以参观故宫并体验专业的讲解服务。

转变之路：建设数字故宫

2017 年，故宫在线下推出了《故宫 VR 体验馆》项目，借助 VR 技术，游客可以在鲜活的历史场景中行走、触摸和体验。2020 年 7 月，故宫博物院发布了"数字故宫"小程序，吸引了近 500 万名观众触达故宫。2021 年 12 月，小程序 2.0 版本正式上线，小程序在"游前""游中""游后"三个场景全面升级，游览前可以进行在线购票、预约观展等服务，游览中可对 78 处开放宫殿、1742 个全景点位进行游览，游览后观众可通过小程序对 6 万多件文物进行欣赏。

思考问题：

（1）故宫文创如何通过创新商业模式，实现从传统博物馆到文化 IP 的转变？

（2）在故宫文创发展过程中，哪些因素促使了其商业模式的场景化创新？

四、专业知识与课程思政元素融合分析

本部分将以课本上的知识点的逻辑顺序为线索，分别分析案例是如何表现这些知识点的，以及案例内容在辅助知识点教学的过程中是如何完成思政教育的。

（一）课程思政元素

1. 结合案例"转变之路，互联网线上传播"部分

故宫博物院在对文创产品进行运营时，打通了多种依托互联网技术发展

得以实现的线上传播渠道。这些传播渠道通过互联网技术对时间、空间的重构，以一种新的模式，更好地传播故宫文化。让学生更好地掌握商业模式的基本理论体系、基本概念和基本原理。

2. 结合案例"转变之路：建设数字故宫"部分

设置数字展馆，注重体验性和多样性，让文物和档案活起来。故宫数字展馆的设计也充分考虑时间、地点、情感等构成的特定消费情境，让消费者走进场景中，产生互动并参与到文创产品的制作中。数字技术的发展导致应用场景的海量涌现，故宫的文创业务在发展过程中也注重场景的应用，尝试应用场景来吸引顾客消费，以提高企业价值和顾客价值。

在如今的生活中，人们需要这样的场景与氛围来满足自己的情感诉求，连接生活的繁枝细节。让学生体会到不是产品本身的功能诉求而是产品所处的消费场景以及自己在场景中所浸润的情感元素。场景型商业模式带来价值创造的关键要素，塑造场景型商业模式中的平台连接属性。通过这个方式，不仅可以让消费群体获得与以往不同的娱乐体验，还可以充分调动消费群体的参与感与代入感，满足消费群体参与文创产品研发过程的需求。

3. 结合案例"转变之路：走进百姓生活"部分

故宫文创让人们通过更加便利的方式、更加丰富的作品触摸到、亲身感受到故宫文化，从而实现中华传统文化的传承与弘扬，不断推动中华文化的自信建设。

中国年轻一代的文化自信正在崛起，挖掘文物藏品的文化内涵是不错并且很有意义的方法。通过此案例，让学生更好地掌握商业模式场景应用创新的本质、方向，及路径，也可以弘扬文化自信，传播中华文化和激发学生的爱国情怀。

(二) 知识点简介

商业模式场景化创新：商业模式场景化创新的本质、方向及路径构成见图 7-1。

1. 商业模式场景化创新本质

商业模式场景化创新是将场景理论、商业模式理论、管理创新理论三者进行融合。商业模式场景化创新不仅仅需要考虑如何通过产品满足用户需求，还需将用户消费的各类场景融入到解构的商业模式中，并可以通过移动端实时掌握消费者的消费行为，以便更加高效精准地提升用户体验。

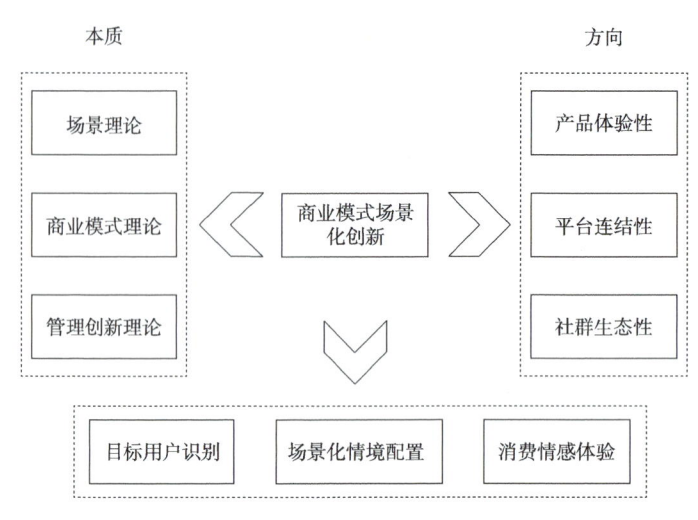

```
          本质                              方向
  ┌─────────────────┐              ┌─────────────────┐
  │   场景理论       │              │   产品体验性     │
  │                 │              │                 │
  │  商业模式理论    │ >  商业模式  < │   平台连结性    │
  │                 │   场景化创新  │                 │
  │  管理创新理论    │              │   社群生态性    │
  └─────────────────┘              └─────────────────┘
                          ∨
  ┌─────────────────────────────────────────────────┐
  │  目标用户识别   场景化情境配置   消费情感体验    │
  └─────────────────────────────────────────────────┘
```

图 7-1　商业模式场景化创新

2. 商业模式场景化创新方向

企业商业模式包括价值主张、价值创造、关键资源等要素，在场景化商业模式下，消费者作为价值创造的主体，企业经营的产品或提供的服务的体验价值不断凸显，企业愈加重视消费者对产品或者服务的体验性；在价值创造的过程中，场景化商业模式不断强化消费者与企业间通过平台的线上交互，随着平台与消费者之间的联结规模的扩大，场景化商业模式的创新能力也会不断提升；随着场景化要素逐渐嵌入商业模式，不断地为消费者提供体验和情感需求，刺激消费者主动加入社群，消费者成为价值主体，实现价值共创。

3. 商业模式场景化创新路径

商业模式场景化创新是利用场景化情境配置重构商业模式，满足消费者的体验和情感需求。在这个过程中，企业首先需要利用场景化的大数据功能精准识别目标消费群体，以便于更有针对性地提供场景服务；在识别目标消费群体后，在商业模式的设计过程中充分考虑时间、地点、情感等特定消费情境，塑造特定的场景和氛围，使消费者满足自己的情感诉求。

五、现场教学组织与控制

具体的现场教学组织与控制如表 7-2 所示。

表 7-2 教学组织与控制

教学步骤	详细教学过程	课程思政
教学活动设计	教学活动共分为课前、课中、课后三个阶段。课前的主要任务是让学生提前熟悉知识点，熟悉案例内容。课中的主要任务在于知识点的讲解，以及将思政元素与知识点相结合，弘扬文化自信和加深爱国情怀。课后的主要任务是学生在教师的指导下，独立完成知识点的拓展，提高案例编写水平。下面为教学活动路线图。 课前 ➤ 课中 ➤ 课后 课前：教师课前一周发送学习资料；教师布置任务要求 课中：课程导入；主要内容讲授；关键问题讨论 课后：组内选题；案例编写；教师指导 • 案例的阅读 • 知识点的了解　➤　• 知识点的讲解 　　　　　　　　　• 思政元素的结合　➤　• 知识点的拓展	
课前阶段	（1）教师课前一周发送学习资料 教师在课程开始前一周在微信课程群里发送学习资料，主要内容为案例材料和知识点基本内容。 （2）教师布置任务要求 为了使学生在课堂上可以快速吸收所讲内容，教师根据课堂所讲内容提前给学生布置任务要求，使学生独立构建自己的学习框架，后续学生在课堂上根据教师所讲内容调整或进行补充，完成知识点的全面理解。	引导学生预习所学内容，形成完整的知识体系，帮助学生独立建立完整自己的学习框架。

续表

教学步骤	详细教学过程	课程思政
课中阶段	（1）课程导入 课堂上由教师带领同学一起进行故宫文创案例的阅读，引导学生回答故宫文创案例中商业模式涉及的场景，逐渐引入课程讲授知识点"商业模式场景化创新"。 （2）主要内容讲授 导入课程讲授知识点后，首先引入思政元素"文化自信"和"爱国"，其次从"商业模式场景化创新"的本质、方向、路径进行本次课程知识点讲授。知识点内容讲授完毕后，结合故宫文创案例来设计思考问题，这里的思考问题围绕商业模式场景化创新路径进行讨论。 （3）关键问题讨论 学生根据思考题先后进行组内讨论以及班级讨论，最后由教师进行总结点评。	通过案例，引导学生了解本节课的重点内容，即商业模式场景化创新。
课后阶段	（1）组内选题 班级每个小组根据自己的兴趣以及了解，选取一家公司在商业模式方面的创新，进行题目的确定。 （2）案例编写 组内成员根据自己的选题，进行案例的编写，在编写过程中需体现出创新性的商业模式。 （3）教师指导 在案例编写过程中，学生有疑问时可随时和教师进行沟通，由教师负责案例编写的准确性以及完整性。	通过作业、讨论形式检验学生的知识掌握情况，帮助学生发现自己的缺点，即及时查漏补缺。

六、教学反思

（一）知识传授与掌握度

结合故宫文创的案例，能有效提升学生对于"商业模式场景化创新"本质、方向、路径知识点的理解，培养学生运用理论工具分析现实问题的能力，最终优化学生的思维，提升问题解决效率。

（二）学生学习兴趣研究

课堂讨论，畅所欲言，案例研磨，有助于提升学生兴趣，培养其理论联系实际的习惯。案例分析，向学生展示商业模式场景化创新的重要性，将看上去距离感十足的创业拉至现实生活中。故宫探索了一条文化传播表现形式进行路径，引导学生意识到个人与国家、社会的紧密联系，认识到中国年轻一代的文化自信正在崛起，从而激发学生的爱国情怀。

(三) 思想观念效果

将中国传统文化和社会主义核心价值观的思政内容与本课程相结合，激发学生的爱国情怀，弘扬文化自信。创新就是在国内外先进技术的基础上学习、分析、借鉴，进行再创新。通过对"商业模式场景化创新"本质、方向、路径的讲解，让学生较系统全面地学习到商业模式的创新，还能帮助学生转变就业观念，培养创新创业意识，树立创新创业信心。

教学中，可以利用多媒体资源，如图片、视频、音频等，丰富教学内容，考虑制作专门的故宫文创案例分析视频，使学生更直观地理解商业模式场景化创新的实践案例；定期收集学生对课程的反馈意见，包括对教学内容、方法和案例的看法，以及学习效果的评价。根据反馈结果及时调整教学策略，提高教学质量，提高学生对商业模式场景化创新的理解和应用能力，促进其创新创业意识的培养。

第八章 "负责任的创新"的含义、动因和价值分析

撰写人：杨 森[①]

一、课程基本信息

> **课程名称**：创新创业管理
> **课程类别**：专业必修课
> **学分学时**：3 学分，48 学时
> **授课专业**：工商管理、人力资源管理、市场营销
> **案例来源章节**：第 5 章　变革时代的创新与创新管理
> 　　　　　　　　第 3 节　开展有责任的创新

二、课程挖掘的思政元素和资源分析

积极履行社会责任和承担社会义务、有效满足社会需求和创新意愿、关注社会问题和创造社会价值、稳步提高"负责任的创新"能力等内容，反映了课程思政目标中的习近平新时代中国特色社会主义思想和"中国梦"教育、社会主义核心价值观教育、职业理想和职业道德教育、宪法法治教育等思政教育内容。其中的思政元素和思政内容可以与"负责任的创新"的内涵、研究框架、评价方法、实现路径等课程知识点有效结合起来，以价值观培养与新商科思维强化为基础，使学生在课堂学习中对于"负责任的创新"获得认知、情感乃至思想上的共鸣，提高学生在知识学习过程中的获得感和涉入度，将立德树人和三全育人有效融入到专业课程教学活动中去。

[①] 该案例为北京工商大学教育教学改革重点项目"创新创业课程教育对大学生创业行为的影响机理研究"（jg235104）成果。

三、课程思政教案设计

（一）教学目标

价值目标：使学生对"负责任的创新""科技向善""数据向善"等相关概念产生认知、情感和思想上的共鸣。充分彰显文明和谐、平等公正、诚信友善等社会主义核心价值观以及从一点一滴小事做起、为国家经济社会高质量发展做出贡献的职业理想和职业道德等内容。让学生在未来从事科学研究等相关工作中积极秉持负责任的创新的工作态度，认真思考产品和服务所承载的公共价值和社会意义，努力规避科学技术产生的各种负面影响，创造良性可持续的社会价值创造机制，为创造美好生活而努力。

知识目标：使学生系统掌握"负责任的创新""科技向善""数据向善"等相关概念的内涵、研究框架、评价方法、实现路径等内容，有助于学生未来进行毕业论文写作以及为学生提供相关的科研选题。

能力目标：提高学生的知识获取能力、知识消化吸收能力、知识应用能力以及创新创业能力，培养学生的系统化思维和思辨意识，适应企业数字化转型和国家科技伦理和创新治理现代化的时代要求。

（二）教学思政内容

课程思政理念和内涵主要体现为将"负责任的创新""科技向善""数据向善"等内容与中国特色社会主义和"中国梦"教育、社会主义核心价值观教育、职业理想和职业道德教育、法治教育等思政教育内容充分结合起来，围绕责任使命、厚德诚信、创新创业、价值统一这四个重点设计了八个思政元素，配套三个经典案例和音频视频教学资料。通过解放思政元素、融入思政元素的教学手段，达到传递社会主义核心价值的课程思政教育目标。

思政元素挖掘与思政素材选取主要体现为构建了围绕责任使命、厚德诚信、创新创业、价值统一这四个重点设计的八个思政元素，具体为：

（1）介绍发达国家负责任创新的主要政策与活动实施情况，引导学生思考中国政府和企业可行的负责任创新的举措和实际成效，对进一步推动国家创新治理体系和治理能力现代化的建设提出具体建议。

（2）讲解"负责任的创新""科技向善""数据向善"等概念的内涵，引导学生思考这些相关概念间的区别与联系，强化学生职业道德与社会责任的主动担当意识。

（3）介绍"负责任的创新"实际聚焦的产品、流程和目标问题，引导学生思考和讲述生活中的实际企业案例，将场景化教学和课程思政有机结合起来，引起学生对科技自立自强等发展战略以及科技安全、科技伦理治理等方面的科技政策的思考。

（4）讲授"负责任的创新"的三个主流研究框架，引导学生思考"科技向善""数据向善"的研究框架内容，提高学生的知识迁移转化利用能力，在此基础上加深对国家创新体系、创新型国家和创新型企业建设的思考。

（5）讲解"负责任的创新"的现有评价准则和指标体系，引导学生思考"科技向善""数据向善"的评价准则和指标体系，培养学生系统化的辩证思维能力和大胆设想、小心求证的务实科研精神。

（6）介绍"基因编辑婴儿试验"和"脑机接口技术应用"两个经典案例，使学生对"负责任的创新"由感性认识上升为理性认识，引导学生运用所学知识对两个案例进行讨论和分析，在此过程中向学生讲解技术可控、以人为本、可持续发展的技术治理理念。

（7）介绍国内人工智能产业的先发科技企业商汤科技的经典案例，引导学生对"科技向善"和"数据向善"的概念进行讨论和分析，在此过程中提出学生可以进一步探索和思考的科学问题，对学生的就业选择、职业理想、法治思维、职业道德伦理要求等相关内容进行讲述。

（8）通过布置课下阅读论文、书目以及小组作业，鼓励学生进一步思考课堂所学知识，培养学生收集资料、整理分析资料、制作PPT、课堂展示的研究性学习能力，借助延续性教学活动完成课堂教学到课后作业反馈的教学闭环，检验学生的学习效果，在此基础上鼓励学生在实际工作、生活等实际场景中积极践行"负责任的创新"理念，通过自己的实际行动服务于国家经济社会高质量发展和社会问题的解决、社会福祉的增进和美好生活的追求。

专业知识与思政元素的有机融合主要体现如表8-1所示。

表8-1　专业知识与思政元素的有机融合

专业知识	思政元素
"负责任的创新"的基本内涵	国家创新治理体系和治理能力现代化、职业伦理道德、企业社会责任
"负责任的创新"的研究框架	国家创新体系、创新型国家和创新型企业

续表

专业知识	思政元素
"负责任的创新"的评价	系统化的辩证思维能力和大胆设想、小心求证的务实科研精神
"科技向善""数据向善"的内涵与外延	就业选择、职业理想、法治思维、职业道德伦理要求
"负责任的创新"与"科技向善""数据向善"的概念辨析	技术可控、以人为本、可持续发展的技术治理思想
企业科技向善行为的动因	集体主义思想、社会主义核心价值观、商业伦理和企业家精神
企业科技向善行为的实践路径	利益相关者理论、社会创新、社会创业、合情合理的决策程序和评价标准

四、教学内容

具体教学内容如表 8-2 所示。

表 8-2 教学内容

本节主题	第 5 章 变革时代的创新与创新管理 第 3 节 开展有责任的创新	
教学目标	思政目标	(1) 强化社会主义核心价值观教育 (2) 强化职业理想和职业道德教育 (3) 强化法治思维、伦理价值和责任意识
	知识目标	(1) 掌握"负责任的创新"的内涵和框架 (2) 掌握"负责任的创新"的评价方法 (3) 了解"科技向善""数据向善"等概念的含义
	能力目标	(1) 培养学生运用理论知识分析现实问题的能力 (2) 培养学生针对具体问题进行综合决策的能力 (3) 培养学生针对现实问题进行思辨研究的能力
	素质目标	(1) 提升学生对"负责任的创新""科技向善"的理性认知 (2) 提升学生明确就业方向、职业理想的选择空间 (3) 提升学生对科技伦理、创新治理的理解能力

续表

本节主题	第5章 变革时代的创新与创新管理 第3节 开展有责任的创新
教学重点	"负责任的创新"的内涵、研究框架和评价方法
教学难点	企业科技向善的动因和实践路径
教学方法	讲授法、案例式教学法、小组作业展示
课时设计	计划1课时（50分钟）
板书设计	"负责任的创新" 创新主体的认知不足→创新活动的负面结果→创新主体的广泛参与→创新制度的积极革新→利益相关者满意、道德伦理可接受→公共价值输出 （逐步讲解、逐步书写）
教学步骤	教学内容
3分钟 知识回顾	简要回顾上节课讲的绿色创新管理内容，从企业环境治理的创新实践行为出发，引导学生思考企业解决其他社会问题的创新实践行为
5分钟 案例导入	介绍发达国家"负责任的创新"主要政策与活动实施情况以及我国科技伦理治理等有关政策
5分钟 案例讨论	引导学生对国外和国内"负责任的创新"政策、实践活动等内容进行比较等讨论
5分钟 主体知识讲授（1）	"负责任的创新"的基本概念；聚焦的实际问题（产品层面、目标层面、流程层面）
5分钟 补充分析	结合商业伦理、公共经济学、企业社会责任等理论对概念进行深入阐述
5分钟 主体知识讲授（2）	"负责任的创新"的研究框架
5分钟 补充分析	对"基因编辑婴儿试验"和"脑机接口技术应用"两个案例进行分析
5分钟 主体知识讲授（3）	"负责任的创新"的评价方法
8分钟 概念扩展和讨论分析	结合商汤科技案例讲述科技向善、数据向善的概念、动因、实践路径
4分钟 总结本节课内容 并铺垫下节课内容	总结本节课讲授内容、布置小组作业（案例分析）、推荐阅读文献资料、提出进一步思考的问题

五、教学组织与教学方法

具体教学组织与教学方法如表 8-3 所示。

表 8-3 教学组织与教学方法

教学过程	教学活动设计	思政元素
【复习提问】请学生结合实际案例叙述上节课讲述的绿色创新管理的含义。 【回答反馈】教师对绿色创新管理内容进行复述，指出企业在创新过程中应积极承担社会责任，基于问题导向开展实际的创新活动，创新应是有边界的、有约束的、负责任的行为表现。 （价值链图示：供应商运营商零部件厂商 → 制造（包含集成与精加工）→ 分销 → 使用 → 产品寿命终止；各环节能源：温室气体排放、有毒物质、废水、空气污染等；废弃物填埋、地表污染；汇入"环境议题"）	引导学生回顾上一节的教学内容，串联知识的整体性和关联性，反馈上一节课后研究性学习以及课前知识预习的学习成果，形成存在反馈闭环的知识体系。 通过学生关心的低碳环保问题引入本节授课主题，增强师生互动性并提升学生课堂参与度。	为开篇案例中讲解"负责任的创新"等内容做铺垫。
【案例讲授】介绍发达国家负责任创新的主要政策与活动实施情况、我国科技伦理知识等政策内容。 	政策与计划	核心目标与内容简述
---	---
荷兰责任式创新项目	● 针对创新设计的过程、通过整合社会与道德的议题研究，确保科学与技术的优势与社会的协调发展		通过实际案例引导学生思考负责任的创新的含义、动因、价值，进一步激发学生学习兴趣。	

续表

教学过程		教学活动设计	思政元素
德国纳米计划	• 通过降低环境、健康、资源的负面影响，探索纳米技术对于可持续发展的潜在价值，并完善纳米技术发展的支持性国家政策 • 分析纳米材料对环境与人类健康产生的潜在危机 • 开发完善为纳米材料的负责任利用做出贡献的方法与建议		
英国工程与物理研究委员会纳米药材公共对话	• 明确定义纳米技术对于医疗研究的焦点与优先级 • 纳米药材研究的方向与决策描述 • 描述正在进行的研究项目 • 听取公众的意见反馈		
欧洲纳米科学与纳米技术的管理规范研究	• 制定欧洲纳米科学与纳米技术的管理规范准则、概念、以及价值 • 探讨欧洲纳米技术发展的道德规范、研究活动、相关利益主体关系以及治理机制，实现对纳米科技的责任式发展 • 探寻纳米技术与纳米科学管理规范对所有新兴技术责任式创新的可能性		
英国工程与物流科学研究委员会责任式创新框架	• 责任式创新需要考虑创新的目的、远景、当下与未来的影响、动机、开放对话等，实现道德、自省与响应式的创新治理		
美国"社会—技术整合研究"项目计划	• 实验室的技术研究整合社会期望与需求 • 对实验室的创新实践与外部社会舆论压力进行对比与评估 • 跨学科的协同研究对于责任式创新的响应机制的影响讨论		

续表

教学过程		教学活动设计	思政元素
科学家的新"希波柯拉底誓言"	• 科学家关注科技之外的其他职责：帮助他人，尊重他人，保证科研工作的合法性与公平性，降低对他人、环境、生物的影响，关心社会对科学的关注，重新谨慎评估科研工作以防误导与危害		
化学公司BASF纳米技术开放式论坛	• 讨论产生了纳米技术责任式创新的七条准则		
欧洲委员会的ETICA项目	• 针对新兴的通讯技术应用的道德议题探讨——包括技术分类、通讯技术道德观察、研究与开发的道德价值探讨、通讯技术开发实践的道德反馈 • 引入多利益攸关主体的自省式方法，开展多主体参与的道德论坛		
【学生讨论】针对国外和国内"负责任的创新"政策、实践活动等内容进行比较。 【引出问题】"负责任的创新"的含义、动因和价值是什么？		通过国内国外案例对比分析，尤其是差异化的政策设计和实践情况，使学生持续参与到案例分析中来，带着问题学习本节知识内容。 由案例引出本节课要讨论的核心问题，回答这三个核心问题是本节教学的核心内容。	

续表

教学过程	教学活动设计	思政元素
【知识讲授】"负责任的创新"的含义及关注问题 "负责任的创新"本身是对传统创新研究范式面向创意到产品商业化正向过程的重新审视，是在认可创新行为主体认知不足的前提下，在预测特定创新活动可能的负向结果的范围内，通过更多成员参与和响应性制度建立，将创新引导至社会满意与道德伦理可接受结果导向，以实现最大限度的公共价值输出。（板书教学） 【提问学生】我们可以从哪些角度对"负责任的创新"进行分析呢？ 【知识讲授】主要涉及产品层面、流程层面、目标层面。	重点知识详细讲授，帮助学生掌握负责任的创新的含义。 根据先修课程掌握情况，做必要复习和知识拓展讲授。	融入国家创新治理体系和治理能力现代化、职业道德、职业理想、企业社会责任等思政内容。

涉及产品的问题	涉及流程的问题	涉及目标的问题
如何区别危机与收益	标准如何拟定与应用	研究者做事的原因
产品可预测的其他影响	危机与收益如何界定与测量	行动的动机是清晰的、符合大众利益的吗？
未来产品的变化	谁在控制流程	谁将受益
分析产品未知的内容	谁在参与流程	参与将会获得什么？
永远无法预计的产品潜能	如果出现问题谁来承担责任	有没有其他的行动选择？
	可行性与正确性的合理评估	

【提问学生】还可以从哪些角度进行解读和分析？ 【教师讲授】可以从效用原则权利义务、正义、公平、人文关怀等商业伦理，公共物品、公地悲剧等公共经济学以及企业社会责任等不同学科视角进行解读和分析。	鼓励学生理论联系实际进行思考，加深对概念的理解和认识。	

续表

教学过程	教学活动设计	思政元素
【知识讲授】"负责任的创新"的研究框架 "负责任的创新"的三维度框架、四维度框架和动态循环框架 （情境图：行为主体、预测性、自省性、影响性、包容性、活动、规范、创新过程）	重点讲解内容，使学生详细了解研究框架，通过对三个框架进行比较分析，使学生逐步认识到建立科学客观的研究框架对于推动理论发展的重要意义。	融入国家创新体系、创新型国家和创新型企业、社会主义核心价值观等思政元素。
【提问学生】这三个研究框架之间有何联系，哪个更好一些（更适合企业实际情况），是否需要优化，如何进行优化？ 【教师讲授】第三个更好，在分析中国企业实际问题时还需要进行本土化凝练和解读。	通过设问方式引导学生持续思考。	
【案例讲解】对基因编辑婴儿试验和脑机接口技术应用两个典型案例进行讲解分析。	运用案例式教学法使学生进一步巩固所学知识，学会运用所学理论分析实际问题，帮助学生系统掌握知识体系。	

教学过程	教学活动设计	思政元素
【知识讲授】"负责任的创新"的评价方法 当技术创新占据人类生活与社会发展的方方面面时，负责任的创新引发了研究与实践对于创新危害、道德伦理以及社会普适价值实现的反思。针对传统创新范式仅关注技术先进性与经济效益提升两方面，在负责任创新研究与实践的不断演进下，创新活动及其评价准则也在向社会层面更一般的评价体系延伸。 【板书教学】技术可行性或先进性、经济增长与效率提升、道德伦理可接受性、社会需求与期望满足是创新活动的评估准则，驱动发展实现公共价值。 创新活动的评估准则： - 技术可行性或先进性 - 经济增长与效率提升 → 传统创新范式 - 道德伦理可接受性 - 社会需求与期望满足 → 责任式创新范式 → 驱动发展实现公共价值 【提问学生】大家觉得这四个维度完整吗？是否还需要补充？如果开发"负责任的创新"量表，每个维度如何设计具体题项？ （开放性交流）	初步引入成熟学术研究中的部分内容，将科研与教学相结合，同时激发学生研究兴趣，培养学生的科研潜力。	培养学生系统辩证的思维能力和大胆设想、小心求证的务实科研精神。
【概念扩展】科技向善、数据向善 【案例讲授】商汤科技的典型示范案例 意愿产生方面：企业提出人工智能治理的三大核心理念——技术可控、以人为本以及可持续发展，在每个理念维度下细化提出具体衡量指标。 资源整合方面：企业成立人工智能伦理委员会，在企业组织架构中渗透人工智能治理观念。 产品开发方面：企业人工智能伦理委员会审核所有落地产品，将伦理因素嵌入企业产品立项审核流程中，构建起产品项目从立项、发布到运营全生命周期的伦理分享控制机制，同时企业还与其他组织合作共同开展敏捷治理、数据安全、人工智能算法等领域的研究工作。	引导学生进行迁移式学习和开放式思考，培养学生举一反三、融会贯通的知识拓展技能。	融入集体主义思想、社会主义核心价值观、商业伦理和企业家精神等思政内容。

续表

教学过程	教学活动设计	思政元素
绩效影响方面：该系统上线至今已有10%的产品被责令整改或下线，在对新增项目审核中有5%的项目被打回整改或不予立项。虽然企业因此放弃数百万商业利益，但却收获社会和媒体的一致好评。由于企业在技术伦理方面的前瞻性思考和实践，企业获评《哈佛商业评论》2021年拉姆·查兰管理实践奖。这也是国内首个因为在技术伦理与治理方面成功实践而获得该奖项的企业。 【教师讲授】科技向善、数据向善的概念，实践动因，实践路径 概念：作为企业的经营理念，企业科技创新及应用时应规避因技术本身发展带来的问题和解决社会、经济和环境存在的问题，旨在通过良性可持续的社会价值创造，实现以人为中心的美好生活构建和促进社会公平正义。 实践动因：以价值动因为主、资本动因为辅；以人民为中心、促进共同富裕；信念伦理和责任伦理相互兼容。 实践路径：模块化分解、抽象生产要素、识别模式和寻找方法、设计匹配算法、逻辑推理（基于模拟或仿真预测）、筛选方案。 【案例讲解】数字孪生技术的实际应用 基于数字化和数字孪生技术叠加计算思维实现企业科技向善的模型实质是应用数字孪生技术进行模拟仿真测试，以模拟仿真、预测、评估、优化和筛选出科技向善的方案。 【提问学生】科技（数据）向善与"负责任的创新"有何区别和联系？ （开放式交流）	引导学生进行迁移式学习和开放式思考，培养学生举一反三、融会贯通的知识拓展技能。	融入集体主义思想、社会主义核心价值观、商业伦理和企业家精神等思政内容。
【教师讲授】总结本节内容、铺垫下节内容 （1）对本节课所讲内容进行总结，针对重要内容、难点内容进行复述，回应学生提出的问题。 （2）布置小组作业：找一家践行"负责任的创新"、科技向善、数据向善理念的企业进行案例分析，下周上课时进行展示。 （3）推荐阅读文献资料 ①赵延东，廖苗．负责任研究与创新在中国［J］．中国软科学，2017（3）：37-46． ②李欣融，毛义君，雷家骕．企业科技向善：研究述评与展望［J］．中国科技论坛，2021（7）：115-124．	通过回应课堂开篇问题进行教学内容小结，形成教学过程闭环。 通过布置延续性教学任务和课后思考题，激发学生进一步学习思考。	引导学生从不同角度全面思考"负责任的创新"的含义、动因和价值，对学生进行思政教育。

续表

教学过程	教学活动设计	思政元素
③李平，廖苗．对负责任创新"反思"维度的再思考［J］．自然辩证法通讯，2021，43（4）：69-75. ④伏志强，孙伟平．科技向"善"：人工智能发展的价值遵循［J］．甘肃社会科学，2021（2）：97-103. ⑤阳镇，陈劲．数智化时代下的算法治理：基于企业社会责任治理的重新审视［J］．经济社会体制比较，2021（2）：12-21. （4）提出可以进一步思考的问题 ①企业科技（数据）向善的前因、结果和影响机制 ②政府、大学、科研机构、社会团体等创新主体的科技（数据）向善行为的具体特征 ③生态系统层面的科技（数据）向善问题，具体关注不同创新主体在实践中形成"合力"共创价值的过程机制		引导学生从不同角度全面思考"负责任的创新"的含义、动因和价值，对学生进行思政教育。

第九章　一个博物馆人的创业故事

撰写人：吴　玥　王　楠

一、样例章节教学内容

（一）本章教学目标

企业家是参与经济活动的重要主体，企业家所具有的"勇于创新、敢于拼搏、专注品质、追求卓越、诚信守约、崇尚责任、艰苦奋斗、爱国敬业"的企业家精神是社会稀缺性、战略性资源。引导学生感受车志红的创业精神，梳理他在创业过程中所做的关键决策，分析决策背后的逻辑。

价值目标：创业中自我价值的实现是与为社会做出了贡献紧密联系的，激发学生的爱国情、强国志、报国行。

知识目标：

(1) 资源高度约束和内外部环境的高不确定性是创业情境的突出特征；

(2) 让学生认识"什么样的人可能选择成为创业者"；

(3) 创业中激情与理性的配合；

(4) 在案例体验和和行动中认识创业者以及创业决策过程；

(5) 创业过程中如何整合资源。

能力目标：

(1) 从创业者视角去体验和感受创业者，能够结合个人想法与市场需求来开展创业行动；

(2) 对车志红的创业决策做批判性思考，提出创造性建议。

（二）教学重点难点

该知识点为《创新创业管理》第三章"创业者与创业团队"第三节"创业精神"及本章前两节中的知识点。内容设计为2课时（90分钟）。

围绕车志红的起步创业决策与做博物馆的广义创业选择，课堂设计思路见图9-1。

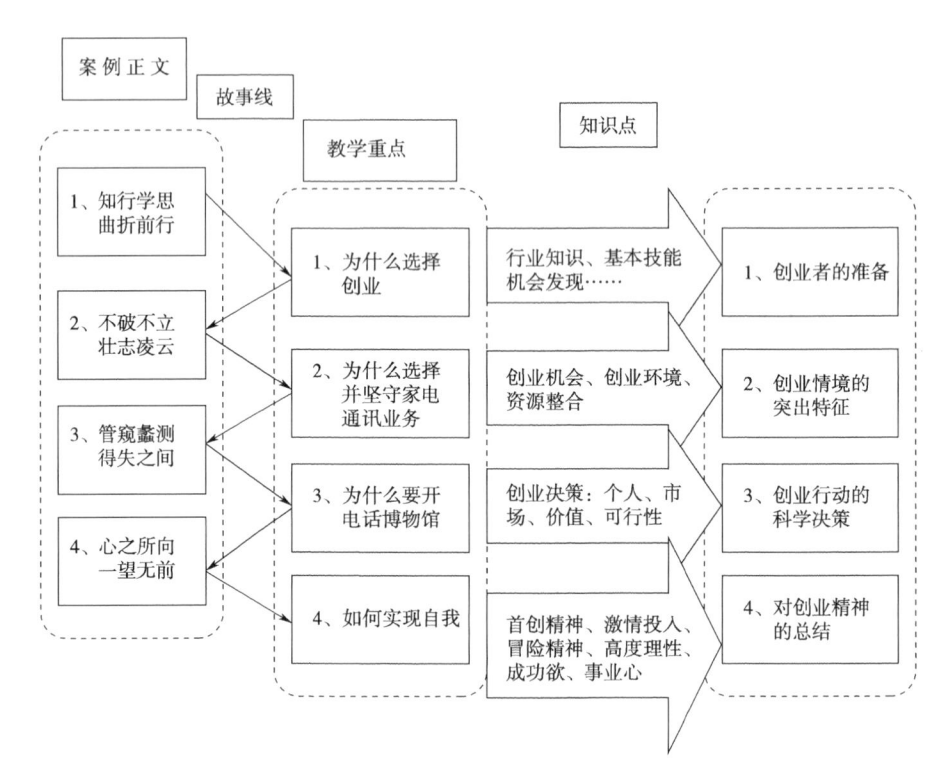

图 9-1 课堂设计思路图

1. 车志红为什么选择创业？

结合案例正文的第一章（知行学思，曲折前行）与第二章（不破不立，壮志凌云），引导学生各抒己见，开放式讨论，探讨车志红的成长经历对他选择创业的影响，并分析在当时的外部环境条件下，车志红放弃稳定工作从商的原因，归纳车志红在整个过程中所体现的企业家特质，探讨创业都需要什么样的能力，回答车志红"为什么选择创业"。

2. 车志红为什么选择并坚守家电通讯业务？

结合案例正文第二章（不破不立，凌云壮志）车志红放弃研究生文凭去创业与第三章（管窥蠡测，得失之间）中时代发展创业环境的改变，新的创业机会的形成，引导学生结合创业情境，分析创业机会，回答车志红为什么选择并坚守在家电通讯行业创业？同时可进一步探讨车志红创业过程中如何整合创业资源？

3. 车志红为什么要开电话博物馆？

结合案例正文第二章（不破不立，壮志凌云）、第三章（管窥蠡测，得失之间）、第四章（心之所向，一往无前）；分析车志红除了创业激情，更重要的是如何形成的创业决策？并从"可以做吗？我能做吗？值得做吗？我想做吗？"四个维度分析车志红开电话博物馆的个人意义及社会价值，回答车志红为什么要开电话博物馆。

4. 如何实现自我？

车志红勇于探索，敢于承担风险，不断地挑战自我。通过案例第四章（心之所向，一往无前）中车志红结合自己的创业经历筹建了老电话博物馆，引导学生归纳他所具有的企业家精神；同时，车志红心系祖国，正是一种家国情怀、民族使命，让他在完成老电话博物馆的同时，始终想着如何为祖国做贡献，开始筹建中国古典益智玩具博物馆，引导学生进一步探讨车志红的创业与个人、社会、祖国三个层面的紧密联系，让学生在总结回答"车志红是如何实现自我"的同时，探索每一位大学生自己应该如何更好地实现自我。

二、课程思政元素挖掘

本案例紧密围绕车志红一生的创业经历，其创业精神结合思政内容可从三个层面展开：第一，国家层面：以爱国主义为核心的家国情怀，车志红最终以筹建"中国古典益智玩具博物馆"为己任，具有深厚的爱国情怀和民族精神，为后人留下宝贵的物质和精神财富；第二，社会层面：中国自古以来就有"君子爱财，取之有道""君子喻于义，小人喻于利"等诸多优秀传统文化精髓，车志红的创业在纷繁复杂的市场经济环境中，仍然保有一颗赤诚的初心，并且不计个人利益，回报社会；第三，个人层面：车志红在创业过程中体现出的智慧和胆识，攻坚克难、突破创新等，是值得大学生学习的创业者精神。

三、课程思政案例设计

（一）课程思政要点

课程思政要点体现在培育社会主义核心价值观教育职业理想，创业者素质包括心理素质、品质素质、知识技能素质等。教学安排贯穿弘扬马克思主义世界观、人生观、价值观的教学内容，引导学生服务社会、服务国家，把创业与自我发展、社会发展紧密联系在一起，在实践中勇拼搏、善创新、勤奋斗；创业过程是创业者实现自身价值的过程，教学安排让学生充分理解创业中自我价值的实现是与为社会做出了贡献紧密联系的，激发学生解决社会问题，自觉行动爱国情、强国志、报国行；成立企业的过程管理，学生既可体验到创业的风险和艰辛，培养勇于创新、锲而不舍的精神意志，更充分认识到合法运营、诚实守信的重要意义，有助于大学生树立良好的道德品质。

该课程与思想政治教育在育人目标上具有一致性，在教育内容上具有共同性，创新思维与创业实践既可以有效地承载思想政治教育的目标和任务，推进思想政治教育的针对性和实效性，促进当代大学生的全面发展。

(二) 教学手段助力案例建设

本节主要介绍课堂中将会使用到的具体案例，案例建设使用互动式、场景化教学模式的实践，利用翻转课堂等手段，通过案例讨论、情境模拟等形式，探索和深入实践场景化教学，把经济社会中的创新创业真实案例搬进课堂，引导学生，进行自主性、探究性学习，使其对于知识的学习和运用能够融会贯通，提升学生创新创业能力，从而实现综合能力发展。

教学案例：一个博物馆人的创业故事

时光静静向前流走，但总有些人想为我们留住一段段历久弥新的历史。在北京城市副中心百年世界老电话博物馆内，创始人车志红如数家珍地说着他的收藏，那些历经百年、遍布全球、琳琅满目的逾 10 万件套的电话藏品。每一件藏品安静地展示了一个时代的风华，每一件藏品背后都有车志红的故事，寻寻觅觅，点点滴滴，车志红的思绪飘回了 40 多年前……

知行学思，曲折前行

1978 年，改革开放的春风吹遍全国，还在北京一中读高中的车志红认为"不从思想上改变，改革开放是不能落到实处的"。可惜他的思想并没能改变父母的思想，78 年恢复高考，虽有年级第二的优异成绩，但车志红的妈妈还是坚持要他去"铁饭碗"的邮政中专读书。因为在那个时候读大学需要 4 年，不仅时间长，而且毕业去哪里工作也不明确，而像车志红这样的好学生，读完邮政中专，包分配邮政系统，拿着稳定的收入，在父母眼中也就成为"人生赢家"。有"十万个"不愿意的车志红，还是如了父母心愿，去了邮政中专学习，回忆起那个听父母话的年代，车志红说：虽然在中专学习，但我是用本科的学习内容来要求自己的，期间我把大学的高等数学、高等物理这些全自学完了，周末回到家我都在读书。中专毕业以后如父母心愿，车志红被分配到邮局维修设备。

做设备维修的他正好赶上了80年代的技术革新浪潮，邮局里的分拣机、电传机、电报机……都成了车志红研究改进的对象，从小热爱读书的他，整天为了改进技术，就泡在了书店里，可仍然逃不出很多知识的瓶颈。"怎么办？我一定要去上本科！"那个读大学的愿望再次被燃起。于是车志红以技术革新工作为由，申请去读大学，开始了对领导的软磨硬泡。领导被迫无奈，提出了一个条件"如果能在全北京市技术大练兵比赛中拿个大奖回来，那单位就批准他去读书。"这下，车志红可高兴坏了，技术练兵比赛不仅是自己心仪的赛场，拿下大奖还能圆了自己的大学梦。车志红马上开始研究，他发现当时邮政系统的过戳机效率特别低，每一投递环节都需要盖戳，这个设备基本是靠手工完成，如果通过智能化来代替，就能极大地提高效率，节省人工。车志红立刻开始行动起来，加班加点突破技术难题，一遍又一遍打磨成型。"一分耕耘一分收获"，在10月份的全市技术大练兵比赛中，车志红获得了北京市一等奖，随即开始了他的大学生涯……

大学毕业后，大部分像车志红一样的学生都选择到邮政系统的研究院、研究所去工作。可有过基层工作经历的车志红，却发现了一个重要的机会。在80年代，不像今天信息那么发达，那个时候没有互联网，也没有那么多的电视节目，老百姓们要看报纸才知道当天的新闻，每天的报纸投递量特别大。而刚改革开放，全国的人口流动也迅速增加，所以全国各地要邮寄的东西特别多，可以说每天积压成山。人口的大量流动也带来了汇款量的激增，那个时候汇款的主要途径还是通过邮局电汇。这些重要的变化，车志红都看在眼里，他觉得基层邮局是承载这些重要机会的载体，于是他申请到基层邮局去工作。到东单邮局工作的车志红，马上发现了工作中的问题，当时投递员的工作是要求5:30上班，6:30—7:00整理完毕，7点开始投递，东单邮局有22个投递员，每个投递员负责投递几个熟悉的街道，每天几乎都会有3、4个投递员请假不能按时到岗，局长、副局长们只能临时补位，投递的物品是日日积压、日日慢。车志红大胆地跟局长提出搞改革的想法，本着科学实验的精神，车志红请命从成为一个投递员开始摸索。不到一个月，车志红便把整个业务流程摸了个透彻，当上了分拣班长，当上班长的他做了一项大胆的改革，他称之为"室内分拣法"。他把原来22个投递员的道段改革为18个，每个道段的负责距离更远，同时留出4个人，提前一天在室内做好准备工作。这样的改革，成功地解决了每天都有人请假的情况，由于每个道段的距离变长了，整体的投递时长还变短了。善于发现问题，大胆改革创新的车志红很快得到了领导的重视，不仅提拔为东单局的副局长，市局局长还破例派车志红继续攻读硕士研究生。这个局长特批的研究生名额包含了领导太多的期待与重视，以当时本科生每月工资50多元计算，这5万多的学费，北京邮政局真是下了很大的血本。

不破不立，壮志凌云

眼看还有半年，研究生就该毕业了，这意味着拿到研究生文凭，车志红理所应当要回北京邮政局去工作，车志红第一次陷入了焦虑的人生思考。因为在他读研的这两年，北京邮政局实现了全程全网，所有的工作都固定了下来，想要靠个人意愿去改革是不可能的；加上邮政系统开始以子弟就业为主，近亲繁殖，连带关系，整个北京局缺乏活力。

而读了研究生的车志红，却对科技创新、发明创造更加有了信心，因为那个时候市场非常活跃，各种科技新产品不断涌现。一边是缺乏生机的稳定工作，另一边是充满不确定性的人生挑战。"不从思想上改变，改革开放是不能落到实处的。"那个声音不断在车志红耳边提醒，这次他做了一个大胆的选择。为了不回北京局工作，他放弃了马上就要到手的研究生文凭，毅然开始了创业。

开始创业的车志红，真是一分钱也没有，没有钱去做研发，那怎么开始呢？车志红想到，市场上很缺产品，而自己又懂技术，如果能找到好的产品去代理，那自然可以从零起步。有了想法以后，马上开始落实，他一边跟做技术的朋友打听，一边开始在北京的技术交易市场溜达。很快，车志红找到一家做电子元器件的企业，这家企业技术过硬，工厂在南方城市，正在北京找经销商。双方不谋而合，车志红估算了每月收益后，信心满满地在平安里租了一个门市，开始代销产品。

那是一个产品为王的年代，只要你产品好，技术新，市场上根本不缺消费者。但是那些以技术研发为主的公司，往往不知道怎么去宣传自己的技术资源，当时的新闻媒体也不像今天覆盖面广，分门别类，更没有什么自媒体了。所以懂技术，又能转化输出技术卖点的车志红，很快成了很多产品研发公司的心仪代理商。

有了话语权的车志红，马上开始了市场研究。他心想：很多产品都是类似的，我在当代理的时候，就应该看到它们的竞争关系，同时深谙技术优势，我要重点选那些目前被市场低估的产品来做。就这样，在那个市场涌动的八十年代，车志红前后代理了近百个产品，成了北京城大名鼎鼎的代理大户。

好景不长，做产品代理的生意很快就遇到了新的难题，市场上产品越来越多，消费者的选择范围也越来越大，这个时候哪些产品能够快速进入消费者的选择半径成了关键，渠道为王的时代已经到来。

而就是在这个节骨眼，车志红遇到了他最满意的产品，日本四通公司的无声电话。四通公司的代理条件非常高，虽然很看重车志红既有邮政系统的工作经验，深刻理解通讯技术的未来发展，又有成功的产品代理经验积累，但四通公司还是需要车志红向他们证明渠道运营能力。

没有渠道布局的车志红怎么办？布渠道、建网点也不是一天两天的工作，而这个品牌代理他又势在必得！很快，他开始安排员工们行动起来。

他的第一项行动是，安排所有员工下班后，拿着印有"四通无声电话"标识的纸袋子，去西单、新四这些大商场转悠，这在当时可谓是史无前例的行为，商场里用统一手提袋的人很容易引起关注，有很多消费者直接拉住他的员工就问在哪里可以购买这种电话？

他的第二项行动是，想方设法利用好公共资源。那时候登报打广告是很贵的，而报纸上面的寻人寻物版面其实是免费的。车志红以寻找有这样功能的设备为由，登上了北京日报的信息栏。负责任的编辑还四处奔波来寻找这种产品，车志红赶快安排员工以能提供这样需求的产品供应商的角色出现，把产品信息发布了出去，这样自编自导，虽说是双簧，却让更多的人知道了这种新的无声电话。

这两个行动，让日本四通公司信心倍增，车志红理所当然拿下了国内的代理权。拿下代理的车志红，火速在全国各地建立销售渠道，天津、重庆、成都、秦皇岛、石家庄……各地都成立了分公司，同时进一步扩大合作代理。抓住一个好品牌，四通公司在无声电话后陆续推出了系列电话、空架传真机、通讯家电等产品，车志红在国内的销售也做得如火如荼，苏宁、家乐福、沃尔玛这些大的商超也都成了车志红的销售网点。

管窥蠡测，得失之间

时至九十年代，车志红无疑已是国内家用通讯领域大名鼎鼎的代理王，步步高、清华同方、诺基亚、TCL等等这些家喻户晓的品牌都是车志红的合作伙伴。

车志红的营销和技术能力，上游产品企业都看在眼里。九十年代中期，产品研发企业的竞争进入一个新的白热化阶段，一些知名的品牌大企业，都开始转向授权合作的模式，激发下游企业的创新活力。

当时清华同方就给车志红抛了个橄榄枝，清华同方那时已是一个全国性知名品牌，一个品牌可以有很多的细分产品，清华同方看上车志红的市场能力，同意给车志红授权，自主研发子系列产品，同时还可以共享品牌的全国、全球销售网点。在那个时候，这样的资源对别人来说是梦寐以求，对车志红而言却唾手可得。而在同期，大量的外国家用通讯品牌进入中国市场寻找代理商，车志红无疑是他们的第一选择。一边是赌博，需要去投厂、研发、生产，具有太大的不确定性，一边是稳赚不赔的生意，轻车熟路，拿代理做销售。车志红理所应当选了后者，在那个"数钱数到手抽筋"的九十年代，没有自主创新做产品，成为车志红人生的第一个遗憾。在若干年后，回忆过往的时候，车志红说：当你不在乎所拥有的时候，你其实已经失去了所拥有的东西。

其实对自我的反思，恰恰是从车志红创业顶峰的时候开始的，九十年代车志红的公司已经富裕到了每个员工都有私家车的水平，中层以上干部更是都是奥迪以上的配置，可以说这样的企业，这样的收入，在社会上是被大多数人羡慕的。可车志红仍然觉得自己还缺点什么？2001年，车志红参加全国工商管理硕士生联考，考入北京大学光华管理学院去读 MBA。

到了北大，车志红才发现原来自己一直犹如井底之蛙，只看到了自己那点家用通讯的小市场。这个期间的中国市场，可以说发生了翻天覆地的变化，房地产、互联网、金融……这些都是车志红原来都没有接触过的东西。

车志红常常听到同学们高谈阔论国外的发展趋势，他像一个听书的孩子，始终没有进入身临其境的状态，有时候他会觉得自己还是因为眼界的局限，没有出过国的他始终不能判断未来会变成什么样子，而眼下忙碌的生意就是他全部的生活。

"要不要突破一下，尝试一下其他领域？"车志红不止一次地反问自己！房地产、互联网、金融这些虽然自己不懂，但既然是大趋势，不怕挑战不怕新事物的车志红觉得自己哪怕换一个行业，也随时可以东山再起！但在家电通讯领域的多年积累，就像自己养大的孩子，的确难以放手！

坚守家电通讯领域，这是若干年后，车志红回忆起这个时代，虽有心动，却没有遗憾的选择！

心之所向，一往无前

通过家电通讯代理业务赚得金盆满钵，有钱之后的车志红开始思考应该为社会做些什么？他觉得自己的一生毕竟短暂，如果能为社会留下些什么，仿佛人生才没有白来！思前想后，车志红终于找到了自己的第二人生，他下定决心要为社会建一个"电话博物馆"。这个心愿开始让他着魔，缘于当时公司业务已经稳定，车志红开始把大量的时间都用来寻找电话藏品。

在那个还没有互联网的时代，搞收藏可不容易，经常听到哪里有什么好东西，立马就得开着车去看。偶尔坐绿皮火车，到了当地，当天肯定回不来，还得住上一晚。收藏这些老电话还不是最难的，对于他来说，最难的是挖掘电话背后的故事。"一条线就神奇地将千里之外的两个声音连接起来，这是怎么做到的呢？"带着这样的好奇，车志红走上电话研究之路，一走就是几十年，电话发展史、通信原理，这些常人所不知的知识，他都如数家珍。

"电话发展更新速度非常快，从最初的壁挂式电话到现在的手机，通讯越来越便捷，科技越来越进步，电话馆为参观者展出不同时代、不同国家的电话，可以让参观者切身感受到现代技术发展迅速，唯有不断地创新才能跟上时代的步伐。"

一件、两件、三件……到十万余件，如此数字庞大的藏品背后隐藏着车志红数十年如一日的积累与辛劳，每一件藏品都记录着一个时代的变化，车志红就是电话故事的转述者，他想要讲好每一部电话的故事。近百年的历史，也是电话普及升级的过程，它从最初的通话功能，到有了家庭装饰的功能，再到随身便携服务。2006年，车志红通过了政府关于民营博物馆的审批，如愿成立了北京百年世界老电话博物馆，见图9-2，将他数十年的积累，呈献在参观者的视野之中。这时他觉得肩上的责任更重了，虽说是自己熟悉的电话通讯，但是博物馆的管理运营和公司又是完全不同的机制，"一不做，二不休"，车志红索性放弃了经营十余年的企业，全身心投入在博物馆事业中。

图 9-2 北京百年世界老电话博物馆

时至今日，从车志红的博物馆心愿开始，20余个春夏秋冬，就是"北京百年世界老电话博物馆"从无到有的点点滴滴。思绪回到当下，车志红说，做博物馆给了他重要的人生收获，甚至还让他当上了非遗传承人。原因是在收藏电话的时候，车志红认为电话博物馆大部分藏品都是西方的，而他更想为祖国做些什么？在一次电话收藏中，他意外发现了很多他小时候都没有见过的益智玩具，再看看自己小时候玩的巧环、七巧板、九连环等等，这些东西现在的孩子都没机会见了。结合之前做博物馆的经验，一个令他兴奋的想法蹦了出来，"要建一个中国古典益智玩具博物馆"，于是他开始系统收集整理中国古典益智玩具，中国古典益智玩具作为非物质文化遗产，孕育着深厚文化底蕴和民族智慧，西方人一度认为中国古典益智玩具是一种魔术，其实不然，它涉及了数学中的几何学、拓扑学、图论、运筹学等多门学科，对世界产生巨大影响。但是，这些优秀的民族文化，却正在慢慢淡出我们的视线，有很多已经失传，着实令人痛心、遗憾。车志红（图9-3）相信，通过收藏、推广中国古典益智玩具，一定能使中国的智慧、中国的玩具能够再次走向世界，而自己能够为中国古典益智玩具的传承和发扬尽自己的一份力，也将感到无限荣耀。

图9-3 企业家、博物馆人、非遗传承人车志红

痴迷上中国古典益智玩具的车志红，更是被国家评为了解连环的非遗

传承人。"传承古典益智玩具是一件非常令人值得骄傲的事,中国孩子通过玩古典益智玩具就知道中国古人的伟大和民族的伟大,特别能够激发起孩子们的民族自豪感、归属感。这是我作为一个企业家、一个博物馆人、一个非遗传承人最大的成就。"车志红将会继续在这条路上走下去,道阻且长,吾自当不畏艰险,且以弘扬中华优秀传统文化为己任,生命不息,奋斗不止"。

四、专业知识与课程思政元素融合分析

本节将对案例如何有效地结合专业知识和思政元素进行分析,以课本上的知识点的逻辑顺序为线索,分别分析案例是如何表现这些知识点的,以及案例内容在辅助知识点教学的过程中是如何完成思政教育的。

了解创业的定义、创业者的特征和行为,以及创业过程中的关键要素。创业是在资源高度约束、不确定性强的前提下的假设检验、试错、创新的快速行动机制。其中涉及对创新、风险承担、机会识别与利用、资源整合等方面的理论知识的回顾。

理解创业者的心理特征和心理过程,以及创业过程中的压力、挑战和应对策略。其中涉及创业动机、创业自我效能、创业决策等心理学知识。

课程思政元素:车志红在创业的过程中,充分体现了突破资源约束,抓住机会,利用资源,不断创新,快速行动的创业过程。其中车志红在纷繁复杂的市场经济环境中,仍然保有一颗赤诚的初心,并且不计个人利益,回报社会,最终以筹建"中国古典益智玩具博物馆"为己任,具有深厚的爱国情怀和民族精神,为后人留下宝贵的物质和精神财富。

五、现场教学组织与控制

(一) 课堂活动设计

本节将以 90 分钟的课程为例,介绍详细的教学步骤、教学过程以及教学活动的设计思想,重点介绍上述思政案例与课堂所学知识的融合方式和逻辑思路。具体的教学方法包括课堂案例教学、课堂辩论、翻转课堂等等,详情见表 9-1 所示。

表 9-1 教学方法

教学步骤	详细教学过程	课程思政
10 分钟 课程内容 导入	【复习提问】上周的课程中，我们了解创业是在资源高度约束、不确定性强的前提下的假设检验、试错、创新的快速行动机制。同时，我们还重点讲解了创业的三个要素。 【提问】大家还记得是哪三个要素吗？ 【回答】 （图：创业者及创业团队 ⇄ 创业资源 ⇄ 创业机会） 分别是创业者及团队、创业机会和创业资源。 【教师讲授】 作为创业主体要素的创业者是创业概念的发起者、创业目标的制定者、创业过程的组织者，也是创业结果的承担者。创业者的个人素质决定了创业的成败，个人素质包括创业者的性格、能力、知识结构以及他的精力和时间。	引导学生复习所学内容，形成完整的知识体系，通过问答形式检验学生的知识掌握情况及预习情况，帮助学生建立完整的知识框架。
20 分钟 案例导入	【提问学生】你认为个体是如何成为创业者的？是自发选择还是自觉选择？创业者把创业作为一种生活方式？还是一种追求利益的手段？是一种自我价值的实现模式，还是一种独立精神的表现形式？ 【学生回答】讨论创业的选择过程有什么样的规律？尝试归类并总结共性。 【教师讲解】个体成为创业者的动力主要有两个来源：一是由于外在环境的压力自发形成的创业行动，称为创业者自发选择；二是个体具有明确的创业目标，并根据创业目标采取自我培养和学习的方式，即不断吸收有利因素，自觉地把自己培养成一个创业者，称为创业者自觉选择。通常，创业者自发选择受外部因素的影响更大。例如，当个体缺乏必要的生存条件时，为了生存不得已而进行创业，表现为创业者缺乏充分的准备、非理性决策较多，创业者的意志不坚定、创业的状态不理想。与之相对，创业者自觉选择更多地基于创业者的内在自觉，表现为创业者自我解放意识的唤醒，通过发展内外矛盾关系而将精神与思想付诸实践，是创业者自我存在的必然体现，是创造自我的基本价值体现。创业者自觉选择具有目的性和计划性，即创业者会主动培养自己的创业素质，提升自身能力，进而实现创业目标。	

续表

教学步骤	详细教学过程	课程思政
30分钟 案例展示 及第一 阶段讨论	【案例展示】运用ppt、图片和文案的方式展示案例。案例内容此处不再赘述。在案例的讲述过程中，鼓励学生进行多种模式的学习，如可以邀请部分同学上台对案例进行诵读或介绍等，或是在案例阅读完毕后邀请不同的同学进行简单的归纳总结，提升大家的课堂注意力。 【讲述重点】在案例的引入中，通过电子版案例文件发放的形式提前发给学生，鼓励学生使用多种媒介自行阅读文字，并结合文字和图片内容进行标注。 【提问学生】从案例体验到案例总结。在学生阅读案例后，结合教学知识点通过以下引导性思考问题，让学生形象化、生动化地理解本章知识点。 • 车志红放弃研究生文凭，开始创业，背后的动力何在？ • 你认为为什么车志红能看到创业的机会？ • 车志红的创业经历过几个时期，你认为每个时期的重要特征是什么？（产品为王，渠道为王，客户为王这三个时期） • 如何理解车志红放弃诸多品牌的产品开发邀请，坚守家用通讯市场？ • 车志红创业过程中充分整合了外部资源为己所用，你能举例说明吗？ • 你赞同车志红放弃公司，全力经营电话博物馆吗？你从车志红身上学到哪些企业家精神？ • 为什么车志红要筹建中国古典益智玩具博物馆？你从车志红身上感受到哪些爱国主义精神？	通过车志红的案例，引导学生重新思考本节课的重点内容，即创业者选择创业的过程。 通过案例的形式介绍创业的来源，融入思政内容。
20分钟 案例讨论	【学生讨论】创业者会思考四个问题，来做创业决策。 • 可以做吗？ • 我能做吗？ • 值得做吗？ • 我想做吗？	通过案例后的延展讨论，帮助学生从案例创业者车志红转移到自己本身，探索每一个学生成为创业者的可能性。

续表

教学步骤	详细教学过程	课程思政
20分钟 案例讨论	<table><tr><td></td><td>可行性</td><td>价值</td></tr><tr><td>市场</td><td>可以做吗？ 技术可行性 市场可行性 经济可行性</td><td>值得做吗？ 财务可行性</td></tr><tr><td>个人</td><td>我能做吗？ 要做的话需要什么？ 其他我还需要什么？</td><td>我想做吗？ 什么东西让我魂牵梦绕？ 我为什么想做？</td></tr></table>结合案例，车志红如何从这四个问题出发，形成他的创业决策？ 同学们，请你静下心想想，近期你是否有特别想做的事情，想做的事情至少符合两个条件：一是对自己有挑战性，也能给他人甚至社会带来好处；二是重要但又不是很紧迫，因为很紧迫也许就做了。如果有，请写下来： 把特别想做的事情与同学和朋友分享，请大家帮助你判断是否有价值。在分享讨论的过程中，自己要不断地判断： • 同学和朋友是否真正准确理解了自己的想法？ • 同学和朋友关心这件事情中的什么？ • 做这件事情还可能引起哪些人关心？ • 做这件事情可能遇到什么样的困难？是否存在特别难以逾越的困难？ • 通过讨论，自己做这件事情的欲求是强化了还是减弱了？ • 自己还有什么顾虑？这些顾虑是否值得？ • 自己是否愿意把别的事情放一放，集中精力做这件特别想做的事情？ • 自己应该为这件事情着手做点什么？	通过案例后的延展讨论，帮助学生从案例创业者车志红转移到自己本身，探索每一个学生成为创业者的可能性。

续表

教学步骤	详细教学过程	课程思政
20 分钟 案例讨论	如果你针对特别想做的事情采取了行动，这意味着你已经踏上创业之路了。 在这条路上，可能遇到很多意想不到的事情，可能有很多事情需要去学习解决，你的初心会驱使你行动，你会想方设法找资源，会去找志同道合的人一起做，让你的努力获取回报……这些就是创业活动。 也许有一天，你可能决定要去注册一家公司，让你的事情能够受到法律保护，能够更加规范和可持续地运营发展。如果那样，你的伙伴会称呼你老板，你也会实实在在地觉得自己是个创业者了。 这个练习可以真实持续地做下去，现在请你判断。 ● 自己离成为创业者是近了还是远了？ ● 再看看身边的创业者，你有什么感受？ 创业既包括了狭义上的创办一家企业，也包括了广义上不拘于资源约束，面对不确定性的实践活动，因此我们每个人都会经历创业。当你开始创业的时候，别忘了想想自己能够在创业中为社会、为祖国创造哪些价值？ 【学生回答】学生根据案例内容和补充信息讨论并回答以上三个问题。	通过案例后的延展讨论，帮助学生从案例创业者车志红转移到自己本身，探索每一个学生成为创业者的可能性。
10 分钟 总结本节内容并介绍下节内容	【教师讲授】创业时机是指创业者选择创业、进入市场的时间与机会，是创业者依据市场的需求状况，充分利用好资本、人脉、团队等资源，合理调配创业时所需要的相关要素，把握好创业时间等系列决策行为。创业时机选择包括两个步骤：第一步是了解市场，等待机会。把握创业时机的重要环节之一是充分了解市场和消费者的需求，做好服务目标顾客的准备。第二步是筹措资源，抓住机会。尽可能地筹措资金，建立人脉关系，建设团队，创造产品，形成思路，做好创业前的准备。那么你认为在选择创业项目时，还需要注意哪些事项？ 【学生回答】学生可以结合自己的理解去发散讨论。 【教师讲授】 (1) 选择适合的项目。俗话说"隔行如隔山""熟能生巧"，创业者应尽量选择自己的专业、经验、兴趣、特长相吻合的项目，这样才更容易激发内在和持久的力，成功的可能性更高。	通过复习知识形成知识闭环，增强学生的知识框架构建。 通过回顾案例增强学生对创业者独立精神的理解，激发爱国情怀。

109

续表

教学步骤	详细教学过程	课程思政
10分钟总结本节内容并介绍下节内容	（2）从实际出发，不贪大求全。选择了某个项目后，最好适量介入，以较少投资来了解认识市场，俗话说"船小好调头"，这样即使出现失误，也有挽回的机会，等到自认为有把握时，再大量投入、放手一搏。 （3）不盲目跟风。许多创业者盲目跟风、人云亦云，追求时下最热门、最赚钱的行业，殊不知即使身处热门行业，也不见得一定赚钱。热门行业市场往往已经趋于饱和，行业利润被高估，创业者盲目闯入，容易遭受损失。 （4）深入调研，科学取舍。对初选的项目，要认真进行市场调研、市场分析与预测、最佳方案技术论证以及投资风险分析，慎重确定创业项目。	通过复习知识形成知识闭环，增强学生的知识框架构建。 通过回顾案例增强学生对创业者独立精神的理解，激发爱国情怀。

（二）课后作业及安排

1. 课后作业

创业选择是针对创业时机、资本和项目等因素进行的一种决策行为，创业选择是一个丰富的概念，包含了丰富的内容：个体如何成为创业者，是自发选择还是自觉选择？创业者在创业过程中是坚持到底还是有效中止，抑或见机转型？创业者如何确定创业项目，如何实现创业变革？是把创业作为一种生活方式，还是作为一种利益追求的手段？是一种自我价值实现的模式，还是一种独立精神的表现方式，抑或是一种人格再造的路径？

结合案例，谈谈你对创业成功的理解？请分享你认为成功的创业案例？

2. 项目式的课后活动

鼓励学生思考并审视自己的创业想法或创业选择。

以教带赛，以赛促教，鼓励学生参加挑战杯、互联网+等重点竞赛，将课堂所学知识应用到实践，同时通过比赛促进学生对理论知识的理解。

六、教学反思

（1）理论与实践的结合：创业者与创业精神这一部分涉及的理论较为远离学生生活实际。在教学中，有时会出现理论与实践脱节的情况。为了使学生能够更好地理解，教师需要不断地寻找实际案例，将理论与实际情境相结合，使学生能够直观地感受创业者的魅力及精神引领。

（2）学生参与和互动：在教学中，增加学生参与和互动的机会，如小组讨论、角色扮演等，可以帮助学生更好地理解和体验这些理论。同时，这种教学方式也能够激发学生的学习兴趣和积极性。

（3）反思与批判性思维：教学中应鼓励学生培养反思和批判性思维。对于创业者及创业行为，学生可以从不同角度去分析创业者的心理情境变化，以及如果你作为这个创业者会有相同的选择还是不同的方案。通过这种方式，学生不仅能够更好地理解创业者及创业选择，还能够培养自己的批判性思维能力。

（4）持续更新教学内容：时代前进，创业者的创业选择也体现出当代特色，因此，教师需要持续关注新技术、新趋势，及时更新教学内容。如在数字时代，创业选择的过程是否会受到技术的影响等等，这样才能确保学生获得最新、最全面的知识。

第十章　包容性商业模式的探索之路

撰写人：王　楠　朱　蓉[①]

一、课程基本信息

> **课程名称**：创新创业管理
> **课程类别**：专业必修课
> **学分学时**：3 学分，68 学时
> **授课专业**：工商管理

二、课程挖掘的思政元素和资源分析

创新创业管理作为一门以经济管理理论分析企业管理创新实际问题的课程，决定其在教学过程中，教师必须紧跟热点，传授实际情况分析方法，通过现实案例的分析，来提升学生的理论理解能力与实际运用能力，实现中国特色社会主义和中国梦教育目标。

课程思政是党和国家对新时期教育工作的重要指示和要求，是新时期教育模式的重要方法，也是加强学生理论联系实际水平，提高自身素质、更好服务社会的重要手段。思政元素融入课程教学，将教书和育人更加紧密结合，有助于引导学生发现问题、思考问题，树立正确的价值观，提升认知能力和专业水平。思政元素与课程内容的联系，如表 10-1 所示。

[①] 该案例为北京市"十四五"教育科学规划项目（CDEB24218）成果。

表 10-1　思政元素与课程内容的联系

思政元素	思政内容	课程知识点结合
马克思主义基本原理	全局、整体的战略观点	内外部环境分析
新发展理念	创新发展理念	商业模式创新
新发展理念	共同富裕	包容性增长

（一）思政元素一：马克思主义基本原理

1. 思政内容

马克思主义深刻揭示了自然界、人类社会、人类思维发展的普遍规律，为人类社会发展进步指明了方向；马克思主义揭示了事物的本质、内在联系及发展规律，是"伟大的认识工具"，是人们观察世界、分析问题的有力思想武器。马克思主义进入中国，既引发了中华文明深刻变革，也走过了一个逐步中国化的过程。在革命、建设、改革各个历史时期，我们党坚持马克思主义基本原理同中国具体实际相结合，运用马克思主义立场、观点、方法研究解决各种重大理论和实践问题。

2. 课程知识点结合

SWOT 分析，即基于组织内外部竞争环境和竞争条件下的态势分析，将与研究对象密切相关的主要内部优势、劣势和外部的机会和威胁等，通过调查列举出来，并依照矩阵形式排列，然后用系统分析的思想，把各种因素相互匹配起来加以分析，从中得出一系列相应的结论。SWOT 方法用系统的思想将这些似乎独立的因素相互匹配起来进行综合分析，使得企业战略计划的制定更加科学全面。

（二）思政元素二：新发展理念

1. 思政内容

新发展理念全面揭示了当代社会经济发展一般规律，是马克思主义发展理论的重大创新。总的来看，新发展理念是在深刻总结国内外发展经验教训的基础上形成的，也是在深刻分析国内外发展大势的基础上形成的，集中反映了我们党对经济发展规律认识的深化。理念是行动的先导，一定的发展实践都是由一定的发展理念来引领的。创新、协调、绿色、开放、共享的新发展理念回答了关于发展的目的、动力、方式、路径等一系列理论和实践问题，阐明了我们党关于发展的政治立场、价值导向、发展模式、发展道路等重大政治问题。踏上全面建设社会主义现代化国家新征程，必须进一步深入认识新发展理念的丰富内涵及其核心要义。

2. 课程知识点结合

（1）商业模式创新

商业模式创新能够以快速、高质量的方式满足顾客的多样化个人需求，赋予企业新的竞争优势，获取新的市场资源，发现新的经济增长点，提高企业绩效。商业模式创新不仅是在企业交易过程或者工作流程上进行"范式的转变"，而是从根本上重新构建交易本身以及重新界定企业与产业的分界线。商业模式中的所有元素都有可能成为商业模式创新的触发点，商业模式创新能够为企业带来重要成果。

（2）包容性增长

包容性增长是寻求社会和经济协调发展、可持续发展的增长方式。与单纯追求经济增长相对立，包容性增长倡导机会平等的增长，最基本的含义是公平合理地分享经济增长。包容性增长有着四个层面的基本要义：经济增长、权利获得、机会平等、福利普惠。包容性发展强调使大多数人能够更广泛地获得持续的社会经济机会，倡导机会平等的可持续增长模式，体现了和谐共生的思想。作为一个新的经济学概念和发展理念，包容性增长对中国经济社会的协调发展，在当前具有较强的适用性和针对性。

三、课程思政教案设计

（一）教学目标

1. 知识目标

（1）掌握企业战略管理的基本理论和基本概念；

（2）掌握企业战略管理的分析方法；

（3）深入理解战略管理，学会从战略角度分析、解决企业管理问题。

2. 能力目标

（1）提高学生理解现代企业战略管理思想，分析组织内外部环境的能力；

（2）提高学生应用战略管理理论和方法解决现实管理问题的能力；

（3）提高学生利用现代信息技术进行论文写作，开展战略管理研究的能力。

3. 价值目标

（1）提高学生对国家经济与企业管理政策法规的认识和理解程度；

(2) 提高学生对企业管理人员职业操守和职业道德的认识和理解程度；

(3) 培养学生适应数字经济下首都经济建设和社会发展需要，服务京津冀一体化，能够在企业、政府部门及其他企事业单位进行组织管理的能力。

（二）教学内容

教学基于武阳春雨这一区域公用品牌的诞生背景和成长历程，从四个启发思考题出发，通过案例研究与分析，帮助学生了解并分析企业的内外部环境、商业模式的创新等问题。课堂设计思路如图 10-1 所示。

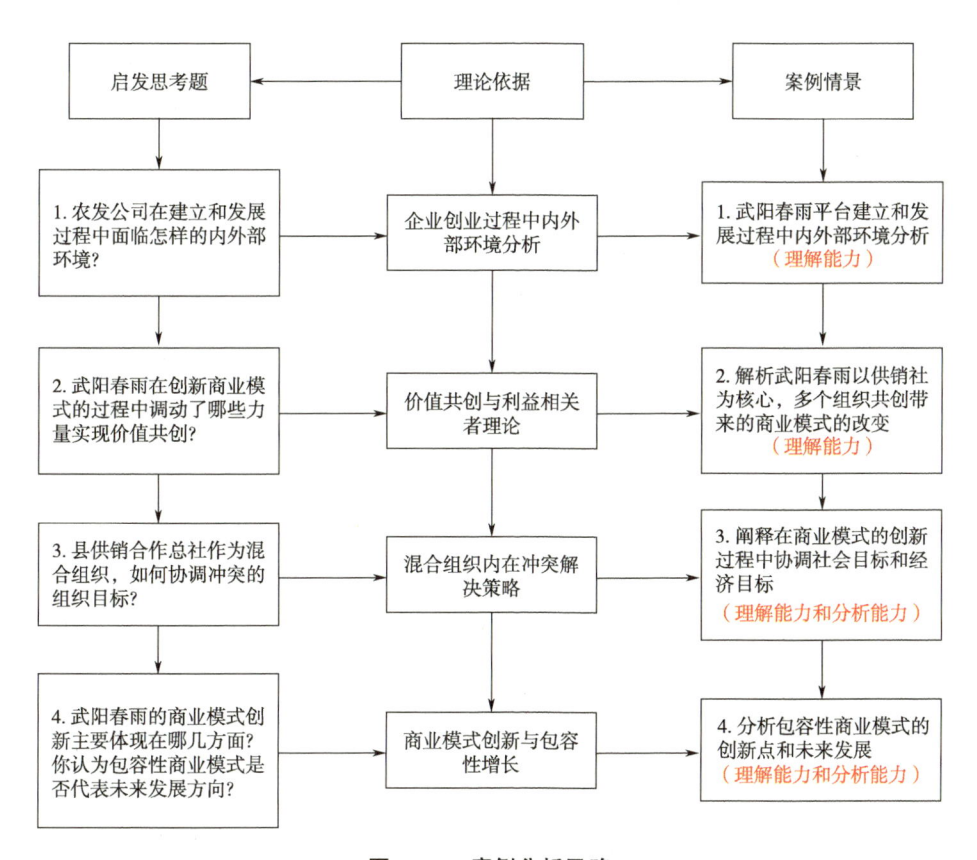

```
启发思考题                    理论依据                  案例情景

1. 农发公司在建立和发展    →   企业创业过程中内外    →   1. 武阳春雨平台建立和发
过程中面临怎样的内外部        部环境分析                展过程中内外部环境分析
环境？                                                  （理解能力）

2. 武阳春雨在创新商业模   →   价值共创与利益相关    →   2. 解析武阳春雨以供销社
式的过程中调动了哪些力        者理论                    为核心，多个组织共创带
量实现价值共创？                                       来的商业模式的改变
                                                       （理解能力）

3. 县供销合作总社作为混   →   混合组织内在冲突解    →   3. 阐释在商业模式的创新
合组织，如何协调冲突的        决策略                    过程中协调社会目标和经
组织目标？                                             济目标
                                                       （理解能力和分析能力）

4. 武阳春雨的商业模式创   →   商业模式创新与包容    →   4. 分析包容性商业模式的
新主要体现在哪几方面？        性增长                    创新点和未来发展
你认为包容性商业模式是                                  （理解能力和分析能力）
否代表未来发展方向？
```

图 10-1　案例分析思路

1. 理论要点

（1）五力模型。波特五力模型是迈克尔·波特（Michael Porter）于 20 世纪 80 年代初提出。他认为行业中存在着决定竞争规模和程度的五种力量，如图 10-2 所示，这五种力量综合起来影响产业的吸引力和现有企业的竞争战略

115

决策。五种力量分别为同行业内现有竞争者的竞争能力、潜在竞争者进入的能力、替代品的替代能力、供应商的讨价还价能力、购买者的讨价还价能力。

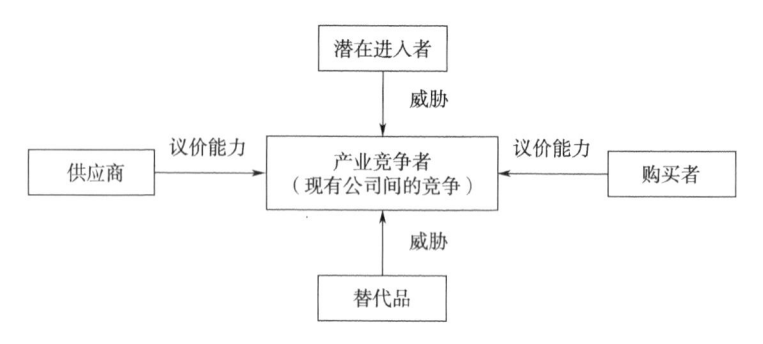

图 10-2 五力模型分析示意图

  a. 现有竞争者的竞争。一个行业内的企业是相互制约的，企业的行为通常会引起竞争反应。在许多行业，企业都会积极展开竞争。如果企业受到来自竞争者的挑战，或者发现一个显著改善其市场地位的机会，竞争者间的竞争行为就会加剧。

  b. 潜在进入者威胁。鉴别潜在进入者对企业来说非常重要，因为他们可能威胁到现有竞争者的市场份额。新进入者在给行业带来新生产能力、新资源的同时，也希望在已被现有企业瓜分完毕的市场中赢得一席之地，这就有可能会与现有企业发生原材料与市场份额的竞争，最终导致行业中现有企业盈利水平降低，严重的话还可能危及这些企业的生存。

  c. 替代品威胁。替代品是指那些来自特定行业以外的产品和服务，而且这些产品和服务与现有行业提供的产品和服务类似或相同。一般来说，如果客户面临的转换成本很低甚至为零，或者当替代品的价格更低或质量更好、性能接近甚至超过竞争产品时，替代品的威胁就会很强。在顾客认为有价值的方面（如价格、质量、售后服务、选址等）进行差异化，可以降低替代品的吸引力。

  d. 供应商的议价能力。供应商可能会通过提高价格或降低产品质量来战胜行业内的竞争者。如果企业无法通过自身的价格结构消化来自供应商的成本增长，其利润就会由于供应商的行为而降低。有些购买者试图通过发展长期合作关系来管控削弱供应商的议价能力。虽然这会相应削弱购买者的能力，但也能激励供应商更加积极与之合作，尤其是当双方已经建立起信任关系之后。

e. 购买者的议价能力。企业总是寻求最大的投资回报率。换言之，购买者（企业）希望用尽可能低的价格购买产品，在这个价格上，供应商能够获得可接受的最低投资回报率。为了降低成本，购买者通常会讨价还价，要求更高的质量、更好的服务以及更低的价格。行业内企业之间的竞争也会使购买者获利。此外，消费者在制造商成本方面掌握了更大量的信息，并且互联网为销售及销售方式提供了更多选择，所以在很多行业消费者的议价能力都有所提高。

（2）SWOT 分析。SWOT 分析主要通过对组织内部优势（strengths）、劣势（weaknesses）和外部机会（opportunities）、威胁（threats）进行深入、全面、系统的研究分析，以更快找到切实可行的发展策略，如图 10-3 所示。按照企业竞争战略的完整概念，战略应是一个企业"能够做的"（即组织的强项和弱项）和"可能做的"（即环境的机会和威胁）之间的有机组合。

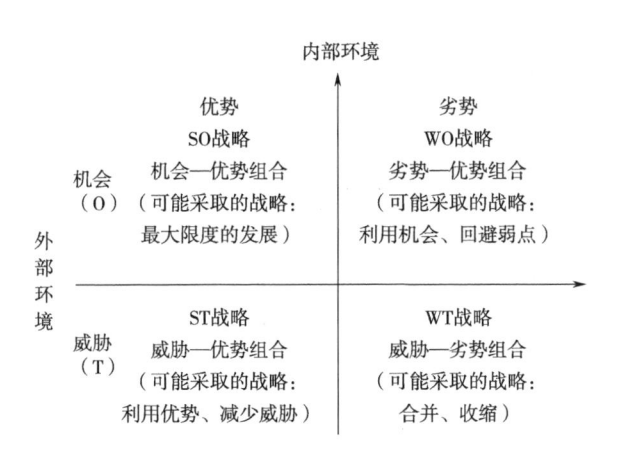

图 10-3 SWOT 分析矩阵

	优势	劣势
机会（O）	SO战略 机会—优势组合 （可能采取的战略： 最大限度的发展）	WO战略 劣势—优势组合 （可能采取的战略： 利用机会、回避弱点）
威胁（T）	ST战略 威胁—优势组合 （可能采取的战略： 利用优势、减少威胁）	WT战略 威胁—劣势组合 （可能采取的战略： 合并、收缩）

（3）价值共创。价值共创是一个解释顾客与企业之间互动创造价值的概念，是企业形成新战略竞争优势的重要来源。价值共创认为在数字经济背景下，消费者已经不再单纯是价值消耗者，而是成为价值创造者。基于企业与消费者共同创造价值的观点，学者依据投入产出理论分别构建了生产者逻辑和消费者逻辑的价值共创机制模型，两种模型主张价值共创是双方投入的结果，而价值共创又分别为双方产出绩效。随着数字经济的发展，企业与顾客之间的关系不再是简单的二元关系，而是发展成多元互惠的关系。价值共创的主体不仅包括企业和消费者两个核心参与者，而且供应商和中间商也介入到整个价值共创的环节当中，价值链内的主体都可以成为价值共创的主体。

(4) 利益相关者理论。利益相关者理论在战略管理理论发展中至关重要，学者们从不同角度对利益相关者进行定义，其中弗里曼（Freeman）在1984年指出，利益相关者是能够影响一个组织的目标实现，或者受到一个组织实现其目标过程影响的个体和群体。参与企业运作的利益相关者至少可以分为三个群体：资本市场利益相关者（企业股东和主要的资金提供者）、产品市场利益相关者（企业的主要客户、供应商、所在社区、工会）和组织内部的利益相关者（企业所有的员工，包括非管理人员和管理层）。企业应为各利益相关者创造价值，积极追求经济、社会和环境目标。

(5) 混合型组织。混合型组织兼具经济效率和社会效益目标，不再一味地追求经济效益的最大化。社会价值的实现是混合型组织的使命所在，经济活动服务于其社会价值的实现。与农民共同走过了大半个世纪的供销社，在服务三农中具有特殊地位和作用。首先，为农服务是供销社的办社宗旨，供销社自创立以来，不管其内外部环境条件如何变化，从未离开三农。其次，供销社通过下属企业的经济活动为三农服务，同时供销社可承接公共资源、行使政府委托职能，具有吸纳整合各类资源的能力。县供销社作为具有经济目标和社会目标的混合型组织，借助武阳春雨区域品牌实践，开拓包容性商业模式的探索之路。

(6) 商业模式创新。商业模式体现企业创造价值的逻辑，很多商业模式的价值不是某一企业单独创造，而是企业与合作伙伴共同创造。商业模式的价值创造不应仅仅聚焦于核心企业，还包括更广泛的利益相关者的共同参与。企业和顾客的互动创造了消费体验，进而共创价值。供销社、农发公司、新型农业经营者、中小农业企业、农民以及消费者之间高频互动，共创、共享价值的过程成为武阳春雨商业模式创新的关键。

(7) 包容性增长。创新、协调、绿色、开放、共享的新发展理念是包容性增长理念的中国化发展。包容性增长强调以公平为基础的增长，提倡消除因环境和背景差异而造成的不平等，赋予贫困地区和贫困人群更多的机会，鼓励其参与到经济增长和社会进步中来，并能享受到更多的由社会发展带来的福利。供销社和农发公司借助区域公共品牌的力量，让更多农民参与到经济活动中，通过公平与效率的有机结合，稳步实现包容性增长，推动共同富裕。

2. 教学重点

(1) 利益相关者的重要性。区域公用品牌武阳春雨的发展连接了供销社、农发公司、新型农业经营者、农民、消费者等多个利益相关者。政府保证资金支持，供销社借助农发公司打造区域公共品牌，新型农业经营者和农民是供应商，消费者可以购买到优质产品。各相关利益者通过价值共创实现了多方共赢。

（2）解读混合型组织，阐释在商业模式创新中如何协调经济目标和社会目标。县供销社顺应时代发展要求，充分发挥自身优势，坚持改革创新，为农服务的实力日益增强。在供销社的指引下，农发公司一方面和每一位入驻的合作伙伴建立良好的合作关系，另一方面把展销中心经营好，通过线下良好的购物体验带动线上消费，特别是外来游客线上复购，培养消费者黏性。经营服务方式不断创新，线上线下融合，既提高了农民的生活质量，又顺应了农民的日常生活需求。通过与新型农业经营者和农民合作，与农民的关系越来越密切，其主渠道作用日益明显。学生们在分析武阳春雨这一农产品区域公共品牌的实践、结果和挑战时，深化对于混合型组织商业模式创新的理解，立足课本、顺应时事。

3. 教学难点

（1）混合型组织在经济和社会目标方面的动态平衡是一个复杂的问题，其行为很大程度上受到利益相关者的压力、突发事件和组织发展阶段的影响。教师需要引导学生从不同角度辨证、动态地理解武阳春雨在平衡两种目标，以及在应对两种目标之间的冲突给组织带来的挑战方面所采取的措施。

（2）包容性商业模式中的每个利益相关者扮演着举足轻重的角色，离开任何一方就有可能造成损失或失败。教师需要引导学生理解包容性商业模式是如何形成的，需要调动哪些力量以更好地实现价值共创。

四、教学组织与教学方法

教学以专门的案例讨论课展开。

案例内容

武义县位于浙江省金华市，地理位置天然优越，农产品丰富。目前，武义县共有有机认证企业 96 家，产品 186 个，农耕面积 51 万亩。2017 年，武义提出"有机农业第一县"的建设目标，推进现代农业发展，稳步实现农业增效与增收。有机茶、有机宣莲、有机大米、高山蔬菜等特色农业蓬勃发展，逐渐形成了"一乡一品"的农业发展新格局。县供销社肩负发展区域公共品牌的使命，2017 年 12 月，县供销社下属的农发公司成立，成为政府唯一授权

"武阳春雨"公用品牌运营方。县供销社和农发公司以武阳春雨品牌引领,搭载全县农业经营主体和优质、有机农产品,带动农民更富、农业更强、农村更美。

表10-2是按照时间进度提供的课堂计划建议,仅供参考。

表10-2 教学计划

序号	内容	主题及要求	形式	时间
1	课前准备	暂不提前发放案例的相关材料,让学生关注和收集国内外有关区域公用品牌的发展现状并进行小组讨论。	个人阅读或小组准备	不限
2	课堂阅读	让学生仔细阅读案例材料,目的在于熟悉案例材料,初步明确案例分析主题"区域公用品牌的包容性商业模式创新"。	个人阅读或小组准备	10分钟
3	小组讨论	讨论案例中的启发思考题,并告知发言要求。	分小组讨论,准备发言提纲	30分钟
4	小组发言	针对上述要求和案例给出的思考题,根据讨论结果由小组轮流发言。	小组发言,教师记录	40分钟
5	讨论总结	教师就分组讨论的情况进行点评、归纳与总结,并引出发散性思考问题"你认为包容性商业模式是否代表未来发展方向?"	教师归纳总结,自由发言	15~20分钟
6	课后计划	课后请学员以小组为单位,采用报告的形式提交更为具体的解决方案。	小组完成	不限

第三篇

人力资源管理课程思政设计与案例

第十一章　人力资源管理课程思政案例教学体例

撰写人：仇　勇[①]

一、课程基本信息

课程名称：人力资源管理
课程性质：专业基础课
学分学时：3 学分，48 学时
开课专业：商科类、经济类

二、课程内容简介

人力资源管理课程为工商管理类的专业基础必修课，主要对当代组织人力资源管理的相关理论背景、流程脉络、操作技法以及实践思辨进行系统性的介绍，同时紧密围绕商科数字化转型进行前沿探索，通过课程的学习，希冀达成掌握知识、提升能力、增强素质的多维综合培养目标，如表 11-1 所示。

表 11-1　课程教学目标

目　标	内　　容
思政目标	【价】社会主义核心价值观 【思】中国传统文化与管理思想史 【德】道德法制与商业伦理 【行】中国优秀企业案例（优秀企业文化与国家竞争力）

---

① 北京市教育委员会科研计划项目资助（SM202410011006）和北京工商大学 2023 年教育教学改革研究重点项目（jg235102）

续表

目　标	内　容
知识目标	（1）掌握人力资源管理理论发展脉络 （2）掌握人力资源管理各个职能操作 （3）掌握人力资源管理未来发展趋势
能力目标	（1）培养学生运用理论知识分析现实问题的能力 （2）培养学生针对具体问题解决决策的思辨能力 （3）培养学生人力资源管理实践模块化操作能力
素质目标	（1）提升学生数字商科专业职业成熟度 （2）提升学生对社会政策变迁的敏锐度 （3）提升学生注重持续终身学习的素养

课程讲授内容主要包括两大部分：第一部分是围绕人力资源管理的模块化操作展开，涉及工作分析、人力资源规划、招聘与甄选、培训与开发、绩效管理、薪酬管理以及劳动关系管理等，共设计了9讲；第二部分是结合人力资源管理最新前沿进展分专题展开，这部分内容每学年略作动态调整，共设计了7个专题，具体如表11-2所示。

表11-2　课程教学内容设计

编　号		主　题	数字化转型教学内容
模块化操作部分	第一讲	走进人力资源管理：历史传承与焦点职能	数字人力资源管理发展趋势
	第二讲	人力资源基础操作：组织架构与岗位研究	数字赋能的工作设计
	第三讲	人力资源远期发展：战略管理与人员规划	人力资源管理数字化转型
	第四讲	人力资源引进配置：员工招募与精准甄选	数字赋能的招聘与甄选
	第五讲	人力资源持续提升：员工培训与潜能开发	数字赋能的培训与开发
	第六讲	人力资源评价体系：绩效考评与绩效管理	数字赋能的绩效管理
	第七讲	人力资源目标困境：员工激励与薪酬管理	数字赋能的激励管理
	第八讲	人力资源动态调整：生涯规划与职业发展	数字人才治理与数字领导力
	第九讲	人力资源治理规制：劳动关系与争议处理	数字化转型进程中的劳动法律实务
前沿进展部分	专题一	人性思考与积极组织行为研究与实践	
	专题二	共享经济时代人力资源管理理念重塑	
	专题三	文化、变革与国际人力资源管理实践	
	专题四	压力、时间与情绪管理的原理与方法	

续表

编号		主 题	数字化转型教学内容
前沿进展部分	专题五	人力资源从业者胜任素质与职业发展	
	专题六	劳动法律与劳动争议处理理论与实务	
	专题七	人力资源管理的持续转型升级与挑战	

三、课程教学手段

课程采用多媒体教学技术手段，将传统的讲授法、案例分析法、角色扮演法相结合，注重理论联系实际，同时注重应用体验式教学提升学生的持续参与度和卷入度，并在每次课程讲授后设计多种延续性教学任务。除此之外，特别注重结合学生特点，使用新媒体教学手段和技术，主要包括BB平台延展教学、商业平台实训对抗以及云班课即时互动等，全方位提升教学效果，具体平台界面如图11-1所示。

BB平台示意图　　实训软件示意图　　云班课活动示意图

图 11-1　BB 平台、实训软件、云班课

四、课程参考资料

主教材：李业昆主编：《人力资源管理》，电子工业出版社，2021年版。
辅教材：彭剑锋主编：《人力资源管理概论（第三版）》，复旦大学出版社，2018年版。
　　　　杨河清主编：《人力资源管理》，高等教育出版社，2017年版。
　　　　雷蒙德·诺伊、约翰·霍伦贝克等著，刘昕改编：《人力资源管理：赢得竞争优势，第9版，英文版》．中国人民大学出版社，2016年版。

推荐阅读期刊：

学术类：《管理世界》《心理学报》《南开管理评论》《管理学报》《经济管理》《中国人力资源开发》

实践类：《清华管理评论》《企业管理》《第一财经周刊》

外文类：Academy of Management Journal，Journal of Applied Psychology，Organizational Behavior and Human Decision Processes，Harvard Business Review，Human Resource Management，Sloan Management Review

五、课程前后联系

先修课程：管理学、商业伦理与企业社会责任

后续课程：组织行为学、工作分析与组织设计、创新创业管理、绩效管理、薪酬管理、员工培训与开发、人事测评与选拔、人力资源管理信息系统（实验）、人力资源管理实践（实验）、组织行为与人力资源管理研究方法（实验）

六、课程评价手段

本课程评价由过程评估（30%）和结果评估（70%）两部分组成，具体如表11-3所示。

表11-3 课程评价体系

评价形式	评价维度		
	评价项目	评价指标	评价方式
过程评价	课前	线上学习进入	观看量 下载率	线上记录
	课中	线上\线下到课情况	出勤率	线上\线下考勤
		学生实践过程	学习参与度 心流体验 满意度 持续学习意愿	追踪调查
		学习效果检测	阶段测试成绩 汇报展示分数	线上\线下考核
	课后	知识巩固训练	课后作业成绩	
		知识拓展训练	拓展延学成绩	

续表

评价形式	评价维度		
	评价项目	评价指标	评价方式
结果评价	客观评价 学科成绩	期末成绩	考试
	主观评价 教师评价	教学质量	线上\线下评价
	学生评价		
	督导评价		

过程评估包括出勤情况、延续性教学完成情况以及小组集体展示情况。

结果评估以闭卷考试的方式进行，根据学校期末考试命题要求及教学大纲要求，由本课程组教师根据题库命题，并进行集体阅卷。

七、课程思政体系融入

立足人力资源管理的课程大纲和教学目标具体分解，构建了"价-思-德-行"四位一体的思政融入体系，分别是【价：社会主义核心价值观】【思：中国传统文化与管理思想史】【德：道德法制与商业伦理】和【行：中国优秀企业案例（优秀企业文化与国家竞争力）】，具体融入要点如表11-4所示。

表11-4 课程思政融入教学设计安排

序号	章节	思政元素	模块
1	走进人力资源管理：历史传承与焦点职能	（1）中国人力资源管理发展史 （2）改革开放进程中优秀民族企业与企业家故事录 （3）《互联网带来什么?》乌镇互联网大会	【思】【行】【德】
2	人力资源基础操作：组织架构与岗位研究	（1）AI动了谁的奶酪? （2）"三顾茅庐"与当代工匠精神 （3）疫情期间在线办公与共享员工	【价】【行】
3	人力资源远期发展：战略管理与人员规划	（1）腾讯 HRBP-COE-SDC 体系 （2）阿里巴巴数字化转型与中国企业的数字化突围 （3）"预则立、不预则废"中国管理思想史故事	【思】【行】

续表

序 号	章 节	思政元素	模 块
4	人力资源引进配置：员工招募与精准甄选	（1）职业价值观测评与体系构建 （2）《党政干部选拔任用工作条例》传达出的理念 （3）自我认知与数字人才驾驶舱	【德】【行】
5	人力资源持续提升：员工培训与潜能开发	（1）终身学习的价值理念 （2）遥遥领先：华为的人力资源培训实践 （3）个人职业生涯计划书（PPDF）	【价】【德】
6	人力资源评价体系：绩效考评与绩效管理	（1）改革开放进程中优秀民族企业与企业家故事录 （2）360度绩效考核的实践困局与理念分析 （3）团队绩效考核和个人绩效考核的平衡分析	【思】【行】【德】
7	人力资源目标困境：员工激励与薪酬管理	（1）公平价值观与当代职场竞争 （2）数字激励的前沿实践与理念传达 （3）摒弃"拜金主义"	【价】【德】【行】
8	人力资源动态调整：生涯规划与职业发展	（1）中央人才工作会议解析 （2）职业选择与奋斗人生观 （3）国内杰出企业家与优秀创业者等职业生涯分析	【德】【价】【行】
9	人力资源治理规制：劳动关系与争议处理	（1）劳动价值观、劳动情感与态度 （2）新就业形态的劳动争议（美团） （3）零工经济的价值与用工之困（北京调研）	【价】【行】

第十二章　公平理论与秘密工资制度

撰写人：仇　勇[①]

一、样例章节教学内容

（一）本章教学目标

思政目标：（1）强化社会主义核心价值观教育
　　　　　　（2）强化对公平价值观的精神追求
　　　　　　（3）强化对奋斗人生观的使命追求
知识目标：（1）掌握公平理论的基本含义和原则
　　　　　　（2）掌握四种公平的侧重与比较意义
　　　　　　（3）掌握秘密工资制度的优点和局限
能力目标：（1）培养学生运用理论知识分析现实问题的能力
　　　　　　（2）培养学生针对具体问题解决决策的思辨能力
　　　　　　（3）培养学生人力资源管理实践的数据测算能力
素质目标：（1）提升学生对于公平和平等差异认知
　　　　　　（2）提升学生工商管理专业职业成熟度
　　　　　　（3）提升对社会主义核心价值观的理解

（二）教学重点难点

教学重点：四种组织公平在现实薪酬管理中的实现方法及对实行秘密工资制度的影响。

教学难点：秘密工资制度的优点和局限。

[①] 北京市教育委员会科研计划项目资助（SM202410011006）和北京工商大学 2023 年教育教学改革研究重点项目（jg235102）

二、课程思政元素挖掘

本节内容要点为公平理论与秘密工资制度，这与社会主义核心价值观紧密关联，在本节课程教学过程中将融入公平价值观和奋斗人生观的精神追求，分析其对社会、组织和个体的意义，并通过课后任务"在校期间'公平感'的调查分析"，激发思考，潜移默化地影响学生的思想意识和行为举止。

党的十八大提出，倡导"富强、民主、文明、和谐"，倡导"自由、平等、公正、法治"，倡导"爱国、敬业、诚信、友善"，积极培育和践行社会主义核心价值观。"富强、民主、文明、和谐"是国家层面的价值目标，"自由、平等、公正、法治"是社会层面的价值取向，"爱国、敬业、诚信、友善"是公民个人层面的价值准则，这24个字是社会主义核心价值观的基本内容。

本节内容中的公平理论与社会主义核心价值观中的"公正"有紧密联系，在进行理论讲授的过程中将会进行有机融合。

三、课程思政案例设计

（一）课程思政理念与内涵

本节课程思政的重点理念为社会主义核心价值观教育，在教学过程中将进行潜移默化的渗透。通过开篇的比较案例，学生可以了解组织运行过程中出现的"管理难题"，并基于对现象的分析，引导学生进行深度思考，并在思考的过程中逐步引出对各层次"公平公正"的理解。

（二）数字化手段助力案例建设

本节课程中所使用的具体案例为我国实际发生的判例，教师在讲授的过程中将会进行逐步导入，并重点展现事件发展中的"反转"过程，持续激发学生的学习兴趣，通过一步步的问题创设，持续提升学生课堂参与的卷入度。

除此之外，课程还注重为学生提供数字化视频资源，本次课在进行国内案例讲解的基础上，进一步为学生选取了国外TED演讲中与本章节紧密联系的内容，供学生进行课后学习，从而持续巩固课程的教学效果。

案例内容

南京市秦淮区人民法院公布了一个"晒工资单被解雇"的案例。随着智能手机的不断普及，手机也已经告别了那个只用来打电话，发短信的年代，大量的社交软件出现在手机里面。这也就形成了这个时代里独有的一种社交方式——"朋友圈"，现在很多人，不管男女老少都喜欢在"朋友圈"里晒吃、晒喝、晒娃等等。南京的季某在某公司从事销售员工作，有一天，在一款社交软件上突然出现了她的工资单。在大众眼里，这也就是一条炫富的朋友圈消息！但是公司了解到这一情况后，认为她泄露机密，解除了双方的合同。

季某觉得这个工资单不是自己泄露的，将公司告上法庭，索赔工资和赔偿金共计 16 万余元。法院经过审理后，判决公司赔偿季某 12 万余元。公司举证：季某入职时，在公司的《聘用通知》中以大写字体强调：工资属于高度机密，员工之间不得彼此交流工资信息。如不履行本条规定的保密义务，公司有权解除与季某的劳动关系，并无需支付解除劳动关系的补偿。胜诉分析：法院判季某胜诉的原因不是"晒工资单被解雇"，而是公司没有足够的证据证明是季某晒的工资单，因为晒出的工资单上并没有姓名之类的能证明工资单所属人的信息，季某因此而胜诉。倘若在此案件中，若公司有足够的证据证明该工资单是季某的，那么基于公司的规章制度和双方签订的保密协议，公司无补偿解雇季某则是合规合法的。

思考问题

(1) 员工为什么要去"晒"自己的工资单？
(2) 员工"晒"工资会有哪些好处和危害？
(3) 单位的制度为什么要阻止员工"晒"？

四、专业知识与课程思政元素融合分析

本节内容的专业知识主要为"公平理论"，这与社会主义核心价值观中的"公正"是紧密贴合的。

知识点简介：公平理论（Equity Theory）又称社会比较理论，由行为科学家亚当斯在《工人关于工资不公平的内心冲突同其生产率的关系》等著作中提出，侧重研究工资报酬分配合理性、公平性及其对职工生产积极性的影响。

课程思政元素：在组织中不同个体的比较过程和社会运行的实际有较大

的相似性，在教学活动中，教师通过问题创设和理论与实践之间的关联举例，引导学生从不同层面上全面理解公平的含义，从而对学生进行社会主义核心价值观教育。

五、现场教学组织与控制

（一）课堂活动设计

具体课堂活动设计如表 12-1 所示。

表 12-1　课堂活动设计

设计	内容
本节主题	公平理论与秘密工资制度
教学方法	案例教学法、讲授法、角色扮演法（模拟辩论）
板书设计	公平理论的比较过程 $\frac{O_a}{I_a}$　A同B比较　$\frac{O_b}{I_b}$ 　<　　　　＝　　　　＞ 不公平　　公平　　不公平？ 减少投入　保持不变　增加投入？ 在板书中，配合投入产出的比较过程（即个体公平感知），逐步书写板书
实体教具设计	配合课堂讲授，需提前自制教具——秘密工资条，如下图所示 编制单位：×××有限公司　　　　工资表 | 序号	姓名	基本工资	在职天数	应发工资（工资、月奖金、车公里数、交通补贴、合计）	应扣工资（天数、金额）	实发工资	领款人签章	备注 | |---|---|---|---|---|---|---|---|---| | 3 | | 3000 | 31 | 3000　　　　3000 | | 3000 | | 工资最小单位为元，一元以下按四舍五入计算 |

具体教学过程如表 12-2 所示。

表 12-2 教学过程

教学步骤	详细教学过程	设计思想
4 分钟 知识回顾	【复习提问】上一节中，我们为大家详细介绍了企业薪酬管理内涵、基本流程和主要内容环节，并详细分析了薪酬管理所涉及的多项决策。提问：大家还记得这些反映薪酬管理活动的基本框架吗？ 【学生反馈】企业的薪酬管理活动是一项系统性极强的实践，其具体的落地措施包括四项基本决策：薪酬体系决策、薪酬水平决策、薪酬结构决策和薪酬管理政策决策。 经营战略/人力资源战略 薪酬战略　组织结构　绩效管理战略 职位分析 薪酬调查　职位评价　绩效评价 薪酬体系　薪酬水平　薪酬结构　薪酬管理政策 【教师讲授】我们在上一节结尾布置大家思考，明年你大学毕业的时候，你在工作搜寻的过程中都会考虑哪些因素呢？ 【学生反馈】根据学生反馈的结果，应该会集中在如下几个方面：单位的薪酬状况、工作任务的安排情况、工作的距离、与自身所学专业的匹配程度、未来职业的发展空间等。 【教师讲授】大家思考得都很好，那么我们延伸思考一下，就以其中大家最关注的薪酬为例，结合我们上一节课所讲的薪酬的基本框架，大家最关心薪酬的哪一个基本面呢？ 【学生反馈】根据学生反馈的结果，引导学生思考薪酬公平主要意义。 【教师讲授】既然大家都十分关注薪酬水平，那么大家思考，什么样的薪酬水平你认为是合适的？你又要熟悉哪些信息，才能做出评价呢？ 【学生反馈】根据学生反馈的结果，引导学生思考的过程中埋下"比较"的伏笔。	引导学生回顾上一节的教学内容，并串联知识整体性，反馈课后研究性学习以及课前知识预习的成果，形成闭环知识体系。 通过学生最为关心的职业发展问题，引入本节主题，增强互动性并提升学生课堂卷入度。 [思政元素] 在开篇案例中为后续融入公平价值观等做铺垫。

133

续表

教学步骤	详细教学过程	设计思想
3分钟 案例导入 实物互动	【案例引导】既然大家都特别关注自己的薪酬水平，同时又分析得出，这种感受是通过与自己的工作贡献以及其他人的薪酬水平进行比较而来的，那么知道"别人的薪酬"就显得尤为重要。 【教师活动】那么各位同学想不想知道老师的工资？分步骤展示工资条，同时引导学生思考。 【提问学生】如果老师向你展示了工资条会有什么后果吗？ 【案例讲授】带着这样的问题，我们来看一个实际案例。南京市秦淮区人民法院公布了一个"晒工资单被解雇"的案例。随着智能手机的不断普及，手机也已经告别了那个是用来打电话、发短信的年代，使得大量的社交软件出现在手机里面。这也就形成了这个时代里独有的一种社交方式——"朋友圈"，现在很多人，不管男女老少都喜欢在"朋友圈"里晒吃、晒喝、晒娃等等。南京的季某，她在某公司从事销售员工作，有一天，在一款社交软件上突然出现了她的工资单。在大众的眼里也就是一条炫富的朋友圈消息！但是公司了解到这一情况后，认为她泄露机密，解除了双方的合同。	通过实际案例，引导学生思考本节所讲的秘密工资制的实践应用，进一步激发学生学习兴趣。
3分钟 案例补充	【学生讨论】针对这一案例，大家想一下，这个单位为什么要这样设计呢？秘密工资制又有什么好处呢？ 【教师讲授】大家讨论得都很好，在老师给出分析之前，我们来一起把案例后续过程看完。结果：季某觉得这个工资单不是自己泄露的，将公司告上法庭，索赔工资和赔偿金共计16万余元。法院经过审理后，判决公司赔偿季某12万余元。公司举证：季某入职时，在公司的《聘用通知》中以大写字体强调：工资属于高度机密，员工之间不得彼此交流工资信息。如不履行本条规定的保密义务，公司有权解除与季某的劳动关系，并无需支付解除劳动关系的补偿。胜诉分析：法院判季某胜诉的原因不是"晒工资单被解雇"，而是公司没有足够的证据证明是季某晒的工资单，因为晒出的工资单上并没有姓名之类的能证明工资单所属人的信息，季某是因此而胜诉的。倘若在此案中，若公司有足够的证据证明该工资单是季某的，那么基于公司的规章制度和双方签订的保密协议，公司无补偿解雇季某则是合规合法的。	通过完整的案例讲授，尤其是不断"反转"的情节，使得学生持续参与到案例分析中，并带着问题学习本节的知识内容。

续表

教学步骤	详细教学过程	设计思想
3分钟 问题分析	【教师讲授】上面的案例在网上传播得很广,大家都在讨论,在网上应不应该晒自己的工资单?请大家思考究竟为什么会有这样的问题存在呢? 【引出问题】根据各方上述各方反馈,请各位同学思考三个问题: 问题1——员工为什么要去"晒"自己的工资单? 问题2——员工"晒"工资会有哪些好处和危害? 问题3——单位的制度为什么要阻止员工"晒"? 【学生活动】思考上述问题并进行小组讨论。	由案例引出本节要讨论的核心问题,回答这三个核心问题,是本节教学核心内容。
5分钟 主体 知识讲授 (一)	【知识讲授】公平理论的含义 【教师讲授】在职场上,不要打听和告诉同事你的工资是大多数HR在你入职第一天就会叮嘱的事,尤其是在单位中,这样的讨论更是犯了大忌,很多单位形象地称这一管理手段为"秘密工资制",先来看看这一制度是怎么产生的,美国行为科学家斯塔斯·亚当斯在他的一系列著作中提出了一种激励理论——公平理论(社会比较理论)。 【教师活动】结合学生的反馈,评估先修课程《管理学》中有关员工激励理论的掌握情况,根据掌握情况对所涉及到的激励理论分析的深度和广度适当进行调整。 【教师讲授】该理论侧重研究工资报酬分配的合理性、公平性及职工生产积极性的影响,这是"秘密工资制"的理论基础。也就是说,个人在评价他们的社会关系和地位时是以经济的奖赏或报酬为基点的,个人的公平感来自于社会的比较过程。 【板书教学】那么我们是如何比较的呢? $$\frac{O_a}{I_a} \genfrac{}{}{0pt}{}{>}{<} \frac{O_b}{I_b}$$ 【教师活动】采用板书的形式向学生演示推导比较的过程,使得学生能够掌握公平理论的核心要点。	重点知识详细讲授,帮助学生掌握秘密工资制的来源。 根据先修课程的掌握情况,做必要的复习和讲授调整。 移除学生关于平等意味公平的错误认识。 [思政元素] 融入公平价值观和奋斗人生观教育。

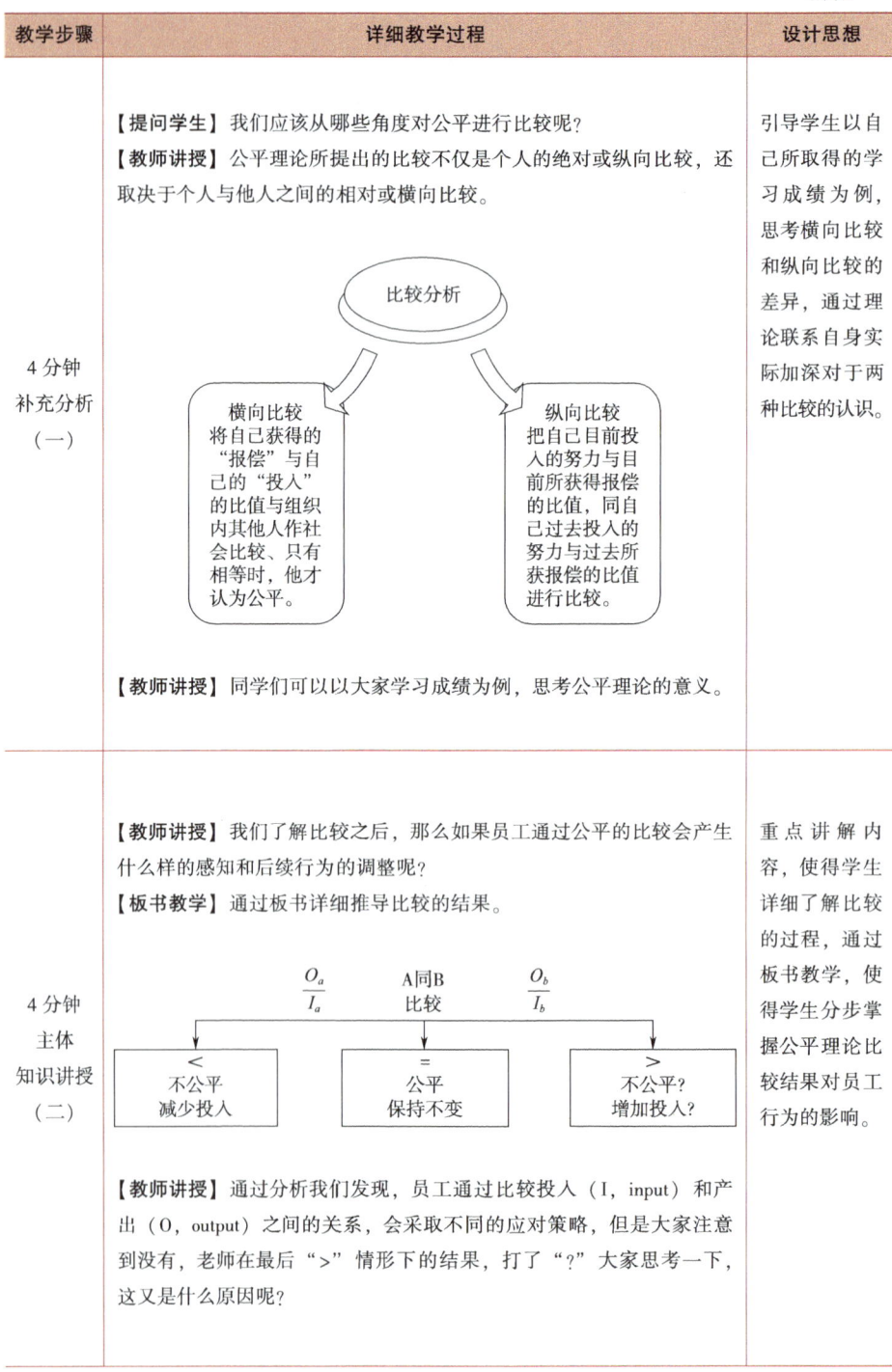

续表

教学步骤	详细教学过程	设计思想
4分钟 补充分析 （一）	【提问学生】我们应该从哪些角度对公平进行比较呢？ 【教师讲授】公平理论所提出的比较不仅是个人的绝对或纵向比较，还取决于个人与他人之间的相对或横向比较。 比较分析 横向比较：将自己获得的"报偿"与自己的"投入"的比值与组织内其他人作社会比较、只有相等时，他才认为公平。 纵向比较：把自己目前投入的努力与目前所获得报偿的比值，同自己过去投入的努力与过去所获报偿的比值进行比较。 【教师讲授】同学们可以以大家学习成绩为例，思考公平理论的意义。	引导学生以自己所取得的学习成绩为例，思考横向比较和纵向比较的差异，通过理论联系自身实际加深对于两种比较的认识。
4分钟 主体 知识讲授 （二）	【教师讲授】我们了解比较之后，那么如果员工通过公平的比较会产生什么样的感知和后续行为的调整呢？ 【板书教学】通过板书详细推导比较的结果。 $\frac{O_a}{I_a}$ A同B比较 $\frac{O_b}{I_b}$ < 不公平 减少投入　　= 公平 保持不变　　> 不公平？ 增加投入？ 【教师讲授】通过分析我们发现，员工通过比较投入（I，input）和产出（O，output）之间的关系，会采取不同的应对策略，但是大家注意到没有，老师在最后">"情形下的结果，打了"？"大家思考一下，这又是什么原因呢？	重点讲解内容，使得学生详细了解比较的过程，通过板书教学，使得学生分步掌握公平理论比较结果对员工行为的影响。

续表

教学步骤	详细教学过程	设计思想
4分钟 知识 联动回顾	【教师讲授】大家有思考答案了吗？我们想想，是否可以从我们之前所学的归因原理的角度，对这一问题做一个解释和剖析呢？ 【学生思考】回顾学习过的归因原理。 【教师讲授】归因原理（Attribution Theory）就是解释我们如何确定自己以及他人行为原因的理论。根据归因原理，影响人行为的是对事件原因的知觉，而不是实际事件本身。并且，尽管我们在评价他人的行为时有充分的证据支持，但我们总是倾向于低估外部因素的影响而高估内部或个人因素的影响，这称为基本归因错误。个体还倾向于把自己的成功归因于内部因素如能力或努力，而把失败归因为外部因素如运气，这称为自我服务偏见。 【教师讲授】那么根据我们讲过的基本归因错误和自我服务偏见，人们往往会通过低估自己得到的收益（薪酬）或者是高估自己的投入，使得第三种报酬过高型的不公平现象在其心目中趋于合理化。	通过设问的方式引导学生持续思考。 复习运用前面所学的基本原理，解释本节问题，帮助学生系统掌握知识体系。 [思政元素] 融入奋斗人生观教育。
5分钟 主体 知识讲授 （三）	【教师讲授】通过上述分析，我们认识到公平在组织薪酬管理中的重要性，那么我们接下来思考一下，组织的公平究竟有哪些维度呢？ 【学生活动】学生思考并讨论组织公平的维度。 【教师讲授】组织公平（Organizational Justice）的研究起源可以追溯到 Homans（1961）采用社会交换理论来探讨分配公平的问题当中，而后 Adams（1965）正式提出公平理论为组织公平的研究推进了重大一步。国内学者基于公平理论、社会交换理论分别开展了定性和定量研究，进一步丰富了组织公平理论在我国文化背景下的研究。从研究发展流变的角度看，早期研究多关注分配结果的公平对员工态度及工作行为的影响，而随着研究的不断推进和深入，学者着眼点逐渐拓展到分配过程的公平、人际互动过程的公平以及信息传递过程的公平感知当中来。研究发现组织公平会对员工的工作满意度、组织承诺、任务绩效、组织公民行为以及员工对领导的信任评价等产生重要影响。 那么我们一一来解读一下这四种公平： 结果公平 ▶ 程序公平 ▶ 人际公平 ▶ 信息公平	初步引入成熟学术研究中的部分内容，将科研与教学相结合，同时激发学生研究兴趣。 深化学生对于组织公平四个维度的记忆。

教学步骤	详细教学过程	设计思想
7分钟 主体 知识讲授 （四）	【教师讲授】根据我们讲授的公平的基本理论和四种组织公平的分类，我们回到开篇引导案例的内容上来，大家讨论一下从公平的角度看，组织为什么要实行"秘密工资制"呢？大家是否支持？ 【学生活动】根据学生是否支持，让"正、反"两方学生分别发表意见，组织课堂"小辩论"。 支持 秘密工资制 反对 秘密工资制 【学生活动】发表小组讨论的观点。 【教师活动】在黑板上进行双方观点纪要。 【教师讲授】刚才双方的发言都十分精彩，我们来总结一下，实行"秘密工资制"有助于：其一，避免员工之间互相比较和攀比，造成内部矛盾和冲突；其二，可以灵活地运用薪酬体系来达到一定的目的；其三，在一定程度上保护员工的权益。但是与此同时，我们也应该看到，相比于结果公平，员工更加追求的是过程公平。因而我们实行"秘密工资制"也要考虑，我们究竟保密的是"结果"，还是要对"过程"进行保密，薪酬透明化不是说非要把每个人拿多少钱列个清单，实现的形式可以灵活多样，如对薪酬管理的政策、薪酬测算的方式以及绩效的评估制度等进行公开，这都对于员工感知到的薪酬公平性有重要的影响，进而会影响员工在组织中工作的表现。 【学生活动】教师进行点评之后，再给小组一些时间，重新整合之前的观点，并内化所讲授的内容。	改变传统课堂教师"满堂灌"的教学方式，运用"小辩论"的方式鼓励学生积极思考并发表自己的观点，提高学生的参与度，并锻炼学生的思辨能力。 完成课堂"小辩论"之后，教师对学生讨论的结果进行点评，并相应地升华其中的理论依据，从而更好地达成教学效果。 [思政元素] 将思政元素中的专业知识与大学生在校经历结合。

续表

教学步骤	详细教学过程	设计思想
3分钟 总结本节 并铺垫 下节内容	【教师讲授】我们来总结一下本节我们讲授的内容，通过本节的学习，我们大家掌握了公平理论的基本含义和原则，了解了四种公平的侧重与比较意义，并由此分析得出了秘密工资制度的优点和局限，那么大家想想我们开篇引导时候问大家的三个问题是否有了答案呢？ 【学生思考】群体回答 【教师讲授】大家很好地回答了上面的三个问题，其实公平在我们每个人的日常学习、工作和生活中处处存在，宏观上，我们国家所倡导的社会主义核心价值观强调，"自由、平等、公正、法治"是对美好社会的生动表述，也是从社会层面对社会主义核心价值观基本理念的凝练。公正即社会公平和正义，它以人的解放、人的自由平等权利的获得为前提，是国家、社会应然的根本价值理念。中观上，我们每一个企业都要建立公平的薪酬制度，这样才能达到对员工全面激励的最佳效果，更好实现组织目标和员工个体目标的双赢。微观上，我们每一个个体都希望能够得到他人公平的对待，那么也就让我们在日常生活中学会换位思考，学会公平地对周围的人，公平地处理好每一件事，同时也享受公平带给我们每一个人的美好。课后请同学们完成我们在 BB 平台（Blackboard）上布置的延续性学习任务，同时也请大家思考下面三个问题： 第一，薪酬管理中的公平还在哪些角度中可以体现？ 第二，从制度设计上，"秘密工资制"还有什么需要特别注意的问题？ 第三，从企业薪酬管理的角度来看，如何区分"公平"和"平等"之间的关系？ 我们将在下一节课上，对上述三个问题进行更深入的分析。 今天的课程到此结束。	通过回应课堂开篇问题方式进行教学内容小结，形成教学过程闭环。 [思政元素] 引导学生从不同层面上全面理解公平的含义，同时对学生进行社会主义核心价值观教育。 通过布置延续性教学任务和课后思考题，激发学生主动学习思考并进行预习。
注	（1）课后评估测试将采用线上方式进行。 （2）延续性教学材料将通过 BB 平台（Blackboard）进行提交。	应用多种现代教学技术完成课后教学。

（二）课后作业及安排

1. 课堂学习效果评估

本节课堂中所讲授的知识点较多，要求学生进行课后及时练习，从而巩固学习效果，设计供学生使用的练习题如下：

【选择题】薪酬管理的主要决策包括：

A. 薪酬体系决策； B. 薪酬水平决策； C. 薪酬结构决策；

D. 薪酬政策决策

【判断题】根据公平理论分析，员工最为看重的是分配公平。

【论述思辨题】你是否支持秘密工资制度，为什么？

2. 延续教学活动安排

教学活动外的安排如表 12-3 所示。

表 12-3 活动安排

主要内容描述	设计思想	思政要点
大学生在校期间"公平感"的调查分析 无论是工商组织还是公共组织，组织公平是一个组织赖以发展的基本要素。高校的公平对于在校大学生发展起着至关重要的作用，而公平是一个较为复杂的问题，对"组织公平对大学生态度和行为影响"的思辨之声一直存在，如，每逢各个学校评奖评优的时候，大家对这问题的焦虑尤甚。 请以小组为单位，检索相关文献和实践资料，完成研究性学习题目： （1）在校大学生的公平感感知表现在哪些维度？ （2）你认为如何在评奖评优过程中体现公平呢？ （3）结合公平理论和秘密工资制度内容的学习，你对大学生在校期间的公平感知又有哪些建议呢？	布置课后研究性学习作业，引导学生用所学的理论知识分析和解决在校期间的现实问题，灵活迁移转化，学以致用。	本节内容的知识要点为公平理论与秘密工资制度，这与社会主义核心价值观是紧密关联的，通过课后任务设计，激发学生思考，潜移默化地影响学生的思想意识和行为举止。

3. 推荐阅读文献资料

[1] 陈雪，刘宁. 薪酬保密政策效应述评 [J]. 中国人力资源开发，2016（08）：39-43.

[2] 刘宁，于婷，戴娟. 薪酬保密对员工组织公平感的倒 U 型影响——人际竞争性的调节作用 [J]. 华南师范大学学报（社会科学版），2017（02）：109-115.

[3] 王庆娟，朱征，张金成等. 晋升公平概念及效用机制的探索——一项质性研究 [J]. 南开管理评论，2023，26（05）：157-171.

[4] 谢晓非，衣琳琳，刘嘉. 薪酬发放的激励效应——公开还是秘密？[J]. 中国人力资源开发，2001（02）：54-55.

[5] 张文勤, 薛超. 薪酬保密政策与绩效薪酬政策对员工工作态度的交互影响 [J]. 南京财经大学学报, 2018 (03): 82-90.

4. 思考以及预习任务

通过这节课的学习, 我们掌握了公平理论的基本含义和原则, 了解了四种公平的侧重与比较意义, 并由此分析得出了秘密工资制度的优点和局限。课后, 请同学们熟读教材中关于公平理论和秘密工资制度的论述, 同时完成延续性教学活动安排并阅读自主学习资源链接部分的内容。最后, 请同学们思考课堂最后布置的三个思考题:

（1）薪酬管理中的公平还在哪些角度中可以体现？

（2）从制度设计上, "秘密工资制"还有什么需要特别注意的问题？

（3）从企业薪酬管理的角度来看, 如何区分"公平"和"平等"之间的关系？

完成上述思考后, 请同学们预习下一节关于薪酬水平决策的相关内容。

六、教学反思

结合多个学期人力资源管理的教学实践, 并考虑针对学生学情和学习过程多时点追踪教学实验, 研究所形成的教学反思和未来建设方向如下。

（1）在教学理念革新上, 要从"重技术训练"向"重思维培养"转变。经过疫情冲击, 高校教学转型速度明显加快。本课程属于传统商科核心课, 有着浓厚的工业革命色彩, 以细化分工和专业化操作为核心理念展开, 教学中注重技术传授, 而在技术快速变革和不确定性日益提升的新商科环境中, 在学校单纯教给学生技术, 这些技术很有可能在学生一走出校门就成为落伍知识, 因此教学理念要向"重思维"转变, 在将基本技术讲透外, 更应注重做好人才"选、用、育、留"的思维训练, 挖掘技术演进背后的思维变革, 使知识能够真正内化。

（2）在教学内容设计上, 要紧密围绕数字经济进行课程教学内容体系重塑。数字经济转型带来了诸多挑战, 有必要围绕数字时代新商科人才培养需求进行内容重塑, 以多元学科耦合出发, 构建适应数字经济时代中的教学内容。如 AIGC 视域下人力资源管理架构、共享员工管理、数字服务产业绩效评估与薪酬设计、数字经济中的劳动关系等新内容应快速融入到课程中。此外, 要特别注重人力资源管理与其他课程间的融合, 使教学内容更加全面立体。

（3）在教学手段创新上, 特别注重代入"线上+线下"混合式的教学模式。疫情以来，各门课程对线上、线下教学模式的利弊均有充分体验。就本课程而言，更加适于采用"线上+线下"的混合式教学，传统理论发展和职能界定更宜采用线上教学，学生自主学习，教师辅导答疑，而线下教学中应以理念和思维培养为主，采用案例教学和巅峰课堂形式，激发学生对操作背后逻辑的思考和构建，形成"线上理论自主学习+线下思维巅峰训练"的混合式教学模式。

（4）在教学评价方法上，要化"外在约束"为"内在激发"，加强过程管理。在教学实践中发现，单独靠成绩进行"外在约束"对于当代大学生的效果并不理想。在教学中应该注重针对学生内在学习动机的"激发"或"唤醒"，特别是对于人力资源管理这类课程，学生往往认为期末突击就能通过，学习中难免有松懈"摸鱼"现象，这就要求教师在教学过程中不断激发学生内在动机，在教学评价上增大过程比重，乃至于探索使用全过程管理进行评价，切实提升教学效果。

第十三章 以自由和责任为导向的绩效沟通策略
——能动性与人的全面发展[①]

撰写人：钱 思

一、样例章节教学内容

（一）本章教学目标

依据本课程的要求和学生现有知识的基础，确定章节的教学目标。

价值目标：

（1）引导学生树立正确的绩效观念和价值观。认识绩效考评的公正性、客观性和有效性对于组织和个人发展的重要性，树立起正确的绩效观念。

（2）强化学生的团队协作精神和责任感。理解团队协作的重要性，学会在团队中发挥自己的优势，为团队的整体绩效做出贡献。认识自己在组织中的责任和使命，积极履行自己的职责，为组织的发展贡献力量。

（3）培养学生的诚信意识和职业道德。理解诚信和职业道德对于个人和组织发展的重要性，学会在工作中保持诚信、公正的态度，树立良好的职业形象。

知识目标：

（1）掌握绩效考评与绩效管理的基本概念、原则和流程，了解不同绩效考评方法的优缺点及适用场景。

（2）熟悉绩效指标的设计原则和方法，能够根据组织目标和岗位特点制定合理的绩效指标。

（3）了解绩效管理在人力资源管理中的整体框架和与其他模块的关联，形成系统化的知识体系。

---

① 本案例为北京市教委社科一般项目（SM202410011004）成果。

能力目标：

（1）能够根据组织实际情况设计有效的绩效考评方案，包括确定考评周期、选择考评方法、设定绩效指标等。

（2）具备进行绩效沟通和反馈的能力，能够与员工进行有效的沟通，了解员工绩效问题并提供改进建议。

（3）能够运用绩效考评结果进行员工激励和职业发展规划，制定针对性的激励措施和培训计划。

（4）培养学生的批判性思维和分析能力，使他们能够针对具体的绩效管理问题提出解决方案并实施。

（二）教学重点难点

该知识点为《人力资源管理》的"模块化操作部分"中第六讲"人力资源评价体系：绩效考评与绩效管理"的内容。内容设计为 1 课时（50 分钟）。

在整个课时的设计中，将按照"内容回顾—引入主题—案例实践—核心知识传授—补充分析—内容回顾—总结问答"的逻辑顺序进行。

教学重点：绩效管理的持续改进

教学难点：绩效考评的公正性与客观性

对重点难点的处理：

（1）采用案例分析的方式对重难点内容进行具象化处理，降低知识点的理解度；

（2）利用新媒体等数字化手段提高学生的注意力，并提升知识传授效果；

（3）引入课堂分组辩论的形式，及时消化吸收所学知识，并将所学知识进行应用，强化记忆；

（4）布置作业加强学生的课后巩固。

二、课程思政元素挖掘

结合课程内容以及教学目标，基于决策相关知识点的思政设计，进行了知识模块扩展，增加了理论知识的深度与广度，从而形成了一个良好的思政资源。具体而言，本章节的课程可以帮助我们进行以下具体的思政内容建设。

（一）以自由和责任为导向的绩效沟通

在本章节的思政教学案例设计中，我们将以网飞公司"以自由和责任为导向的绩效沟通策略——能动性与人的全面发展"作为案例进行分析。习近平总书记在纪念马克思诞辰 200 周年大会上的重要讲话指出：学习马克思，就要学习和实践马克思主义关于人类社会发展规律的思想。马克思主义关于人的全面发展理论具有丰富的思想内涵，推动人的全面发展是马克思主义的本质要求。网飞公司以其独特的"以自由和责任为导向的绩效沟通策略"，展现了在推动员工能动性和人的全面发展方面的价值追求。这种策略不仅强调员工的自主性和责任感，还通过有效的绩效沟通促进员工的个人成长和全面发展，进而推动整个组织的进步和成功，这一案例可以帮助学生理解绩效沟通的基本原则、绩效管理的流程与实践。

该案例可以有效地将思政内容融入课程内容。以网飞公司绩效沟通策略为依托，以具体知识点为抓手，达到预期的思政目标。

第一，强调自主管理与责任担当。网飞公司赋予员工更大的自由度，允许他们在工作中展示个人才能和创造性。这种自主管理的模式不仅激发了员工的能动性，也让他们更加明确自己的责任。员工在享受自由的同时，需要承担起相应的责任，这种责任导向的文化培养了员工的责任感和使命感，使其在工作中始终保持高度的敬业精神和责任心。

第二，促进个人成长与全面发展。网飞公司的绩效沟通策略注重员工的个人成长和全面发展。通过有效的绩效沟通，员工能够了解自己的优点和不足，明确个人发展目标，并制定相应的学习计划。公司提供的培训和支持资源，为员工提供了实现个人成长的平台和机会。这种关注员工全面发展的策略，有助于员工在职业生涯中不断提升自我，实现个人价值。

第三，培养团队协作与沟通能力。在网飞公司的文化中，员工之间的沟通和协作是非常重要的。通过定期的绩效沟通，员工可以分享工作经验、交流想法，增进彼此的了解和信任。这种开放、包容的沟通氛围有助于培养员工的团队协作精神和沟通能力，使他们能够更好地适应团队工作和应对各种挑战。

最后，树立正确的价值观和职业观。网飞公司的绩效沟通策略不仅关注员工的工作表现，还注重引导员工树立正确的价值观和职业观。通过强调责任、诚信、敬业等价值观，网飞公司培养了一批具有高尚职业道德和良好职业素养的员工。这些员工在工作中始终坚守职业道德底线，积极履行职业责任，为公司的发展贡献自己的力量。

习近平总书记强调，中国式现代化是物质文明和精神文明相协调的现代化，能促进全体人民精神生活共同富裕，促进人的全面发展。网飞公司以自由和责任为导向作为绩效沟通策略，不仅能够激发员工的能动性和创造力，促进员工的个人成长和全面发展，还能够培养员工的团队协作精神和沟通能力，树立正确的价值观和职业观。这一案例有效地结合了员工的综合素质教育、职业能力教育，人的全面发展教育的思政内容以及绩效管理中的专业知识内容，可以有效地实现课程思政目标。

（二）推动人的全面发展的价值追求

通过上述案例和课堂专业知识的学习，课程可以帮助学生树立自主管理与自我驱动的价值观，培养责任意识和担当精神，强调个人成长与全面发展的重要性，帮助学生树立团队协作和沟通协作的价值观。帮助学生认识到个人成长的重要性，不断追求知识和技能的提升，关注自己的全面发展，包括心理素质、社会交往能力等方面的提升，以实现自我价值和社会价值的统一。

三、课程思政案例设计

（一）课程思政理念和内涵

本节课程思政的重点理念为显性思政教育，在教育的过程中重点强调课堂案例与安排对所学知识点的涉及和传授，在学习的过程中用渗透性的、潜移默化的方式使学生在耳濡目染中感受到思政教育的内涵。在课程的设计上，本节所引用的案例是一家最大化驱动创新的企业，理论基础和实践验证是围绕人才和以人才为中心的企业管理及文化建设。通过对案例进行介绍和分析，学生可以在学习和实践中了解人才效益现象，针对创新能力起决定性作用的工作岗位，以人才密度作为企业创新能力的内核基础，深入理解以自由和责任为导向的绩效沟通策略，引导学生认识到个人成长与全面发展的重要性。

（二）数字化手段助力案例建设

课堂中使用的具体案例以人力资源管理中真实的场景为基础，在案例讲解中着重强调与人力资源管理知识相关的内容，引导学生自行对案例进行总结和思考，考验学生学习和应用专业知识解决问题的能力，并通过案例学习与绩效管理、绩效沟通相关的知识点结合。案例建设中使用多种数字化教学手段，构建数字化展示平台，将案例以多种形式进行展示，如文字、图片、视频、交互图表等。这有助于将案例内容以直观、生动的方式呈现给学生，提高案例的吸引力和影响力；利用 VR/AR 技术，为案例创建虚拟场景或增强现实体验。这种沉浸式体验方式可以让学生更加深入地了解案例背景、过程和结果，提高案例的沉浸感和可信度。增强思政案例的活泼性和可接受性，提升教学效果。

从员工对领导的反馈看网飞以自由和责任为导向的工作法

案例内容

创立于 1997 年的网飞，如今市值超 2000 亿美元，和迪士尼公并驾齐驱。这样惊人的成功源于公司独特的文化。网飞在融合硅谷的科技创新和好莱坞的创意过程中，形成了自己独树一帜的组织理念和企业文化。网飞文化的核心是"人才重于流程，创新高于效率，自由多于管控"。网飞文化落地有三个抓手：提高人才密度，引入坦诚文化，取消各种管控。三者互相促进，通过三个阶段螺旋式提升的。

2014 年 7 月，网飞首席内容官特德将尼克国际儿童频道的高级副总裁布赖恩·赖（Brian Wright）挖了过来，让他负责年轻人的节目。布赖恩加盟网飞仅几个月，就敲定了一部名叫《怪奇物语》的电视剧，这成为他在网飞的首部成名之作。布赖恩讲述了他第一天在网飞上班，亲眼见到特德在公开场合接受反馈的事情。

在我过去的工作中，一切都取决于老板喜欢谁，不喜欢谁。如果你给老板反馈意见，或者在众人面前与老板闹分歧，那你的前途就毁了。你会发现自己就此遭到冷落。

星期一，这是我来网飞工作的第一天，我心里处于高度戒备状态，试图找到新公司的处事原则和方法。上午 11 点，我第一次参加由特德（我上司的上司）主持的会议。在我看来，他就是一位超级巨星，下面有 15 名不同级别的员工。特德在会上谈到《黑名单》（*The Blacklist*）第二季的发布情况。就在他发言的过程中，一名比他低四个等级的员工打断了他的话，对他说道："特德，我想有些东西你搞错了，你对这个许可交易有误解，那种方法行不通。"特德坚持自己的观点,但那个家伙并没有退缩。"这真行不通。你把两份独立的报告混淆了。特德,你搞错了。我们需要直接与索尼公司的人见面。"

我简直不敢相信,这样一个低级别的员工竟敢在众人面前顶撞特德。根据我过去的经验,这无异于自毁前程。我的脸变得通红,直想躲到椅子下面去。

然而,事实却让我完全震惊了。会议结束后,特德站起身来把手放在那个家伙的肩膀上。"今天的会议开得非常好,感谢你的发言。"他笑着说。我惊愕得下巴都快掉了。

后来,我在洗手间碰到特德。他问我第一天感觉怎么样。我对他说:"哇,特德,我简直不敢相信,那个人在会议上居然敢用那种态度对你说话。"特德一副迷惑不解的样子。他说:"布赖恩,如果哪一天你因为害怕不受待见而不敢提出反馈意见,那你可能就得离开网飞了。我们聘请你来,就是需要听你的意见。会议室里的每一个人,都有责任把他的想法坦率地告诉我。"

下面一段文字摘自网飞创始人里德·哈斯廷斯于2019年春与全体网飞员工分享的备忘录。

阅读360度书面反馈是一件让人感到很刺激的事情。我发现恰恰是那些最直言不讳的批评是对我最有帮助的。因此,秉持着360度反馈的精神,我非常感谢你们勇敢而诚实地给我指出问题告诉我:"在开会时,如果你觉得讨论话题没有意义或缺乏讨论价值,你可以跳过或者一带而过……同样,不要让你的观点主导了整场会议。你需要协调大家的争论,让大家达成一致的目标。"我感到有些伤心和沮丧,但你们说得太对了,我会继续努力的。希望大家能一如既往地提出和接受建设性的反馈。

罗谢尔·金(Rochelle King)清楚地记得给公司首席执行官提出建设性反馈时的感觉。那是2010年,她在公司担任创意总监差不多已有一年时间。她向一位副总裁汇报工作,这位副总裁的直接上司为首席产品官,而首席产品官的直接上司则是里德,因此她比里德低三个等级向上级坦诚反馈的故事,已经使其成为公司的一个典范。

里德主持一个由25名董事、副总裁以及部分管理人员参加的会议。帕蒂在会上发了言,但里德并不赞同她的观点。看得出他对帕蒂有些恼火,并暗含讽刺地驳回了她说的话。里德开始讲话的时候,大家一个个连大气都不敢喘,会场气氛显得非常压抑。也许是因为当时情绪不好,里德也没有注意到大家的反应,但我觉得,此刻的他没有表现出一位伟大领导的风范。

罗谢尔认真遵循了网飞的原则,即在这种情况下,保持沉默就是对公司的不忠。晚上,她给里德写了一封电子邮件,发送之前自己先"读了100遍。因为即使是在网飞,还是感觉有一定的风险"。最后,她把邮件发了出去。在邮件里,她是这么说的:

嗨,里德:
　　昨天我也是参会者中的一员。听了你对帕蒂所说的话,我感觉似乎有些轻率,而且对帕蒂也不够尊重。我之所以提出这一点,是因为在去年的务虚会上,你谈到了创建一个良好的对话环境的重要意义。在这种环境下,人们应该有勇气把心里的话讲出来,无论是赞同还是反对。
　　昨天在会议室里,有董事和副总裁,还有一些不太了解你的人。听到你对帕蒂说话的语气,如果我也不了解你,那我今后无论如何也不敢当着众人向你表达我的观点。因为担心你会否定我的想法。我刚才对你讲的,希望你不要介意。

罗谢尔

里德几分钟之内就回复了。

罗谢尔:
　　非常感谢收到你的反馈。如果你发现我仍有不当之处,请继续与我联系。

里德

思考问题
(1) 自由工作环境下如何制定和评估绩效目标?
(2) 责任落实与绩效管理的关系如何?
(3) 领导在绩效管理中的角色和职责是什么?

四、专业知识与课程思政元素融合分析

本部分将以课本上的知识点的逻辑顺序为线索，分别分析案例是如何表现这些知识点的，以及案例内容在辅助知识点教学的过程中是如何完成思政教育的。

（一）绩效管理到绩效提升转变

知识点简介：本案例所涉及的重要知识点之一为绩效管理到绩效提升的转变，这是一个持续循环和不断优化的过程。有效的沟通是绩效管理和绩效提升的核心，绩效目标的设定是绩效管理的基础，绩效提升不仅关注当前的工作表现，还关注员工的长期发展。因此，在绩效管理过程中，应该注重员工的个人发展和职业规划，为其提供必要的培训和发展机会，激发其潜力和创造力。

课程思政元素：该案例讲述的内容为网飞以自由和责任为导向的绩效管理策略。通过还原到具体情境的真实事件陈述，学生可以感受到企业绩效管理的提升已经从有效评价员工变成获得有效员工。

将理论知识与实践相结合，学生可以真切地感受到以自由和责任为导向的文化可以帮助处在停顿期的员工获得持续成长。可以激发自主性与创新力，增强责任感与自我驱动，提供个性化发展空间，促进团队协作与知识共享，建立正向激励机制。通过将相关知识融入案例分析的过程，可以润物细无声地完成课程思政内容。

（二）绩效沟通的及时反馈性

知识点简介：绩效沟通的及时反馈性是绩效管理中不可或缺的一环，它对于员工的成长、组织的进步以及目标的达成都具有重要意义。绩效沟通应该坚持 SMART 原则，即具体（Specific）、可衡量（Measurable）、可实现（Achievable）、相关（Relevant）和时间相关（Time-bound），SMART 原则为绩效沟通中的及时反馈提供了有力的指导。

课程思政元素：本案例涉及的绩效沟通体现了 SMART 法则。本案例体现在自由的工作环境中，员工和管理者都保持了对绩效沟通的持续关注。网飞的管理者在观察到员工的工作表现后，会尽快给予反馈，这种及时的反馈机制有助于员工保持对工作的关注，提高工作效率。网飞的管理者在

给予反馈时，使用具体事实，指出员工的问题和改进的方向，同时给予积极的鼓励和表扬。网飞鼓励员工在接收反馈时保持开放和积极的态度。这种沟通方式有助于提升员工的工作效率和满意度，促进组织的持续发展和进步。

（三）绩效改进目标

知识点简介：在绩效管理过程中，针对当前绩效水平存在的问题和不足，设定旨在提高绩效的具体、可衡量的目标。这些目标不仅关注短期内的业绩提升，更注重长期的组织发展和员工成长。绩效改进目标是绩效管理过程中的重要环节，通过设定明确、可衡量的目标，可以激发员工的积极性和创造力，提升组织的整体绩效水平。

课程思政元素：网飞管理者及时听取员工反馈的案例充分体现了绩效改进的重要目标。过去企业管理更多强调领导希望员工做什么，现在员工的地位更加从被动到主动转变，强调组织和员工一起共同成长，强调如何从当前位置达到预期位置，充分体现了人的全面发展的价值追求。网飞管理者关注员工的个人成长和发展需求，将员工的反馈作为改进工作的重要依据，注重员工的参与和合作，从而推动企业和员工的共同发展。这种管理方式不仅有助于提升企业的绩效和竞争力，也有助于实现人的全面发展和社会的和谐进步。

五、现场教学组织与控制

（一）课堂活动设计

本节将以 50 分钟的课程为例，介绍详细的教学步骤、教学过程以及教学活动的设计思想，重点介绍上述思政案例与课堂所学知识的融合方式和逻辑思路。具体的教学方法包括课堂案例教学、新媒体教学、课堂辩论、翻转课堂等，详见表 13-1。

表 13-1　课堂活动设计

教学步骤	详细教学过程	课程思政
5 分钟 知识回顾	【复习】在上一节中，我们共同学习了绩效管理的定义与意义、绩效管理的核心原理。 【提问】大家还记得影响决策的组织内外部环境的层次吗？ 【回答】绩效管理包括目标设定、绩效评估、反馈和改进等环节。 业绩管理流程 （公司目标、结合沟通、设定个人目标、一致的期望、确定行动计划、培训、个人业绩评估、年终审查、将奖金与绩效挂钩、职业计划、个人发展计划、定期反馈、沟通与监控） 【复习提问】在上节课结束时，给大家留了一个作业，让大家结合具体实践案例思考绩效管理是怎么样作为组织目标分解的工具的？ 【学生回答】学生反馈回答将上级的"策略"是如何转化为下级的"目标"，滚动细化，并结合自己找到的企业实践进行分析。 【教师讲授】根据学生反馈情况加强对于绩效管理目标的理解，帮助学生加强对于绩效管理各个环节之间相互作用和联系的理解。	引导学生复习所学内容，形成完整的知识体系，通过问答形式检验学生的知识掌握情况及预习情况，帮助学生建立完整的知识框架。
5 分钟 案例导入	【案例引入】运用 PPT、文字、图片、视频的方式展示案例。在案例讲述过程中，鼓励学生进行多种模式的学习，如可以邀请部分同学上台对案例进行解读谈感想，或是在案例视频播放完毕后邀请不同的同学进行简单的归纳总结，提升大家的课堂注意力。 【讲述重点】提前将电子版案例文件发给学生，鼓励学生使用多种媒介自行阅读文字，并结合文字和图片内容进行标注。 【提问学生】在介绍完案例后，引导学生思考以下问题： (1) 自由工作环境下如何制定和评估绩效目标？ (2) 责任落实与绩效管理的关系如何？ (3) 领导在绩效管理中的角色和职责是什么？	通过网飞的真实案例，引导学生了解本节课的重点内容，即绩效管理的持续改进。通过案例的形式引导学生思考能动性与人的全面发展，融入思政内容。

续表

教学步骤	详细教学过程	课程思政
3分钟 案例补充	【学生讨论】针对这一案例，请大家思考上述三个问题。尤其是结合我们之前所学的内容，尝试去解答以上问题。 【教师讲授】在学生阅读完毕后，教师补充网飞公司的自由与责任工作法、独特的网飞文化。如网飞没有休假制度与追踪考核、永远保持坦诚等，让学生更充分地了解到网飞的自由与责任工作法背后的核心价值观。这一补充过程可以通过引导式的提问进行，如询问学生："有同学了解网飞的独特的企业文化吗？""哪位同学知道为什么网飞会实施自由与责任为导向的绩效沟通策略？" 【学生回答】学生根据案例内容和补充信息讨论并回答以上三个问题。	通过讲授补充内容，帮助学生树立自主管理与自我驱动的价值观，强调个人成长与全面发展的重要性。
3分钟 案例分析	【板书设计】将学生讨论的内容根据类别记录在黑板上，按照绩效沟通内容的四个方面进行归纳划分，学生回答后保留板书内容。尽量引导学生从目标制定沟通、绩效实施沟通、绩效反馈沟通和绩效改进沟通四个方面分析网飞的绩效沟通案例。 【教师讲授】在此处并不给大家公布案例问题的正确答案，而是将大家回答的内容以板书的形式留在黑板上，让大家带着问题进行学习，从而加深对知识点的理解。	通过板书增强学生记忆，并与后续知识相结合。
5分钟 知识点 讲授	【知识讲授】绩效沟通的内容 【教师讲授】绩效沟通的是通过双向交流，明确员工在工作中的表现，发现存在的问题，以及探讨如何改进和提升绩效。这有助于促进员工与管理者之间的理解与合作，共同推动组织目标的实现。传统绩效沟通都是上级对下级的沟通，现在我们越来越多地强调上下级平等沟通，下级对上级也可以进行绩效沟通。根据黑板上大家的讨论结果，我们可以从目标制定沟通、绩效实施沟通、绩效反馈沟通和绩效改进沟通这四个方面看绩效沟通。 【板书展示】绩效沟通的内容如下表所示。	重点知识讲授，绩效沟通的内容和技巧。

续表

教学步骤	详细教学过程	课程思政
5分钟 知识点 讲授	<table><tr><td>主要方面</td><td>主要内容</td></tr><tr><td>目标制定沟通</td><td>在绩效周期开始时，双方应就绩效目标、期望和标准进行明确和讨论，确保员工对绩效要求有清晰的认识。</td></tr><tr><td>绩效实施沟通</td><td>在绩效周期内，管理者应定期与员工沟通工作进展、遇到的问题以及需要的支持，帮助员工解决工作中的困难，促进绩效的提升。</td></tr><tr><td>绩效反馈沟通</td><td>在绩效周期结束时，管理者应提供具体的绩效反馈，包括员工的优点、不足以及改进建议。员工也有机会表达自己的看法和感受，促进双方的理解和信任。</td></tr><tr><td>绩效改进沟通</td><td>针对绩效反馈中提出的问题，双方应共同讨论并制定改进计划，明确改进的目标、措施和时间表，以支持员工在未来的工作中取得更好的绩效。</td></tr></table> 【教师活动】以案例为引导，在板书过程中引导学生自行思考，总结这四个方面的具体影响以及包含的要素。 【教师讲授】除了绩效沟通的内容，在进行绩效沟通时，管理者也需要掌握一些有效的沟通技巧，如倾听、表达、反馈和提问等。这些技巧有助于建立信任、促进理解并达成共识，从而提高绩效沟通的效果。根据黑板上大家讨论的结果，我们可以简单地分析下级对上级进行绩效沟通时候有哪些技巧？	重点知识讲授，绩效沟通的内容和技巧。
3分钟 知识点 分析	【教师提问】下级对上级进行沟通时关键的技巧？ 【学生互动】引导学生继续以案例为例进行思考，探讨下级对上级进行沟通时关键的技巧。例如，可以引导学生思考罗谢尔在认真遵循了网飞的原则后，如何给里德提建议的整个流程，里面体现了哪些沟通技巧？ 【教师提问】罗谢尔是如何给上级提建议的？里面体现了哪些沟通技巧？ 【学生回答】学生根据案例材料进一步进行总结，哪些技巧有助于确保沟通顺畅、有效，并促进双方的理解和合作。	引导学生学习上下级换位进行沟通的技巧，加强学生思辨能力的培养。

续表

教学步骤	详细教学过程	课程思政
3分钟总结本节内容并介绍下节内容	【教师讲授】通过本节课的学习,我们掌握了绩效沟通的内容的四个方面、并了解了绩效沟通的主要技巧。那么大家可以思考一下,在课堂开始时提出的案例问题我们是否能够进行更全面的解答? 【学生回答】根据所学内容进一步回答案例问题。 【教师讲授】简单回顾今天所学知识,并向学生介绍本节课的回顾内容: (1)企业组织内绩效沟通的类型有哪些? (2)绩效沟通主要包含哪几个方面的内容? (3)下级对上级沟通和提意见过程中需要注意哪些事项? (4)基于绩效沟通中识别出的问题和不足,如何制定具体的绩效改进计划? 【教师讲授】以上问题留给大家回去思考。这些问题的解答也与下节课要学习的绩效改进计划的内容相关。我们将在下一节课对这些问题进行进一步解答。	通过复习知识形成知识闭环,帮助学生构建知识框架。通过回顾相关案例引导学生理解人的全面发展的深刻内涵,强调个人成长与全面发展的重要性。

(二)课后作业及安排

在学习完本节课的案例后,学生经常会对网飞公司以自由和责任为导向的工作法产生浓厚兴趣,一般课后都会让同学们自行了解更多网飞公司的企业实践,如阅读《不拘一格:网飞的自由与责任工作法》,从而增强学生自主学习的能力,并帮助学生巩固复习知识点。

利用数字化教学平台,鼓励学生通过短视频、Vlog、图文结合等方式分享自己收集到的与本节课内容相关的案例,并鼓励同学在其他数字化平台上积极分享自己的作业成果和案例分析内容,扩大相关知识点以及思政教育的影响力,实现课堂教学反哺社会的目的。

六、教学反思

在讲授绩效沟通内容的知识点时,希望帮助学生理解绩效沟通的重要性、掌握沟通技巧以及能够在实际工作中有效应用的目标。从教学效果来看,大部分学生都能理解绩效沟通的核心内容,但在实际应用方面仍有待加强。因此,未来教学中需要更加注重实战模拟和案例分析,让学生能够在实践中深化理解。

  在本次教学中，笔者采用了讲授、案例分析、小组讨论等多种教学方法。这些方法在一定程度上激发了学生的兴趣，促进了他们的积极参与。然而，笔者也发现部分学生在小组讨论中表现不够积极，可能与分组方式或讨论主题有关。因此，未来教学中需要更加关注学生的学习特点和需求，灵活调整教学方法，确保每个学生都能得到充分的参与。

第十四章　老年社会保障：从"退休后能拿多少养老金"谈起

撰写人：刘贝妮[①]

一、章节教学内容

（一）本章教学目标

依据本课程的要求和学生现有知识的基础，确定章节的教学目标是：

价值目标：（1）强化养老金待遇的制度设计中体现的社会主义核心价值观，尤其是公正观；
（2）强化养老金待遇的制度设计中"普惠性公平"和"差异性公平"的权衡；
（3）强化孝亲敬老等传统美德以及儒家思想意识中大同理想社会的养老保障思想。

知识目标：（1）掌握我国城镇职工基本养老保险的给付条件；
（2）掌握我国城镇职工基本养老保险的"统账结合"模式；
（3）掌握老年社会保障的多层次体系；
（4）掌握组织内外部环境分析的常用方法。

能力目标：（1）培养学生运用老年社会保障理论知识分析现实问题的能力；
（2）培养学生运用多层次老年社会保障体系建构思想解决问题的思辨能力；
（3）培养学生养老金计算、养老金转移支付等管理实践操作能力。

[①] 该案例为北京市教育科学"十四五"规划项目（BECA21121）成果。

(二) 教学重点难点

本章内容知识点为"老年社会保障：从'退休后能拿多少养老金'谈起"第五讲"我国城镇职工养老保险制度与多层次老年社会保障体系"的内容。内容设计为1课时（50分钟）。

在整个课时的设计中，将按照"内容回顾—引入主题—案例实践—核心知识传授—补充分析—内容回顾—总结问答"的逻辑顺序进行。

教学重点：对养老保险"统账结合"模式、老年社会保障代际互助、公平正义思想的理解。

教学难点：理解老年社会保障的多层次体系建构、养老金计算与养老金的转移支付思想。

对重点难点的处理：结合讲授法、小辩论、角色扮演、案例教学、视频教学等方法对教学重点、难点的教授效果进行强化。

二、课程思政元素挖掘

劳动与社会保障学课程思政渗透的重点为通过专业知识教育和思想政治教育相结合，引导学生树立正确的世界观、人生观、价值观，增强对中国特色社会主义道路、理论、制度、文化的自信，培养爱国情怀、法治意识、道德修养等素质，提高分析问题和解决问题的能力，激发从事社会保障事业的热情和责任感。

(一) 法治公平：掌握社保法则

通过学习社会保障法律法规，掌握社会保障的法律依据、制度框架和运行机制，培养法治意识和法律素养，增强对社会保障制度的信任和支持，维护社会公平正义。在这一部分中，要突出以下几个方面：社会保障法律法规是国家对于社会保障事业规划和管理所做出的基本规定，是维护国家利益和人民权益所必须遵守和执行的。社会保障法律法规是国家履行宪法赋予其在经济建设、政治建设、文化建设等各方面所应尽责任之一，在国家治理中占有重要地位。社会保障法律法规是国家对于不同群体在不同情境下所享有或应承担权利义务所做出的明确界定，在维护各方合理利益中起到关键作用。社会保障法律法规是国家对于促进经济发展与改善民生之间协调关系所做出的科学安排，在推进可持续发展中起到引领作用。社会保障法律法规是国家对于构建公平包容共赢之间协作关系所做出的智慧选择,在促进共同富裕中起到支撑作用。

(二) 家国情怀:认清社保责任

通过学习社会保障的功能和目标,认识社会保障对于促进经济发展、维护社会稳定、保障人民福祉的重要作用,树立为国家和人民服务的宗旨,发扬敬业精神和奉献精神,承担社会责任。在这一部分中,要突出以下几个方面:社会保障是国家对于人民生存和发展的基本保障,是国家履行宪法赋予其的神圣职责,是国家对于人民的最大关爱。社会保障是国家对于社会风险和不确定性的有效应对,是国家维护社会和谐稳定的重要手段,是国家对于社会的最大贡献。社会保障是国家对于经济增长和分配公平的有效调节,是国家促进社会效率和公平的重要手段,是国家对于经济的最大支持。社会保障是个人对于自身生存和发展的基本需求,是个人享有宪法赋予其的基本权利,是个人对于自身的最大尊重。社会保障是个人对于社会风险和不确定性的有效应对,是个人维护自身安全和尊严的重要手段,是个人对于自身的最大保护。社会保障是个人对于经济增长和分配公平的有效参与,是个人促进自身效率和公平的重要手段,是个人对于自身的最大激励。

(三) 互助友善:培育社保文化

通过学习社会保障的基本原则和核心价值,领悟社会保障的公共性、普惠性、互济性和现实性,培育社会主义核心价值观,传承与发扬中华传统美德,践行互助、共济、友善、尊老爱幼等道德规范。在这一部分中,要突出以下几个方面:社会保障是一种公共事业,需要全体社会成员共同参与、共同支持、共同监督、共同享受。社会保障是一种普惠制度,需要兼顾各类群体、各类风险、各类需求、各类水平。社会保障是一种互济机制,需要建立合理的收入分配、财政转移、风险分担、利益协调等制度安排。社会保障是一种现实制度,需要适应社会经济发展、人口结构变化、资源环境约束、国际竞争压力等现实条件。社会保障是一种价值体现,需要弘扬爱国主义、集体主义、平等主义、博爱主义等社会主义核心价值观。

(四) 传承发扬:弘扬社保美德

通过学习国内外社会保障的比较和借鉴,了解社会保障制度的多样性和变革性，开阔视野，增强创新意识和能力，为我国社会保障事业的改革和发展贡献智慧和力量。在这一部分中，要突出以下几个方面：社会保障制度是不同国家根据自身历史文化、政治体制、经济水平等因素所形成的不同模式，在比较中可以取长补短。社会保障制度是不断适应时代变化、社会需求、科技进步等因素所进行的不断改革，在变革中可以创新发展。社会保障制度是中国特色社会主义制度体系中具有鲜明特点和优势的一个方面，在借鉴中可以坚持自信。社会保障制度是中国特色社会主义事业中具有重要地位和作用的一个方面，在发展中可以坚持自强。社会保障是一种文化传承，需要继承孝道、仁义、忠信、礼义等中华文化的传统美德。

三、课程思政案例设计

（一）课程思政理念和内涵

老有所养、老有所乐关系着社会和谐，伴随着社会发展的脚步，我们国家的养老金制度不断被注入公平元素，不仅为老年人经济来源提供了制度安排，也成为国家维护公民基本权利、促进社会公平公正的重要治理工具。养老金制度彰显了社会主义核心价值观的平等与公正，也是中国特色社会主义追求共同富裕本质的内在要求。

通过课程讲授，让学生理解百善孝为先，孝亲敬老是传统美德，构建多层次的老年社会保障体系是保障和改善民生、促进老年人福祉的基本制度安排，是解决分配问题、促进共同富裕，让全体老年人都老有所养、老有所依、老有所乐、老有所安的制度保障。本节主要的课程思政元素为社会主义核心价值观的公正观以及传统儒家思想中敬老尊老的文化传承。通过介绍养老金制度设计的改革和发展历程，让学生理解公正观中普惠性公正和差异性公正是如何在养老金制度中得以权衡和体现的，让学生掌握更全面的公正观。通过延续性教学任务养老保险制度的前世今生：在改革中并轨的研究分析，激发学生调研能力、分析问题和解决问题能力，引导学生对课堂学习知识的迁移与思考，加深对养老保险公平正义、代际互助，让老年人共享经济发展成果思想的理解。

（二）数字化手段助力案例建设

课堂中使用的具体案例以我国实际发生的事件为基础，通过教师自己的改编，在案例讲解中着重强调与劳动保障学知识相关的内容，引导学生自行对案例进行总结和思考，考验学生学习和应用专业知识解决问题的能力。

案例内容

小思思和她的朋友们一起看《新闻联播》，听到一则关于国务院办公厅印发《降低社会保险费率综合方案》的报道。报道里说自 2019 年 5 月 1 日起，降低城镇职工基本养老保险单位缴费比例。各省、自治区、直辖市及新疆生产建设兵团养老保险单位缴费比例由 20% 降至 16%。另外，新闻里还报道，国家将继续提高退休人员的基本养老金，2023 年将实现养老金的十九年连涨。请问同学们，这两则新闻是不是都是好事儿啊？受益的人群分别是谁呢？

第一则新闻里，养老保险单位缴费比例降低受益人是企业和劳动者，企业缴费比例的降低会减轻企业缴费负担，用工成本也会随之降低，企业活力会进一步被激发，也有动力为社会提供更多的就业岗位。第二则新闻里，退休人员养老金待遇连年提高，受益人是退休人员，体现了国家对他们的关心和照顾，也体现了养老保险让退休人员共享经济发展成果的原则。但这两则好消息放在一起，怎么有点不太对呢？小思思和她的朋友们就纳闷了，这收的钱少了，发的钱多了，养老金会不会不够用啊？将来我们退休了，养老金待遇会不会受到影响啊？有了养老金，我们就能安享晚年了吗？

思考问题

（1）养老金会不会不够用？这个问题涉及养老金的支付方式和结余情况。

（2）我的养老金待遇会不会受到影响？这个问题涉及养老金的构成和影响因素。

（3）有了养老金，就能安享晚年了吗？这个问题涉及多层次的养老服务体系的构建。

四、专业知识与课程思政元素融合分析

专业知识与课程思政元融合主要体现为社会主义核心价值观的公正观以及传统儒家思想中"敬老尊老"的文化传承。知识点与思政点是有机融合在一起的，处处蕴含着思政要素。在这里略举几例：（1）在向学生介绍 2023 年我国养老金迎来了十九年连涨时，说明这是让退休人员也能共享经

济发展成果的做法，体现了养老保险对退休人员公平正义的思想，为后续养老保险事业代际互助，融入社会主义核心价值观的讲解做铺垫。（2）在讲解养老金待遇的给付条件时，很重要的一条就是劳动者必须依法参保，强调养老保险的法治观；在介绍参保人群时，随着新业态的涌现，个体经营者、灵活就业者也被纳入到了参保范围，这里强调养老保险对所有劳动者的平等、公正思想，强调养老保险的劳资职责和国家意志。（3）在讲解缴费基数的上下限、缴费比例下降等知识点时，可以顺势向学生介绍社保缴费基数上下限设定对社会保险调节收入分配、促进社会公平的重要作用，养老金企业缴费比例的降低对稳就业、促活力、形成公平公正市场竞争环境的重要作用。（4）在讲解统账结合模式的时候可以强调养老保险制度既强调个人责任，又体现集体力量。在讲解个人账户养老金在领完之后，由国家统筹账户继续支付时可以向学生强调这是国家对"老有所养"的意志与决心，彰显了现代制度的公平正义，真正做到了所有老年人不分年龄、人人平等。（5）讲解养老金制度变迁的过程中引入"普惠性公平"和"差异性公平"概念，引导学生更全面地思考关于养老金待遇的"公平"内涵，强化养老金制度设计兼顾、权衡两种类型公平的思想，强化学生对我国养老保障制度优势的理解。强调养老金制度设计的公平性，强调公平建制价值基础。（6）讲解多层次的养老保障体系建设的时候要强化儒家思想中养老保障的重要性，强化孝亲敬老的传统美德，潜移默化地影响学生思想行为。

五、现场教学组织与控制

（一）课堂活动设计

本节将以50分钟的课程为例，介绍详细的教学步骤、教学过程以及教学活动的设计思想，重点介绍上述思政案例与课堂所学知识的融合方式和逻辑思路。具体的教学方法包括课堂案例教学、新媒体教学、课堂辩论、翻转课堂等，详见表14-1。

表 14-1　课堂活动设计

教学步骤	详细教学过程	课程思政
6分钟 知识点 （一） 讲授	知识点（一）我国城镇职工基本养老保险制度的给付条件 【教师提问】相信在座的各位同学，都没有领取过养老金，这是为什么呢？这里就涉及养老金的给付条件问题。那么，具备什么样的条件才能领取养老金呢？ 【学生回答】学生针对提问进行回答。 【教师总结与引导】同学们讨论得很好，大部分同学都提到，想要领取养老金，必须要等到退休。这是一个关键的要件。但除此之外，养老金的给付条件还有其他几点，请同学们回忆一下社会保险的特点与原则。 【学生回答】学生针对提问进行回答。 【教师活动】根据学生的反馈情况，评估先修课程中社会保险特点与原则的掌握情况，根据学生掌握情况适当对所涉及的理论知识分析的广度和深度进行调整。 【教师讲授】养老保险的给付条件有三个： 首先，必须参保。社会保险是以立法为手段的，我国2010年出台了《社会保险法》，规定劳动者必须依法缴纳社会保险，当然也包括养老保险。这里体现了养老保险制度的法治基础观，也体现了国家对于养老事业的国家意志和执行力度。因此城镇各类职工必须依法参加社会保险，这是领取养老金的先决条件。另外，随着新型业态的蓬勃发展，各类个体工商户、灵活就业者、自由职业者不断涌现，他们虽然没有企业依托，但是依然可以参保城镇职工养老保险。这体现了我们国家的制度安排对于所有劳动者的公平与公正，也体现了制度安排对新型业态发展的促进和保障作用。 其次，要履行缴费的义务。养老保险讲求的是权利和义务相对等的原则。即想要在退休的时候享受领取养老金的权利，就必须要在在职的时候履行缴费的义务。想要领取养老保险，必须累计缴费15年。养老保险基金主要是由个人缴费和企业缴费共同承担的。 最后，要达到法定退休年龄。达到法定退休年龄也体现了权利和义务相对等的原则，即劳动者不但要履行缴费的义务，还要在达到一定年龄后，履行退出劳动力市场的义务。	通过提问引导学生参与，保持持续思考，延续注意力集中时间。 根据先修课程掌握情况，做必要的复习和知识讲授广度深度调整。 [思政要点] 强调养老保险的法治观；强调养老保险对所有劳动者的平等、公正思想；强调养老保险的劳资职责和国家意志。 以上三点重点知识详细讲授。

续表

教学步骤	详细教学过程	课程思政
2分钟 教学活动 与知识点 引入	【教师活动】老有所养是一个现代国家的重要标志，伴随着社会发展的脚步，我们国家的养老金制度不断被注入公平元素，不仅为老年人经济来源提供了制度安排，也成为国家维护公民基本权利、促进社会公平公正的重要治理工具。养老金制度彰显了社会主义核心价值观的平等与公正，也是中国特色社会主义制度追求共同富裕本质的内在要求。下面我们就来学习养老金待遇的制度设计。请同学们观看教具，回答养老金组成部分。 【学生回答】学生观看教具，针对提问进行回答。 【教师讲授】同学们说的没错，个人账户养老金和基础养老金都是养老金的主要组成部分。咱们就从这两部分入手来讲解一下。	通过实物教具展示，引导学生思考养老金的组织部分。 [思政要点] 强调养老金制度设计的公平性，强调公平建制价值基础。
8分钟 知识点 （二） 讲授	知识点（二）养老金的个人账户 【教师讲授】同学们，我们首先来看个人账户养老金。个人账户的养老金由劳动者养老金的个人账户发放。个人账户采取完全积累制，是通过劳动者在职的时候每个月按照缴费基数和缴费比例缴纳所得，等到满足给付条件的时候，按照计发月数逐月发放。这里面有几个关键词，我们逐一讲解。 【教师提问】请同学们回忆一下，社会保险基金运营模式中，完全积累制的特点和原则是什么？ 【学生回答】学生针对提问进行回答。 【教师活动】根据学生的反馈情况，评估先修课程中社会保险基金运营模式的掌握情况，对理论知识分析广度深度进行调整。 【教师讲授】下面我们来讲解养老金个人账户的几个关键词。 首先，缴费基数。按照职工上一年度所有工资性收入所得的月平均额来进行确定。缴费基数有上下限，上限是上一年省、市在岗职工月平均工资算术平均数300%，职工工资收入超过上一年省、市在岗职工月平均工资算术平均数的300%的部分不计入缴费基数；下限是上一年省、市在岗职工月平均工资算术平均数的60%，职工工资收入低于上一年省、市在岗职工月平均工资算术平均数60%的，以上一年省、市在岗职工月平均工资算术平均数的60%为缴费基数。缴费基数的上下限主要是为了统筹考虑参保者退休后的待遇。社会保险本身有调节收入差距、促进社会公平的功能，养老待遇不宜差别过大。通过缴费基数上下限的规定提高了社会保险转移支付的公平性与精准性。	重点知识详细讲授，帮助学生理解养老金个人账户。 引导学生回忆前修课程的知识点，串联知识整体性，形成闭环知识体系。 [思政要点] 通过社保缴费基数上下限设定的讲解，深化学生对社会保险调节收入分配、促进社会公平的理解。

教学步骤	详细教学过程	课程思政
8分钟 知识点 （二） 讲授	其次，缴费比例。个人账户按照缴费基数的8%进行缴费。个人缴费全部进入个人养老金账户，实行完全积累制，国家会给予一定的记账利息。个人缴费完全积累也体现了国家养老金制度安排的长期视角与劳资共担。 最后，计发月数。计发月数是根据我们国家人口预期寿命计算而得，其目标是根据个人账户余额和计发月数核定月发待遇，在退休人员去世时，个人账户余额正好发放完毕，即账户基金精算自平衡。比如60岁退休，计发月数就是139个月。如果在139个月之前不幸去世，那么个人账户余额可以一次性全部取出依法继承；如果139个月之后还健在，此时虽然个人账户养老金余额已经支取完，但依然保障个人账户金额的待遇，这部分全由养老金统筹基金来支付。这里也体现了国家为长寿老人提供物质保障的意志，解除公民对养老和长寿风险的顾虑和担心，促进社会和谐与稳定。 【板书设计】 个人账户养老金　　　缴费基数 → "上下限" 个人账户发　⇒　缴费比例 → 8% （完全积累制）　　按计发月数逐月发放	[思政要点] 养老保险制度既强调个人责任，又体现集体力量。 [思政要点] 国家对"老有所养"的意志与决心，彰显了现代制度的公平正义。 通过板书逐步讲解。
11分钟 知识点 （三） 讲授	知识点（三）养老金的统筹账户 【教师讲授与引导提问】接下来我们来看基础养老金的部分。基础养老金由统筹账户发放。统筹账户的资金来源主要是企业缴费。统筹账户实施的是现收现付制。请同学们回忆，现收现付制的特点和原则是什么？ 【学生回答】学生针对提问进行回答。 【教师活动】根据学生的反馈情况，评估先修课程中社会保险基金运营模式的掌握情况，根据学生掌握情况适当对所涉及的理论知识分析的广度和深度进行调整。 【教师讲授】同学们回答得都特别好。现收现付制的特点就是当期收上来的基金用于当期支付，其原则是以支定收、收支平衡、略有结余。企业缴费基数和上下限的确定与个人缴费遵循一样的原则。但缴费比例为16%。企业缴纳的这部分全部进入统筹账户，用于支付当期退休人员的养老金。因此企业缴费比例从20%降低至16%，是不会影响到	引导学生回忆前修课程的知识点，串联知识整体性，形成闭环知识体系。 重点知识详细讲授。

续表

教学步骤	详细教学过程	课程思政
11分钟知识点（三）讲授	小思思的养老金的，因为小思思的养老金由她退休时当期在职劳动者的企业缴费所形成的统筹账户基金支付。这也体现了养老保险制度以自然传承的代际互助关系为基础，用群体的力量来应对个体的风险。 同时，现收现付制的原则是以支定收、收支平衡、略有结余，通过核算当期的养老金支付来确定当期的统筹账户缴费金额。截至2021年9月底，我国职工基本养老保险基金累计结余达到4.97万亿元，因为存在一定规模的养老金结余，在保证收支平衡的基础上，可以降低一部分企业缴费比例。因此我们回到开篇的案例，企业缴费比例的降低是不会影响到养老金按时、足额发放的。 社保连万家，降费暖人心。自2019年5月1日起养老保险单位缴费比例全国统一下调至16%。两年来为企业减免社保费用超1.92万亿元。这为缓解企业经营压力、稳定就业岗位起到了重要作用，借社保降费之势，缩小全国费率差异，一个更加公平的统一大市场正在逐步形成。降低费率，企业参保积极性更高，企业活力也更足，放水养鱼效应逐步显现，这些都会使养老保险基金的蛋糕越做越大，企业发展与养老保险制度形成良性循环。 【角色扮演】那么基础养老金是如何计算的呢？由什么因素影响呢？我想和各位同学来做一个角色扮演的游戏。在这个过程中，大家能体会养老金待遇设计所渗透的一些理念。比如说假设我是国务院总理，而各位同学，是我们国家最顶尖的养老金的专家，我请各位过来帮助设计养老金待遇的计发办法。好，那我作为国务院总理呢，首先给大家提一些原则性的要求。我想请各位同志注意处理好这样几个关系：(1) 在职者和退休者之间的关系。我希望保证老年人与在职的年轻人之间的生活待遇有一个公平、适度的差距，让老年人分享社会经济发展的成果。(2) 高收入者和低收入者之间的关系。在工作期间，工资收入属于初次分配，这个过程强调效率。但社会保障属于再次分配，应当强调公平。希望老年人退休了以后，养老待遇不要有太大的差距。好了，下面就请各位顶尖的专家来帮助我们设计一个合理的养老金待遇计发办法吧。 【学生活动】学生针对教师提问进行讨论并回答。 【教师讲授】首先，处理好在职者和退休者的关系，最好的办法就是直接将退休者的养老金的待遇和在职者的工资挂钩起来，保持一定的替代率。这样当年轻人工资增长的时候，老年人养老金也会增长，从而能够让老年人平等共享经济发展的成果。但是一个问题来了，这个替代率应该是多少合适呢？各位专家经过研究调查和测算，发现如果政府提供的养老金待遇能达到年轻人工资的60%左右的话，大致就可以	回应课堂开篇案例的问题，形成教学过程闭环管理。 再次回应课堂开篇案例问题，形成教学过程闭环管理。 [思政要点] 养老金企业缴费比例的降低对稳就业、促活力、形成公平公正市场竞争环境的重要作用。 通过板书设计加深学生对基础养老金影响因素的理解。 [思政要点] 通过养老金替代率将退休人员工资和在职人员挂钩，体

续表

教学步骤	详细教学过程	课程思政
11分钟知识点（三）讲授	保证老年人退休后的生活安全了。这里有一部分是由个人账户提供的，还有企业补充年金，经过测算，各位专家发现，统筹账户的基础养老金提供大概20%替代率是比较合适的。 【教师引导】那么接下来一个问题是替代率20%，是谁的20%呢？是老年人本人退休前工资的20%吗？这时候大家不要忘了，总理嘱咐的第二个原则，我们要处理好高收入者和低收入者之间的关系。养老金计划应当强调的是公平，通过二次分配缩小贫富差距。所以说最好采用社会平均工资，那么这样的话，无论是高收入者，还是低收入者，大家最终拿到的基础养老金都是一样的，这样不是最公平吗？好，那我们就按照社会平均工资来进行设计。就有了基础养老金=上一年度当地在岗职工的月社会平均工资乘以20%这样一个计算公式。总理一看，这是很有道理的，非常符合我国社会保障发展的理念，让我们去实行一下吧。这其实就是我们1997年国务院26号文件中规定的基础养老金计算办法。 【教师提问】同学们，这个基础养老金计算办法真的就公平吗？ 【学生活动】学生针对教师提问进行回答。 【教师总结加持续角色扮演】同学们回答得特别好。事实情况也如此。经过几年的运行，总理把各位专家又召集来了，我们养老金制度出现了几个新的情况。第一，有一些企业和个人觉得缴费时间的长短和养老金待遇没有什么关系，都是社会平均工资的20%，这也不公平啊。而且一些企业和个人，只要缴费满足了最低的15年的缴费年限，就停止缴费了。这必然会造成我们缴费的流失，影响我们整个养老体系的可持续性。第二，高收入者缴费多，低收入者缴费少，但是最后养老金待遇水平没有什么差别，这实际上是对多劳者、多贡献者合理利益的侵占，成为另一种社会不公平现象。总理抛出了两个新的问题，是养老金体系缴费受益关联程度的问题，关乎普惠性公平和差异性公平的权衡。缴费受益关联程度越强，个人越多缴多得、长缴多得，养老金制度就越具有差异性公平。那怎么实现"多缴多得、长缴多得"呢？ 【学生活动】学生针对教师引导进行思考和回答。 【教师讲授加持续角色扮演】我们各位专家首先来解决长缴多得问题。最好就是，不再采用统一的替代率，而是将待遇水平和缴费的年限挂钩起来。那么怎么挂钩呢？比如说我们的替代率不要设定在20%，各位专家建议，我们可以多缴费一年就多拿1%。这样的话，个人缴费的年限越长，待遇水平越高。 那么，还有一个问题，如何体现多缴多得呢？各位专家建议，我们最好要考虑到个人工资的高低，可是采用哪一年的工资呢？是这个劳动	现老年人共享经济发展成果的思想。 通过角色扮演的教学方式吸引学生注意力，提高课程的卷入度和学生的参与度。 [思政要点] 引入普惠性公平和差异性公平概念，引导学生更全面地思考公平的内涵。 [思政要点] 讲解养老金制度设计中渗透的兼顾普惠性公平和差异性公平的思想内涵，体会我国养老金制度优势。

续表

教学步骤	详细教学过程	课程思政
11分钟 知识点 （三） 讲授	者退休前一年的工资吗？那么这样会不会引起在退休前突击涨工资呢？是不是应该采用整个职业生涯的平均工资呢？可是由于货币时间价值的不同，这样早期的工资和临近退休时的工资是不是具有可比性呢？这可怎么办呢？还好，各位养老金专家发明了一个非常聪明的工资概念，叫作指数化月平均缴费工资。这个概念很好地解决了我们刚刚所说的问题，它可以用来衡量个人缴费工资水平相对于社会平均工资水平的高低。通过将本人指数化月平均缴费工资设计到我们的待遇计发公式中，就能更好地体现出多缴多得的思想，加强了差异性公平的理念。 【角色扮演加反转提问】可是，请各位专家注意，缴费受益关联虽然有助于提高养老金计划的激励性，但是它也有可能会削弱收入再分配的效益，影响养老金计划的普惠性公平。那么我们怎么办呢？能否不要非此即彼，在公平和效率之间进行一个权衡呢？于是专家设计了这样一个公式： 【板书设计】 $$基础养老金 = \frac{当地上年度在岗职工月平均工资(1+本人平均缴费指数)}{2} \times n\%$$	通过持续的反转提问，引导学生持续思考，紧跟课堂节奏。
2分钟 知识点 （三） 补充讲解	【教师讲解】这两个参数进行平均，一方面体现出多缴多得，另一方面仍然保留了一定的再分配的功能，然后用这个平均数乘以缴费年限乘以1%，这里体现的是长缴多得。这样一个计发公式，在普惠性公平和差异性公平之间做出一个权衡。这就是我国现行的2005年国务院38号文件确定的基础养老金的计发办法。 由此可以看出，个人账户养老金和基础养老金这两个公式其实都经过了仔细的推敲，渗透了养老金制度设计中兼顾普惠性公平和差异性公平的思想，也在改革的实践中得到了检验，推动了我国养老金制度的可持续发展。 【补充解释】这里同学们要注意，基础养老金会受到当地上一年度在岗职工月平均工资影响，这也体现了养老金制度的调节机制，根据职工平均工资增长、物价上涨情况，适时提高基本养老保险待遇水平。因此也就会出现开篇案例中所提到的，2023年我国养老金迎来19年连涨。养老金上调体现了国家对于老年人历史贡献的承认，体现了养老金制度让所有老年人都能公平地共享经济发展成果的思想内涵，体现了国家切实增强老年人幸福感、获得感和安全感的决心。	持续回应开篇案例，吸引学生课堂注意力。 [思政要点] 强化养老金制度设计兼顾、权衡两种类型公平的思想。

续表

教学步骤	详细教学过程	课程思政
5分钟 课程讨论	【引导提问】同学们，至此我们就给大家讲完了养老金的结构和影响因素。大家可以看到，养老金的结构也就构成了我们国家职工养老保险特有的统账结合的模式。那么，为什么我们要采取统账结合的方式？ 【学生活动】同学们根据自己的想法发表观点，针对个人账户和统筹账户的优缺点进行讨论。 【教师总结】同学们讨论得特别好，个人账户和统筹账户各有优势。个人账户采取完全积累制，强调个人为自己老年生活的储蓄负责任，也能提高员工的缴费积极性。但个人账户的保值增值是个问题，也不具备互助共济的作用。 统筹账户采取现收现付制，强调养老金代际的转移支付，具有社会成员之间互助共济的作用，也能保证养老待遇与经济发展相适应。但是现收现付制对缴费没有激励作用，随着老龄化的加剧，也可能存在代际之间的缴费不公。 "统账结合"的方式综合了基金运营制度的优点，既强调了个人的养老责任，也体现了社会成员的代际互助。	改变传统课堂教师满堂灌方式，运用小辩论的方式鼓励学生积极思考，提高参与度，锻炼思辨能力。 [思政要点] 强化学生对我国养老保障制度优势的理解。
8分钟 知识点 （四） 讲授	知识点（四）多层次的老年社会保障体系构建 【时事链接】刚刚我们讲解的都是关于基本养老金的内容，我国"十四五"规划明确提出，要发展多层次、多支柱养老保险体系，提高企业年金覆盖率，规范发展第三支柱养老保险。多层次的养老保险体系中第一支柱为国家基本养老金，第二支柱为企业/职业年金，第三支柱为个人养老金储蓄。 【教师讲授】另外，健全养老保障体系，一方面是老年人钱袋子的问题，即养老金的积累与按时、足额的发放；另一方面是养老服务提供的问题。 【时事链接】去年6月一篇名为《被公交车抛下的人》的文章刷爆全网，讲述的是一位老年人因为不会使用乘车码，最终在司机和乘客的催促下放弃乘车的事情。随着智能化设备的广泛使用，信息化社会的数字鸿沟造成了老年人新的不平等。老年人今天被公交抛下、被地铁抛下、被银行抛下，明天就可能被社会抛下。 【视频教学】请同学们观看老年人面临的数字鸿沟视频。 【教师总结】去年11月国务院办公厅印发《关于切实解决老年人运用智能技术困难实施方案的通知》，要求切实解决老年人在运用智能技术方面遇到的突出困难，实现不分年龄，人人共享数字平等。近来我们也欣喜地看到，智能技术的开发逐渐向善，智能服务适老化程度不断提升，社区教育志愿活动蓬勃发展，老年人日常生活便利性初见成效，这些都有助于保证老年人公平获取社会服务的权利。	引导将所学知识体系与时事政策相联系。 引导学生更全面思考老年社会保障问题。 [思政要点] 强化对老年人公平思想的理解，让老年人都能公平地获取社会服务。通过观看短视频持续吸引学生课堂注意力。

续表

教学步骤	详细教学过程	课程思政
8分钟知识点（四）讲授	【补充讲解】在我们古代先贤关于理想大同社会的构想中，养老保障是不可或缺的重要部分。 《礼运·大同篇》中有"大道之行也，天下为公，故人不独亲其亲，不独子其子，使老有所终"。《孟子》也讲老吾老以及人之老。儒家思想中，重养老是善治的体现，具有道义上的公正性。大同思想穿越了几千年的时空，承载了我们华夏子孙对于公平社会和理想生活的憧憬，与今天的社会主义核心价值观交相辉映。老有所保，让社会更美好。"莫道桑榆晚，为霞尚满天。"相信随着一个普惠、公平、可持续的高质量养老保障体系的建立，我们国家的老年人，正站在人生的下半场，开启着别样的新生活。	[思政要点] 强化儒家思想中养老保障的重要性，强化孝亲敬老的传统美德，潜移默化地影响学生思想行为。
2分钟总结本节课并铺垫下节课内容	【教师讲授】通过本节课的学习，相信同学们对开篇案例中小思思的疑惑已经有了答案。我们来总结一下本节课讲授的内容。通过本节课的学习，大家掌握了我国城镇职工基本养老保险的给付条件、城镇职工基本养老保险的统账结合模式以及多层次的老年社会保障体系。多支柱、全覆盖、更加公平、更可持续的老年社会保障体系日益完善，社会保险、社会福利、社会救助等社会保障制度和公益慈善事业有效衔接。有了钱袋子的支撑，老年人的基本生活、基本医疗、基本照护等需求得到更加稳妥的保障。亿万老年人正从一件件暖心实事中感受到关心关怀，老有所养、老有所依、老有所乐、老有所安的梦想正在一步步照进现实。 课后请同学们完成在BB平台（Blackboard）上布置的延续性学习任务，阅读自主学习资料和观看补充教学视频，同时也请大家思考下面三个问题： 第一，什么是职工养老保险的双轨制和并轨？ 第二，养老金并轨带来的隐性债务与养老金可持续问题如何解决？ 第三，随着工作流动性越来越大，养老金如何转移接续？ 我们将在下一节课对上述三个问题进行更深入的分析。 今天的课程到此结束。	通过布置延续性教学任务和课后思考题，激发学生主动学习思考并进行预习。

（二）课后作业及安排

《养老保险制度的前世今生：在改革中并轨》调查分析

小王的爸爸老王半辈子都在企业做财务工作，每个月都从工资中扣除几百元作为养老保险费。老王的发小老孙毕业后就在事业单位上班。因为马上都要退休了，老哥俩凑在一起比较起各自的养老金。老王了解到自己的养老金相当于自己工资的50%，而老孙退休后能领到相当于自己工资的80%。更气人的是，老孙的养老金不仅高出这么多，而且老孙说她从来没交过养老保险费。这就是特殊时期我国养老金"双轨制"带来的问题。养老金"双轨制"指的是不同用工性质的人员采取不同的退休养老金制度。

请同学们以小组为单位，通过访谈自己身边的亲人或者退休人员，并深入讨论、检索相关文献和实践资料，了解大家对养老金"双轨制"形成的历史背景、并轨历程，完成研究性学习题目：《养老保险制度的前世今生：在改革中并轨》，并思考养老金为什么要进行并轨改革。

1. 推荐阅读文献资料

[1]《"十四五"规划纲要发布，这些内容与社会保障密切相关》原文链接：https://www.sohu.com/a/456710838_120207625

[2] 中共中央、国务院印发《国家积极应对人口老龄化中长期规划》，原文链接：http://www.gov.cn/zhengce/2019-11/21/content_5454347.htm

[3] 国务院办公厅关于印发《降低社会保险费率综合方案的通知 国办发〔2019〕13号》，原文链接：http://www.gov.cn/zhengce/content/2019-04/04/content_5379629.htm

[4] 工业和信息化部 民政部 国家卫生健康委关于印发《智慧健康养老产业发展行动计划（2021-2025年）工信部联电子函〔2021〕154号》的通知，原文链接：http://www.gov.cn/zhengce/zhengceku/2021-10/23/content_5644434.htm

[5] 国务院办公厅关于印发《促进养老托育服务健康发展的意见 国办发〔2020〕52号》，原文链接：http://www.gov.cn/zhengce/content/2020-12/31/content_5575804.htm

[6] 关于共同富裕，《求是》发表习近平重要文章（全文），原文链接：https://baijiahao.baidu.com/s?id=1713759421949857689&wfr=spider&for=pc

2. 思考以及预习任务

通过这节课的学习，同学们掌握了我国城镇职工基本养老保险制度的给付条件、城镇职工基本养老保险的"统账结合"模式以及多层次的老年社会保障体系构建。课后，请同学们熟读教材中关于老年社会保障相关内容的论述，同时完成延续性教学活动安排并阅读自主学习资源链接部分的内容。最后，请同学们思考课堂最后布置的三个思考题：

第一，什么是职工养老保险的双轨制和"并轨"？

第二，养老金并轨带来的隐性债务与养老金可持续问题如何解决？

第三，随着工作流动性越来越大，养老金如何转移接续？

完成上述思考后，请同学们预习下一节关于养老保险制度的"双轨制"与并轨改革，以及养老金可持续的相关内容。

六、教学反思

在本节课中，我们致力于通过探讨养老金待遇的制度设计以及相关理论知识，达到多个价值、知识和能力的培养目标。在教学过程中，我们采取了多种教学方法和策略，包括讲授、案例分析、小组讨论等，以促进学生的理解和思考。首先，我们重点强调了养老金待遇制度设计中体现的社会主义核心价值观，尤其是公正观。通过分析养老金制度的普惠性公平和差异性公平的权衡，学生更深入地理解了公正概念在养老保障领域的应用。其次，我们引导学生掌握了我国城镇职工基本养老保险的给付条件和"统账结合"模式，以及老年社会保障的多层次体系。这些知识目标的达成，为学生深入理解养老金制度提供了坚实的基础。最后，通过案例分析和小组讨论，我们培养了学生分析现实问题、运用理论知识解决问题以及管理实践操作的能力。学生通过这些活动，不仅加深了对养老金制度的理解，还培养了批判性思维和实践技能。

在未来的教学中，可以考虑以下改进措施，以进一步提高教学效果。

(1) 引入更多实践案例：在教学中引入更多真实的养老保障案例和实践经验，让学生通过实际情境来理解理论知识的应用，从而增强他们的实践操作能力。这可以通过案例分析、实地考察、实习实践等方式来实现。

(2) 提供更多交互式学习机会：采用更多的小组讨论、角色扮演、模拟演练等交互式学习活动，促进学生之间的合作与交流，激发他们的思维和创造力。这有助于培养学生的批判性思维和解决问题的能力。

（3）强化跨学科融合：在教学中，可以将养老保障领域的知识与其他相关学科（如经济学、社会学、政治学等）进行融合，让学生了解养老保障与社会、经济、政治等方面的联系，提升他们的综合分析能力。

（4）可以进一步拓展教学内容，引入更多养老保障领域的案例和实践经验，以加强学生的实践操作能力。同时，我们也可以多加强对价值观的引导和培养，让学生在学习养老保障知识的同时，更加注重社会责任和公共利益。

（5）随着经济社会发展和人口结构变化，老年社会保障制度将持续面临新的挑战与机遇，对于这一领域知识的学习不应止步于课程结束，而应保持关注与探索的热情。同时，作为社会成员，我们都有责任关心并推动老年社会保障制度的完善，为构建更加公平、可持续的社会保障体系贡献力量。

第十五章　新老员工薪酬倒挂问题分析

撰写人：傅瑶瑶

一、教学内容

（一）本章教学目标

依据本课程的要求和学生现有知识的基础，确定章节的教学目标。

价值目标：（1）强化社会主义核心价值观教育；
　　　　　　（2）将西方理论与我国传统思想结合，强化学生文化身份认同；
　　　　　　（3）强化在社会主义新时代背景下对公平公正精神的理解。

知识目标：（1）掌握报酬与薪酬的定义；
　　　　　　（2）掌握内在报酬与外在报酬的区别与联系；
　　　　　　（3）掌握公平理论并理解其在薪酬设计中的重要性；
　　　　　　（4）掌握四种薪酬制度的基本含义。

能力目标：（1）能够运用薪酬相关理论分析现实问题；
　　　　　　（2）能够运用组织报酬与薪酬制度的相关原则解决具体问题；
　　　　　　（3）培养学生人力资源管理实践的思辨及现实操作能力。

（二）教学重点难点

该知识点为《人力资源管理》第七章"员工薪酬与福利"中第一节"薪酬制度与职位薪酬"的内容。内容设计为1课时（50分钟）。

在整个课时的设计中，将按照"内容回顾—引入主题—案例实践—核心知识传授—补充分析—内容回顾—总结问答"的逻辑顺序进行。

教学重点：界定组织报酬与薪酬类型；引导学生理解内在报酬与外在报酬的重要性以及不同类型的薪酬；加深学生对公平理论和公平精神的理解；

介绍主要薪酬制度的涵义。

教学难点：公平理论的内容及其在薪酬设计中的重要角色

（1）采用案例分析的方式对重难点内容进行具象化处理，降低知识点的理解度；

（2）利用新媒体等数字化手段提高学生的注意力，并提升知识传授效果；

（3）引入课堂分组辩论的形式，及时消化吸收所学知识，并将所学知识进行应用，强化记忆；

（4）布置作业加强学生的课后巩固。

二、课程思政元素挖掘

结合课程内容以及教学目标，基于公平理论的相关知识点的思政设计，进行了知识模块扩展，增加了理论知识的深度与广度，从而形成了一个良好的思政资源。具体而言，本章节的课程可以帮助我们进行以下具体的思政内容建设。

在组织报酬分配方面，与社会主义公平正义相联系。始终坚持发展首位的基础上，实现公平与效率的有机统一。结合公平理论与中国传统思想，确保组织报酬公平对建立公正的社会分配结构起到的基础作用，深化学生的理解。此外，通过对员工薪酬公平感知的分析，结合报酬的物质及精神多样性，帮助学生建立积极正面的价值观，使他们充分理解个人价值的实现不仅体现在对物质回报的索取上，还包括为社会和企业创造价值，承担更大的责任，获得个人全面成长及获得认可等。

（一）关注社会公平，构建和谐社会

和谐社会的核心本质是社会公平。构建社会主义和谐社会必须突出解决社会公平问题，而社会公平问题的关键是解决利益公平分配问题。通过对组织报酬分配理论与公平理论的学习，引导学生明白公平作为法权概念，属于上层建筑；分配作为经济范畴，属于经济基础，应由生产方式决定分配。因此，公平的薪酬分配不能等同于薪酬的平均分配，而"按劳分配、效率优先、兼顾公平"为社会主义初期阶段的主要分配体系。同时，引导学生进一步思考，按劳分配与效率优先的分配制度不代表公平的缺失，在设计薪酬体系时应注重内部公平与外部公平，并确保程序公平，提高社会公平感知，激发个体对组织和国家的奉献精神，构建和谐社会。

(二) 传承中国传统思想，增强爱国主义情怀

在教学过程中，不仅要传授薪酬理论的基本知识，更要注重培养学生的思想深度和文化自信。课程引导学生回顾和探讨我国传统思想中关于公平和正义的理念，强调我国传统思想对集体利益与社会和谐的关注；同时将我国传统思想与西方公平理论进行对比，使学生更加深刻地认识到中国传统文化的独特魅力和深刻内涵。这种对中国传统文化的认同和自豪可以激发学生的爱国主义情怀和文化自信，使他们更加珍视和传承中华优秀传统文化。同时，也可以培养学生的跨文化交流能力和国际视野，使他们能够更好地适应全球化时代的挑战和机遇。

(三) 树立正确的物质观与金钱观，助力中华民族的伟大复兴

通过全面薪酬理论与薪酬制度的学习，我们不仅要了解薪酬的构成与计算方法，更要深入理解其背后的价值观与道德观。全面薪酬理论强调薪酬不仅仅是货币形式的报酬，还包括非货币形式的福利、工作条件、职业发展机会等。这种理论强调了薪酬的多元化和个性化，旨在满足不同员工的需求，提高员工的满意度和忠诚度。在学习薪酬制度时，我们要引导学生正确理解金钱与物质的重要性。金钱与物质作为货币形式的报酬，在薪酬制度中占据重要地位，但过度追求金钱与物质会导致心灵的空虚和迷失。因此，应引导学生树立适度追求金钱和物质的观念，注重其与精神的平衡，促进学生个人成长与发展，为实现中华民族伟大复兴贡献自己的力量。

三、课程思政案例设计

(一) 课程思政理念和内涵

本节课程思政的重点理念为隐性思政教育，在教育的过程中重点强调课堂案例与安排对所学知识点的涉及和传授，在学习的过程中用渗透性的、潜移默化的方式使学生在耳濡目染中感受到思政教育的内涵。在课程的设计上，本节所引用的案例是根据真实管理案例改编，反映当下我国企业对技术人才薪酬制度改革面临的部分困境，案例本身并无明显的思政导向，但对案例涉及的薪酬制度优化方案讨论过程中体现了我国分配制度的优越性。

(二) 数字化手段助力案例建设

课堂中使用的具体案例以企业现实案例为基础，通过教师自己的改编，在案例讲解中着重强调与薪酬制度知识相关的内容，引导学生自行对案例进行总结和思考，考验学生学习和应用专业知识解决问题的能力，并通过案例学习与全面薪酬、公平理论以及薪酬满意度相关的知识点。同时结合多种数字化教学手段，通过播放新闻热点视频和连线知名企业人力资源管理顾问，帮助学生更加清晰直观地了解案例所讲述的内容，提高学习效果。

Y公司研发技术人员新老员工薪酬倒挂问题

案例内容

Y公司是我国某二线城市的高科技企业，近几年正处在高速发展阶段，营业额以每年40%~50%的增速快速达到目前的几十亿。为获取更大的市场份额，占据并保持行业的领先地位，Y公司制定了在未来五年内扩展业务范围，成为销售额达百亿的领头羊企业。作为高科技公司，其产品技术优势始终是公司的核心竞争力，为达到并保持行业领先的地位，公司需要配备能够支持其战略发展目标的人才。因此，在公司业务快速发展的过程中，公司对技术人才的需求不仅局限在数量层面，也对质量方面提出了更高要求。

过去，公司在招聘研发技术人员时，Y公司对人才定位为普通一、二本毕业生即可，因此目前研发岗位上的老员工经过几年的工作与学习，大部分仍为初、中级资历的开发工程师，无法独立承担新产品设计和技术攻关等专业领域的探索研究工作。在这种情况下，仅凭目前的老员工，不足以支撑公司战略的实现。公司现在对用人上的理念从招收合格的员工转向顶尖的人才。因此，Y公司将招募目标转向了"双一流"高校的毕业生。

但很快公司发现他们在招募优秀人才过程中面临的困境。首先，Y公司的知名度远远低于华为、腾讯、抖音等知名公司，但需要的人才类型与其存在重合。其次，公司给新进技术人才的薪酬在12~18k，对标大企业的25~30k还存在很大差距。因此，在招聘过程中Y公司成为求职者的"备胎"，很难获取一流人才的青睐。为解决这一问题，公司决定在薪酬方面实行新员工新办法，老员工老办法的双轨制薪酬，将新员工的薪酬水平提高到25k，提前为优秀人才的潜力买单，从而招到了几个优秀的毕业生。但没过多久，人力资源部门收到了很多老员工不满的抗议以及新员工的离职申请。

老王是从最基层干起的老员工，经过几年的努力，从初级技术岗干到了高级技术岗。由于公司先实行岗位工资制，他的薪酬也从一开始的12k涨到了20k。在最后一次涨薪过后，他感到非常开心，认为这是公司对他多年来在工作中付出努力的认可，现在的薪酬在他看来是公平的。但是没过多久，他发现新招收的几个应届毕业生薪酬是25k，应公司要求，他还要负责指导这些新员工使他们更快上手公司工作。老王和几个同事谈了这件事，大多数老员工也对此表示不满。一个同事表示，"我们好歹来公司也有四五年了，结果工资还没有新来的应届生高，说好的公平呢？难道怪我毕业早没赶上好时候吗？"另一个高级岗的同事也表示，"所以新进的应届生才是未来公司培养的重点？我们这些多年辛苦做项目的人倒是成了边缘人物，还要手把手地教他们？我真的不想教，教会徒弟饿死师傅啊！"

此外，老王还去问了自己在人力资源管理公司工作的同学老刘。老刘说，"目前你拿的薪酬水平在市场同类岗位上大概是在30分位，算是比较低的水平了。"老王知道后更加沮丧了，对工作原本的热情减少了，也不再主动加班了。

新员工小张则是在入职一个月后提出了离职申请。他说，"在一开始我对公司印象特别好，觉得公司对我的能力与潜力高度认可，也给了我很高的薪酬。但薪酬并不是我唯一考虑的就业因素。我觉得公司目前没有适合新人成长的环境，我师傅一直忙自己的事情，只是简单地和我介绍了一下公司基本情况就不管我了。公司也没有给新员工提供专项培训，高级岗位数量也很少，我在公司没有看到未来的个人及职业发展。"

公司领导在得知这个情况后也感觉到非常沮丧，从目前情况看，公司顶着财务压力提高了新员工薪酬水平，但不仅没有留住优秀新员工，还导致老员工怨声载道。现在人力资源部和几个关键业务部门的负责人聚在一起开始反思公司双轨制导致的薪酬倒挂问题。

思考问题

（1）Y公司的薪酬双轨制度的特点和设计思路是什么？

（2）Y公司老员工不满、新员工离职的原因是什么？请结合所学理论对薪酬双轨制引发的问题深层次原因进行分析。

（3）针对Y公司面临的问题，请给出研发技术员工薪酬的改善方案。

四、专业知识与课程思政元素融合分析

本部分将以课本上的知识点的逻辑顺序为线索，分别分析案例是如何表

现这些知识点的,以及案例内容在辅助知识点教学的过程中是如何完成思政教育的。

(一) 组织报酬与薪酬制度的界定

知识点简介:合理的组织报酬与薪酬制度是组织吸引、激励和保留人才的重要方法。本案例所涉及的知识点包括组织报酬以及薪酬体系。组织报酬指员工因被组织雇佣而获得的所有他们认为有价值的回报,其中包括可以用货币衡量的外在报酬以及涉及员工个人内在心理感受的内在报酬。此外,薪酬制度的基本类型包括职位薪酬制度、技能薪酬制度、能力薪酬制度和绩效薪酬制度。

课程思政元素:教学案例中的企业为吸引高水平的技术员工,实行薪酬双轨制,提升了新员工的薪酬水平。虽然这一举措确实帮助企业获取满足其战略发展的优秀人才,但未能留住人才并导致了老员工的不满。学生需对讲授知识点有较深入的理解,并应用在对实际问题的分析中。一方面,学生应了解金钱并不是人才激励和留存的唯一动机,需要充分考虑内在报酬对员工的重要性,特别是员工在工作中获得的成就感以及在个人的持续成长。另一方面,学生应能以此知识点分析案例中现行的职位薪酬制度在薪酬双轨制改革失败中扮演的角色。在案例分析中结合我国技能人才培养战略及习近平总书记对新时代技能人才的培养路线指示,围绕"建设技能型社会,弘扬工匠精神"进一步发掘能够有效激励我国技能型人才培养的薪酬体系,在薪酬公平的基础上满足员工自我实现的需求并激发员工的奉献精神,推动我国技术的发展。通过将相关知识融入案例分析的过程,可以润物细无声地完成课程思政内容。

(二) 公平理论

知识点简介:公平理论又称社会比较理论,该理论是研究人的动机和知觉关系的一种激励理论,这一理论研究个人所作贡献与所得的报酬和他人(或自己)比较之后的结果及其对员工积极性的影响。认为员工的激励程度来源于对自己和参照对象的报酬和投入的比例的主观比较感觉。

课程思政元素:本案例涉及的新员工离职和老员工不满均可基于公平理论进行分析。由于企业实行岗位薪酬体系,那么在同一岗位工作的新老员工的不同外部薪酬水平是造成了员工不公平感知的主要原因之一,涉及内部公平问题。同时,老员工低于市场平均薪酬的现状也导致了外部不公平感知。

公平理论与我国传统思想不谋而合，我国古人早就对财富分配的重要性有着深刻的认识。《荀子·富国》中提到"人之生不能无群，群而无分则争，争则乱，乱则穷矣"；《论语·季氏》中指出"不患贫而患不均"；类似地《墨子·尚通》中也提到"分财不敢不均"。我国这些传统思想都体现出分配公平的重要性，同时中国特色社会主义事业的伟大实践中也明确提出要在构建社会主义和谐社会中切实维护与实现社会公平与正义。此外，通过将西方公平理论与我国传统思想结合，也能更好地培养学生的文化自信和民族自豪感。

（三）薪酬满意度决定因素模型

知识点简介：薪酬满意度是指员工对其获得的薪酬所持的总体态度，包括薪酬水平、福利、加薪和薪酬结构四个维度，可以表现为积极或消极的情感态度水平。薪酬满意度决定因素模型除了涉及员工对其应得薪酬收入感知与所得薪酬收入感知进行比较外，还包括个人工作投入感知、所参照的他人的投入与收入感知、工作特征感知以及非货币收入感知。

课程思政元素：根据薪酬满意度决定模型引导学生探讨员工薪酬不满意的两种后果：期望获得更高薪酬与工作吸引力降低。其中通过提高绩效获得更高的薪酬是一种积极的应对措施，对组织与个人成长均能带来积极影响。因此，在教学过程中引导学生做好归因分析，强调个人努力与成长而不是通过消极的手段损害组织和他人利益。此外，组织在设计薪酬体系时要充分合理设计员工的薪酬结构，将员工薪酬与绩效水平或者技能水平挂钩，体现我国"按劳分配、效率优先、兼顾公平"的分配原则，促进社会公平，构建和谐社会。

五、现场教学组织与控制

（一）课堂活动设计

本节将以 50 分钟的课程为例，介绍详细的教学步骤、教学过程以及教学活动的设计思想，重点介绍上述思政案例与课堂所学知识的融合方式和逻辑思路。具体的教学方法包括课堂案例教学、新媒体教学、课堂辩论、翻转课堂等，详见表 15-1。

表 15-1　课堂活动设计

教学步骤	详细教学过程	课程思政
5分钟 本章节 内容导入	【本章导入语】对绝大多数人而言，他们需要在某一组织工作并从中获得组织报酬，有关报酬和薪酬的话题可能是一个经久不衰的话题。员工往往将薪酬制度的设计以及实施与组织管理态度、管理目的和整个组织氛围的一种反馈。同时，薪酬制度也体现了组织与员工之间的一种交换关系、一种利益分配关系，所以薪酬制度成为组织最常用的激励手段之一。那么，我们在组织中获得的报酬都包括哪些？其中货币性薪酬是如何设计出来的？在设计过程中应遵循哪些原则？具体的设计方法与步骤包括哪些？学完这一章之后，相信同学们对此将也会有一个更加清晰的认识与理解。 【本节内容导入】 【教师提问】请同学头脑风暴一下，假设你们马上就要走上工作岗位，那么你们期望通过自己的劳动与付出，从组织中获得哪些东西？ 【学生活动】同学们通过头脑风暴，纷纷提出自己观点，教师将这些内容记录在黑板上。 【教师讲授】根据经验，通常同学提到较多的包括基本工资和绩效工资、年终奖金、福利待遇等这些货币性报酬（外在报酬）。因此，此时教师提出后续问题，鼓励并指引学生进一步思考： ● 除此以外还有没有别的方面？ ● 非金钱方面有什么期待吗？ 【教师总结】总结学生的回答以及对工作回报方面的一些期待。进一步提出问题，使学生带着疑问从后续讲授内容中获取答案。问题包括：大家知道这些类型的薪酬的内涵与目的是什么吗？一般组织中会有哪些薪酬体系？这些体系是如何设计出来的？本节作为薪酬与福利的导入概述节，将为大家界定组织报酬的定义及形式；区分报酬与薪酬的差异；薪酬的主要类型；薪酬制度的定义及主要类型。同时，在设计任何薪酬制度时，薪酬公平性至关重要。因此我们将基于公平理论探讨员工如何感知其薪酬公平，感受到不公待遇时或对薪酬不满意时会采取的行为，以及对组织的影响。并在此处引入本节第一个知识点：组织报酬与薪酬制度的界定。	作为开章第一节的内容，课程首先介绍薪酬制度的重要性，并通过问题引发学生思考以及对本章内容的期待。 通过头脑风暴的方式，激发更多思考。并引导学生思考自己在工作后对薪酬相关的理解。 根据学生讨论内容，引导学生聚焦本章知识点，利用疑惑和兴趣串联后续知识点。
10分钟 知识点 讲授	【知识讲授】组织报酬与薪酬制度的界定 【教师讲授】组织报酬的定义及形式。组织报酬（Organizational Rewards）指员工因被组织雇佣而获得的所有他们认为有价值的回报。内在报酬：是员工个人的内在心理感受，通常是由对特定活动和任务的参与带来的。外在报酬：是经济性报酬，可以用货币衡量的有形报酬，由组织直接控制和分配。 【板书展示】报酬的主要形式如下。	在引入案例前，学生应对基本理论知识有所了解，以便在案例分析中深化理解，提高学生利用理论知识分析实际案例的能力。

续表

教学步骤	详细教学过程	课程思政
10分钟知识点讲授	 | 内在报酬	外在报酬
---	---
成就感 非正式认可 工资满意度 个人成长 地位	正式认可 基本薪酬 奖金 员工福利 晋升 社会关系 工作条件 | 【教师活动】在板书过程中引导学生自行思考二者之间的关系。 【教师讲授】组织提供外在报酬的同时也向员工提供内在报酬；例如，如果员工获得加薪，他/她可能把加薪理解为工作出色的一种象征，也会从中感到一种成就感，就是一种内在报酬。 【教师提问】组织在给员工设计报酬的时候应如何将外在报酬与内在报酬考虑在内？从而引出全面报酬（Total Rewards）的概念。 【教师讲授】20世纪90年代以来，越来越多的国家开始重视并实施全面报酬，特指在雇佣关系中员工认为有价值的所有因素，包括薪酬、福利、工作和生活平衡、绩效与认可、职业发展机会五个方面，并将这些方面视为激励因素，有助于提升员工敬业度，以取得期望的绩效。 【教师讲授】薪酬制度的定义及形成。薪酬的概念，薪酬（Compensation）指员工因其工作而获得的所有外在报酬形式。进一步帮助学生梳理在工作中获得的外在报酬类型，总结如下： - 基本薪酬（Base Wage/Salary）：基本工资，是指员工因其工作从其所在组织获得的稳定的劳动收入，为员工提供基本的生活保障。 - 绩效薪酬（Incentive Pay，Pay for Performance）：基于员工绩效水平而支付的报酬，如绩效加薪、年终奖金、股票期权等；随着员工绩效高低而变动，具有较大的变动性和较强的激励作用。 - 员工福利（Employee Benefits）：指员工由于被组织雇佣及根据员工在组织中的职位而获得报酬，如五险一金、企业年金、补充医疗保险和带薪休假等。目的是提供特定的保障及提高员工的生活质量，给员工带来归属感。 【板书设计】总报酬包含的内容如下图所示。	思政要点：通过引入内在报酬的概念，向学生介绍内在报酬的重要性，涉及精神层面的满足。 介绍基本概念，并指出与后续课程的连续性。 强调职位薪酬制度在薪酬设计中的核心作用，需要充分体现公平公正。

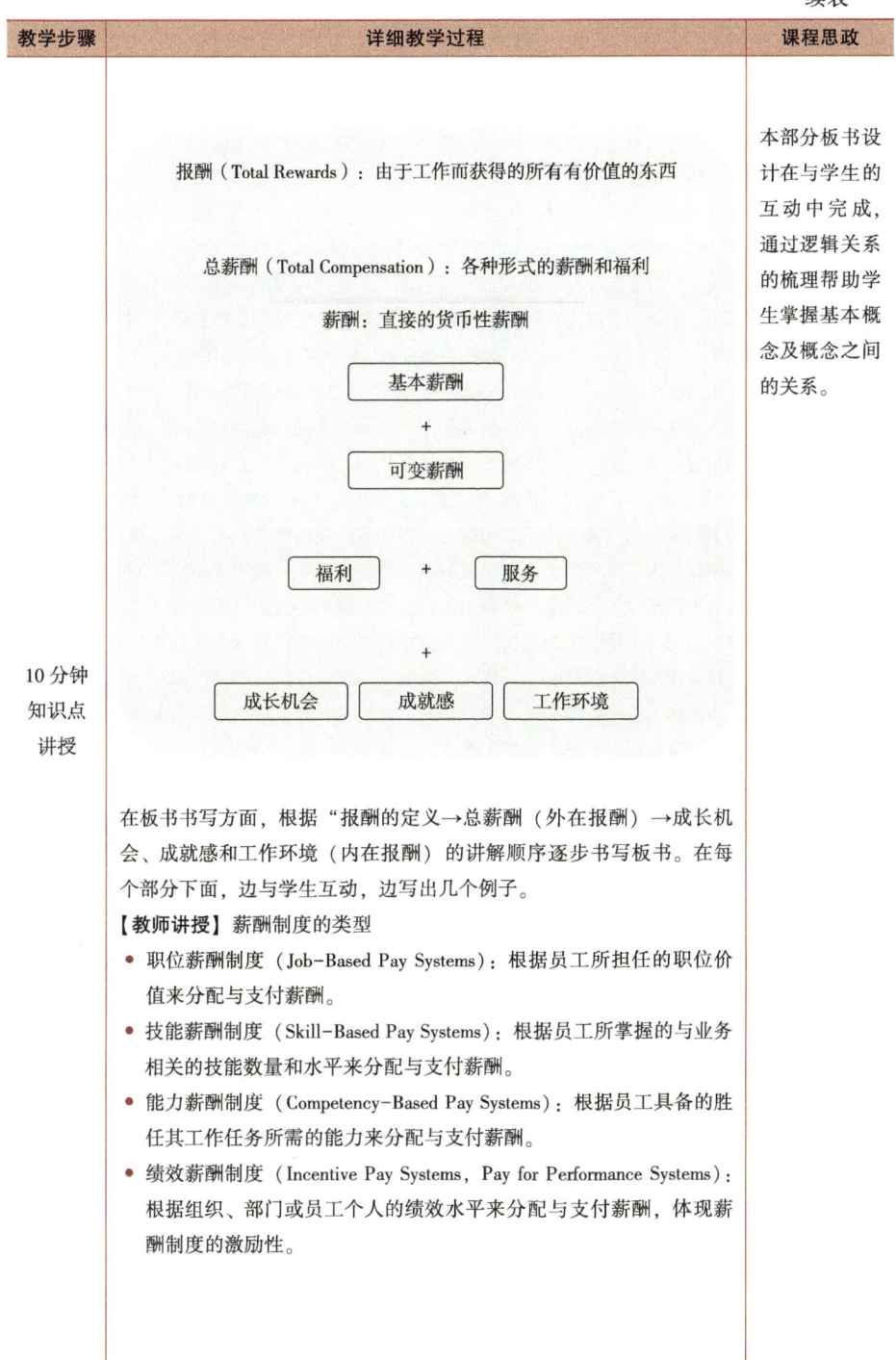

续表

教学步骤	详细教学过程	课程思政
10分钟知识点讲授	报酬（Total Rewards）：由于工作而获得的所有有价值的东西 总薪酬（Total Compensation）：各种形式的薪酬和福利 薪酬：直接的货币性薪酬 基本薪酬 + 可变薪酬 福利　+　服务 + 成长机会　成就感　工作环境 在板书书写方面，根据"报酬的定义→总薪酬（外在报酬）→成长机会、成就感和工作环境（内在报酬）"的讲解顺序逐步书写板书。在每个部分下面，边与学生互动，边写出几个例子。 【教师讲授】薪酬制度的类型 ● 职位薪酬制度（Job-Based Pay Systems）：根据员工所担任的职位价值来分配与支付薪酬。 ● 技能薪酬制度（Skill-Based Pay Systems）：根据员工所掌握的与业务相关的技能数量和水平来分配与支付薪酬。 ● 能力薪酬制度（Competency-Based Pay Systems）：根据员工具备的胜任其工作任务所需的能力来分配与支付薪酬。 ● 绩效薪酬制度（Incentive Pay Systems，Pay for Performance Systems）：根据组织、部门或员工个人的绩效水平来分配与支付薪酬，体现薪酬制度的激励性。	本部分板书设计在与学生的互动中完成，通过逻辑关系的梳理帮助学生掌握基本概念及概念之间的关系。

续表

教学步骤	详细教学过程	课程思政
5分钟 案例导入	【案例引入】案例在课前已向学生发放，鼓励学生进行自主阅读并尝试对案例问题进行分析。课上运用PPT的方式介绍课前已向学生发放的案例，引导学生思考并讨论第一个问题，案例中的薪酬制度的特点和思路是什么？ 【教师讲授】现有的薪酬体系采用老员工老办法，新员工新办法，的确有助于组织吸引和留存高水平技术人才的需求。但现有薪酬制度采用的是职位薪酬制度，因此从事同一岗位工作的新老员工产生了不同的薪酬水平，从而造成了"同工不同酬"的现象，引发了老员工的不满。所以在进行薪酬改革时，根据企业战略目标可以考虑采用技能薪酬、能力薪酬或绩效薪酬制度，突出按劳分配、效率优先的分配原则。技能薪酬制度有助于激励员工不断学习和提升技能，有利于企业培养多技能员工，提高灵活性和适应能力，便于企业内部人才调配和轮岗；能力薪酬鼓励员工发展个人潜力和能力，有助于企业构建高能力团队提升整体竞争力，有利于企业应对复杂多变的市场环境；绩效薪酬直接关联员工薪酬与工作成果，提高工作积极性，便于企业进行公平合理的薪酬分配。根据案例企业的特点，技能薪酬制度可以在满足企业招收高质量技术人才的战略目标同时，减少由于同岗位不同酬所带来的不公平感知，不论新老员工，均根据其技能水平付薪，鼓励老员工通过提升自身技能水平获取高薪待遇。 【知识点导入】引导学生思考第二个案例问题，为什么优厚的外在报酬不能留出人才？引出第二个知识点：薪酬公平的重要性。	思政要点：鼓励学生思考，为什么当下的职位薪酬制度阻碍了双轨薪酬制度的推行。围绕我国"建设技能型社会，弘扬工匠精神"的人才战略，分析为何职位薪酬不能很好地激励技术人才的发展，并探讨技能薪酬、能力薪酬与绩效薪酬在人才激励与培养上的优势。
10分钟 主体知识 讲授	【知识点讲授】薪酬公平的重要性 【教师讲授】公平理论，又称社会比较理论，由美国心理学家约翰·斯塔希·亚当斯（John Stacey Adams）于1965年提出。该理论是研究人的动机和知觉关系的一种激励理论，这一理论研究个人所作贡献与所得的报酬和他人（或自己）比较之后的结果及其对员工积极性的影响。认为员工的激励程度来源于对自己和参照对象的报酬和投入的比例的主观比较感觉。 也就是说每个人都会自觉不自觉地把自己获得的报酬和投入的比率与他们或自己过去的报酬和投入的比率进行比较： O代表报酬 I代表投入 p代表自己，o代表参照对象的其他人	通过案例引发学生思考，贯穿后面的理论知识讲授。

续表

教学步骤	详细教学过程	课程思政
10分钟 主体知识 讲授	【板书展示】比较公式如下图所示。 比较公式 员工自己　　　　　　　　　参照对象 个人报酬（Op）　　比较　　个人报酬（Oo） 个人投入（Ip）　　　　　　个人投入（Io） ＜ 不公平感，不合理，可能发泄不满，制造紧张人际关系 ＞ 报酬过高的不公平感，会通过心理暗示而重新评价 ＝ 认为是正常、理所当然的，心情舒畅，情绪稳定，工作积极 【教师讲授】比较的结果 情境一：Op/Ip＝Oo/Io：公平感，认为是正常的、理所应当的，心情舒畅，情绪稳定，工作积极。 情境二：Op/Ip＞Oo/Io：负疚感，产生报酬过高的不公平感，但不会持久。不久会通过心理暗示而重新评价，使得最终认为自己所得是公平合理的。 情境三：Op/Ip＜Oo/Io：吃亏感，产生报酬不足的不公平感，认为不合理，可能发泄不满，制造紧张的人际关系；或减少个人投入，消极怠工；或离开企业。 【教师提问】同学们，案例中的老员工是如何将他们的投入与报酬与参照对象进行比较的？比较的结果与老员工不满、新员工离职的原因有何联系？ 【教师讲授】以老王为例，他经过几年的努力（这是他的个人投入），获得了晋升与加薪（这是他所获得的报酬）。在与自己过去的报酬与投入比进行比较时，老王十分满意，认为自己的付出获得了认可，认为薪酬是公平的。 然而，在老王得知新入职的应届生将从事与他相同的职位，并获得与他目前薪酬水平一致的年薪时，老王的绩效公平感被破坏了。因为他将自己的报酬与投入比与新进员工的报酬比进行了比较，两者的报酬水平一致，但老王多付出了几年的努力，老王内心的天平发生了偏移，产生吃亏感。	讲解核心理论。 结合上述理论进行案例解读。

教学步骤	详细教学过程	课程思政
10 分钟 主体知识 讲授	此外，在老王将自己的报酬与行业平均水平进行比较的时候，发现自己的薪酬水平在行业的较低分位时，进一步加强了老王的薪酬不公平感觉。而目前组织内部的薪酬体系在新进员工和老员工方面出现了差异，使老王对组织薪酬体系设定产生怀疑。那么产生的后果可能是老王的薪酬及工作满意度下降，从而形成消极怠工的结果。由此可见公平对员工态度影响的作用非常大。从这个案例我们可以看到员工采用作为自己薪酬公平的参照标准，包括以下四个方面。 【板书设计】下面通过板书讲解员工感受绩效公平的参照对象。 个人公平　Op/Ip o：同组织内部其他员工　内部公平　薪酬公平　外部公平　o：其他组织类似工作员工 组织公平　组织内部薪酬制度是否公平 【教师讲授】老员工不满、新员工离职的原因。薪酬双轨制打破了公司内部的薪酬公平性。老员工的薪酬增长受限于公司自身经营状况及市场薪酬定位，其增长幅度低于市场增长水平。但校招的人才竞争导致新员工的市场薪酬定位和薪酬水平提高，这种情况下，校招新员工的薪酬高于公司老人，薪酬内部公平性被打破，形成薪酬倒挂，严重影响力老员工的满意度。同时，新员工的现金薪酬虽然能够满足外部公平，但是新员工无法看到自己的职业发展方向和机会，也缺乏个人能力提升与培养的资源。同时，薪酬倒挂引发了老员工的不满，在公司内部形成了冷漠甚至对立的关系状态，这种工作氛围也会加重新员工的不满意。综合各种因素导致了新员工的离职。	板书引入，结合案例指出薪酬公平感知的参照标准。 强调薪酬公平的重要性，加强学生对社会公平的认知。
10 分钟 主体知识 讲授	【知识点讲授】薪酬满意度决定因素模型 【教师提问】同学们可以结合案例请同学想一想，当你对薪酬满意时，你会做出哪些行为？以及对薪酬不满意时，你会做出哪些行为？ 【学生活动】学生进行讨论，并依次回答这两个问题。 【老师活动】在黑板上记录学生的主要观点。 【教师讲授】首先讲解什么是薪酬满意度（Pay Satisfaction）。薪酬满意度是指员工对其获得的薪酬所持的总体态度，可以表现为积极或消极的情感态度水平。那么哪些方面会影响形成满意度呢？	问题提出进行讨论，使学生具有代入感并激发学生思考。

续表

教学步骤	详细教学过程	课程思政
10分钟主体知识讲授	一开始薪酬满意度被看作是单一薪酬水平的满意度。后来有学者（Heneman & Schwab，1985）将薪酬满意度分为四个维度：分别是薪酬水平、福利、加薪、薪酬结构与管理。 【板书设计】下图为薪酬满意度决定因素模型。 技能、经验培训、努力年龄、资历教育、对公司忠诚过去的绩效、现在的绩效 → 个人工作投入感知 → 所参照的他人的投入与收入感知 层级、难度、工作时间、责任大小 → 工作特征感知 地位、保障 → 非货币收入感知 → 应得薪酬收入感知（a） 以往的薪酬状况、所参照他人的薪酬收入感知、实际薪酬收入 → 所得薪酬收入感知（b） a=b：薪酬满意 a>b：薪酬不满意 a<b：愧疚、不公平、不安 【教师讲授】从几个方面进行讲解。 （1）员工对其应得薪酬收入感知（a）与所得薪酬收入感知（b）进行比较。 a=b：薪酬满意 a>b：薪酬不满意 a<b：愧疚、不公平、不安 （2）还应考虑一些其他影响因素，包括： 个人工作投入感知：员工所感到的自己投入工作的工作经验、能力与技能、努力。 所参照的他人的投入与收入感知：所感到的其朋友或同事对工作的投入与所获得的薪酬收入。 工作特征感知：指员工所感到的自己工作的层级、难度、工作时间要求。 非货币收入感知：员工感到的可替代货币薪酬的非货币薪酬。 【板书设计】薪酬不满意的后果模型	思政要点：强调非货币收入感知，帮助学生树立正确的金钱观与物质观，重视个人长期发展为社会提供价值。

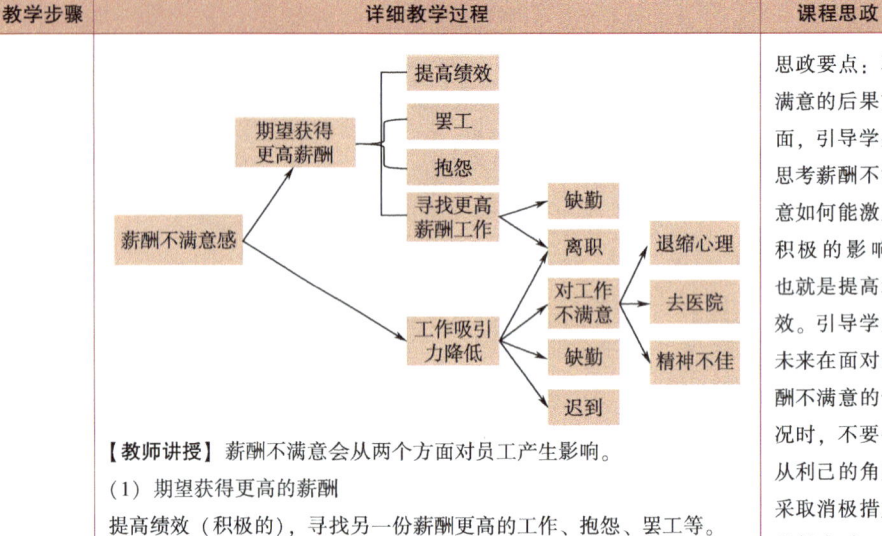

续表

教学步骤	详细教学过程	课程思政
10分钟 主体知识 讲授	（流程图：薪酬不满意感 → 期望获得更高薪酬 → 提高绩效 / 罢工 / 抱怨 / 寻找更高薪酬工作 → 缺勤 / 离职 → 退缩心理；薪酬不满意感 → 工作吸引力降低 → 对工作不满意 → 去医院 / 精神不佳；缺勤；迟到） 【教师讲授】薪酬不满意会从两个方面对员工产生影响。 （1）期望获得更高的薪酬 提高绩效（积极的），寻找另一份薪酬更高的工作、抱怨、罢工等。 （2）工作吸引力下降 缺勤、离职或对工作不满意等。 【教师提问】案例中薪酬双轨制的不良后果有哪些？ 【学生活动】鼓励学生提出自己的观点。 【教师讲授】薪酬双轨制会造成内部新老员工薪酬倒挂，薪酬的内部公平性被打破，影响优秀老员工的工作积极性，出现"出工不出活"或"磨洋工"等现象，甚至可能造成优秀员工的流失。内部的不公平，也会加剧新老员工的对立，在日常工作配合、内部关系等方面会产生一定的消极影响，加剧员工关系的紧张。若新员工没有及时成长以匹配岗位，没有应有的价值产出，公司薪酬的投入产出比小，则新员工的高薪酬会导致公司的人力成本的浪费。 薪酬双轨制引发了新老员工矛盾，深层次的原因可归结为同工不同酬，内部的公平性被打破。同一岗位，主要工作职责相同，则薪酬应该处于同一个区间范围。譬如案例中，同一个专业领域的工程师，老员工的薪酬差异不大，新员工遥遥领先的时候，老员工会考虑公司的薪酬分配是不合理的。 但同工同酬也不是绝对的平均主义的同工同酬。同一个岗位，职责相同，但技能水平及业绩产出不同，薪酬应该也有所差异，才能起到薪酬的激励作用。Y公司为科技企业，研发人才对于公司的发展至关重要，因此，薪酬体系应该起到激励技术水平高的人继续精进，牵引技术差的人不断提升。	思政要点：不满意的后果方面，引导学生思考薪酬不满意如何能激发积极的影响，也就是提高绩效。引导学生未来在面对薪酬不满意的情况时，不要仅从利己的角度采取消极措施进行应对，培养学生利他行为，通过积极改善自身技能与绩效，为组织与个人带来双重利益。 思政要点：强调我国分配公平原则，体现我国分配制度的优越性以及对企业的引导。强调同工同酬，绩优者多得，提升薪酬公平感知，构建和谐的员工关系，为社会培养更多人才，促进和谐社会的建设。

续表

教学步骤	详细教学过程	课程思政
5分钟 知识点 总结与 案例分析	【教师提问】结合本课所学的知识点，同学们认为研发技术员工薪酬应如何改善？ 【教师讲授】简要回顾本课的知识点，并引导学生利用所学知识对实际情况进行分析。薪酬战略的制定，是企业思考如何通过构建相应的薪酬体系、以完成所需人才队伍的组建及发展的基础。薪酬方案的有效实施，同时需要工作分析、能力和绩效评估、员工培训与开发等其他人力资源环节工作的支持，从而确保"人才识别"——"人才评估"——"人才培养"——"人才激励"的企业人才发展整个链条的顺利实现，才能实现薪酬方案所追求的人才激励的目标。 应重视全面薪酬在企业中的应用。目前企业需要引进的员工主力为新生代雇员，校招生更加关注除货币薪酬之外的内容，比如职业发展、职业机遇、绩效管理与认可奖励等。所以很多企业在薪酬设计时，需要综合考虑全面薪酬的各组成部分，组合设计发挥各部分的激励作用。结合公平理论，企业采取的措施可以包括：对于校招生和外招关键岗位的薪酬，与市场水平对标；老员工阶段性调薪，缩小差异；调整薪酬结构，激励多样化；调整为岗位技能工资制，结合任职资格体系，体现统一岗位不同技能的薪酬差异；长远措施：降本增效，提升整体薪酬水平；扎实地落实培训机制，协调培训资源，助力人才成长。	强化理论与实践的结合，提升学生分析实际情况的能力。
3分钟 课程思政 要点	【教师讲授】公平理论与我国传统思想。财富分配是人类社会发展各种最重要的环节之一，中国古人早就对财富分配的重要性有着深刻的认识，如："人之生不能无群，群而无分则争，争则乱，乱则穷矣"——《荀子·富国》；"不患贫而患不均"——《论语·季氏》；"分财不敢不均"——《墨子·尚同》。 这些认知都体现出分配公平的重要性，同时中国特色社会主义事业的伟大实践中也明确提出要在构建社会主义和谐社会中切实维护与实现社会公平与正义。 公平与正义是具体的，在不同领域其内涵不尽相同。比如与组织薪酬相关的经济领域中的公平正义指市场经济等价交换原则所体现的公平。分配与薪酬公平视角为管理者和员工提供了一种分析处理的方法，对组织管理具有较大的实践启示。 首先，管理者要引导员工形成正确的公平感。员工的社会比较或历史比较客观存在，并且这种比较往往是凭个人的主观感觉，因此，管理者要多作正确的引导，使员工形成正确的公平感，让他们了解经济报酬并不是个人价值体现的唯一途径。同时，培养员工爱岗敬业精神，培养员工忠于职守，克己奉公，服务人民，服务社会，充分体现社会主义职业精神。	思政要点： 中国传统思想与公平理论的连续。 分配公平在中国特色社会主义事业伟大实践中的重要性。 强调公平是相对的且具体的。

续表

教学步骤	详细教学过程	课程思政
3分钟 课程思政 要点	其次，组织管理者要平等地对待每一位员工，公正地处理每一件事情。避免因情感因素导致管理行为不公正。同时，也应注意，公平是相对的，是相对于比较对象的一种平衡，而不是平均。 最后，报酬的分配要有利于建立科学的激励机制。对职工报酬的分配要体现"多劳多得，质优多得，责重多得"的原则，坚持精神激励与物质激励相结合的办法。	组织在引导员工建立正确价值观并推进社会发展中的重要作用。
2分钟 总结本节 内容并 铺垫下节 内容	【教师讲授】同学们通过本节课的学习，相信已经对报酬类型、薪酬公平和薪酬满意度有了一定了解。也对课上的案例中的问题有了自己的答案。人们的工作动机，不仅受其所得报酬的绝对值影响，而且要受到报酬的相对值的影响。即每个人都把个人的报酬与贡献的比率同他人的比率作比较，如比率相等，则认为公平合理而感到满意，从而心情舒畅努力工作；否则就会感到不公平不合理而影响工作情绪。建立公平正义的薪酬体系，不仅对组织发展至关重要，同时对推动中国特色社会主义发展奠定了基础。对员工爱岗敬业精神的培养，应在分配公平的基础上，培育员工更加全面的价值观和自身价值体现，使员工深刻认识到除外在报酬外，内在报酬对个人成长和价值体现同样重要。那么我们的薪酬体系如何能够在公平的基础上兼顾效率，这就涉及到后面的内容。下节课我们开始讲职位薪酬，这是体现薪酬内部公平和组织公平的重要手段。	总结内容并对下节内容进行铺垫和引入。

(二) 课后作业及安排

1. 课后作业

请同学们以小组为单位，通过访谈自己身边的亲人或朋友，并深入讨论、检索相关文献和实践资料，了解不同类型职业与岗位的薪酬制度，选取某一职位对其薪酬制度进行分析，发掘其中有关薪酬公平的现状及问题，结合课程所学内容给出优化方案，并进一步将社会主义核心价值观与组织报酬公平联系起来完成研究报告。通过这一作业，鼓励学生进行相关案例资料的收集及讨论，对课堂案例进行延伸讨论，思考报酬公平与社会主义核心价值观的内涵联系。

2. 线上线下结合的课后活动

鼓励学生利用数字化平台，鼓励学生通过短视频、Vlog、图文结合 PPT

等方式分享自己收集到的相关案例信息或视频，鼓励学生在其他数字化平台上分享自己的作业和案例分析内容，扩大知识点及思政教育的影响力，实现课堂教学反哺社会的目的。

六、教学反思

在本节课程中，通过探讨薪酬制度与公平理论的相关知识，达到多个价值、知识和能力目标。在教学过程中，采取了包括课堂讲授、案例分析、学生讨论等教学方法促进学生的理解和思考。通过全面介绍公平理论的基本观点、发展历程以及在现代组织中的应用以及薪酬制度的设计原则、构成部分以及影响因素等关键内容，使学生能够理解公平理论对于员工激励、组织文化以及绩效管理的重要性，使其能够在薪酬制度的设计与实施中考虑到公平因素。通过案例分析、互通教学等方法深化学生对公平理论和薪酬制度的理解和实际应用能力。通过课后实践作业给予学生足够的自主权和指导，将理论与实际情况结合，使学生能够在实践中巩固和应用所学知识。

通过课后调查或面谈了解学生对课程的满意度、理解程度；通过课后实践作业报告评估学生对公平理论和薪酬制度的掌握程度；并以此对教学方法进行必要的调整。在未来的教学中可以根据学生反馈，考虑以下改进措施，以进一步提高教学效果。

（1）对教学内容进行必要调整，例如，增加或删除某些知识点，调整教学顺序等。

（2）针对教学中存在的问题和不足，改进教学方法和手段。例如，引入更多实际案例、增加互动环节、优化实践机会等。

（3）对课程内容及案例教学进行更新，持续关注公平理论和薪酬制度的最新研究成果和实践动态，不断更新教师的知识体系和教学内容。同时，积极参加相关培训和交流活动，提高教学水平和能力。通过以上教学反思，教师可以不断优化自己的教学方案，提高教学效果和学生的学习体验。同时，也有助于培养学生的批判性思维和创新能力，为他们未来的职业发展奠定坚实的基础。

第四篇

市场营销学课程思政设计与案例

第十六章　市场营销学课程思政案例教学体例

撰写人：陈立彬

一、课程基本信息

课程名称：市场营销学
课程性质：专业基础课
学分学时：3 学分，48 学时
开课专业：商科类，经济类

二、课程内容简介

市场营销学课程是商科专业中的重要基础课程，旨在系统性地介绍市场营销的理论框架、策略规划、执行技巧以及实践应用，同时紧密结合数字化转型和市场趋势进行前沿探索。通过本课程的学习，学生将掌握市场营销领域的核心概念、方法和工具，提升市场分析、策略制定和营销执行的能力，达成知识掌握、技能提升和综合素质培养的目标，具体目标如表 16-1 所示。

表 16-1　课程教学目标

目　标	内　　容
思政目标	【价：社会主义核心价值观模块】 【思：中国传统文化与品牌文化传播模块】 【德：道德法制与德育模块】 【行：中国优秀企业营销策划案例模块（优秀品牌文化与国家竞争力提升）】

续表

目标	内容
知识目标	(1) 理解市场营销的基本概念和原则 (2) 掌握市场分析与市场调研方法 (3) 掌握市场营销策略与产品规划
能力目标	(1) 培养学生分析现实市场营销问题的能力 (2) 培养学生针对市场策划的思辨性决策能力 (3) 培养学生营销过程中对大数据的处理能力
素质目标	(1) 培养学生的创新意识与创业精神 (2) 提升学生工商管理专业职业成熟度 (3) 培养学生的全球化视野与跨文化交流能力

课程讲授内容主要包括两大部分：第一部分围绕市场营销的模块化操作展开，涉及购买行为、营销环境、营销调研与数据挖掘、目标市场与营销定位、产品管理、价格管理以及渠道管理等，共设计了9讲；第二部分是结合营销管理最新前沿进展分专题展开，这部分内容每学年略作动态调整，共设计了6个专题，具体设计如表16-2所示。

表16-2 课程教学内容设计

编号		主题	数字化转型教学内容
模块化操作部分	第一讲	管理过程与营销哲学	营销管理导论
	第二讲	购买者行为研究	数字化市场分析与消费者洞察
	第三讲	营销信息系统与营销环境	市场趋势分析、竞争情报与环境影响
	第四讲	营销调研与数据挖掘	数据收集、模型建立与市场预测
	第五讲	营销与企业战略	市场竞争分析、战略规划与执行
	第六讲	目标市场、市场细分与市场定位	市场需求分析与差异化定位策略
	第七讲	产品管理	产品开发、生命周期管理与市场推广
	第八讲	价格管理	竞争定价、定价策略调整与优化
	第九讲	渠道管理	渠道设计与渠道绩效评估
	第十讲	促销管理	促销策略制定、促销效果评估与监控

续表

编　号		主　题	数字化转型教学内容
前沿进展部分	专题一	新兴市场与国际市场拓展策略	
	专题二	绿色营销与可持续发展战略	
	专题三	数据驱动的营销决策与分析	
	专题四	个性化营销与客户关系管理（CRM）	
	专题五	消费者体验管理与品牌共创	
	专题六	社会化媒体营销与用户生成内容（UGC）	

三、课程教学手段

在市场营销学课程教学中，我们将采用多样化的教学手段，以确保学生全面深入地理解理论知识，并能够灵活运用于实践场景中。通过多媒体教学技术，直观展示市场营销理论和案例，激发学生的学习兴趣和参与度，培养学生解决问题的能力和团队合作意识。此外，我们还将结合新媒体教学手段和技术，包括BB平台延展教学、商业平台实训对抗，为学生提供更加便捷、丰富的学习体验。通过综合运用这些教学手段，我们旨在培养学生全面发展的市场营销素养，为其未来的职业发展奠定坚实基础。

四、课程参考资料

主教材：张永、刘文纲等编著：《营销管理教程》，清华大学出版社，2019年版。

辅教材：岳俊芳、吕一林编著：《市场营销学（第5版）》，中国人民大学出版社，2019年版。

吴健安、聂元昆主编：《市场营销学（第七版）》，高等教育出版社，2022年版。

菲利普·科特勒等著：《市场营销：原理与实践》（第17版），中国人民大学出版社，2020年版。

推荐阅读期刊：

学术类：《管理世界》《心理学报》《南开管理评论》《管理学报》《经济管理》《中国人力资源开发》

实践类：《清华管理评论》《企业管理》《品牌管理》

外文类：Journal of Marketing, Journal of Marketing Research, Journal of Consumer Research, Marketing Science, Journal of the Academy of Marketing Science, Journal of Consumer Psychology, Journal of Advertising

五、课程前后联系

先修课程：管理学、商业伦理与企业社会责任

后续课程：市场调研与数据挖掘、零售管理、消费者行为学、销售与客户关系管理、网络营销、服务营销、企业营销案例分析、创意思维与营销策划、数字营销决策模拟、品牌管理、新产品设计与营销、国际市场营销

六、课程评价手段

本课程评价由过程评估（30%）和结果评估（70%）两部分组成，如表16-3所示。

过程评估包括：出勤情况、延续性教学完成情况以及小组集体展示情况。

结果评估以闭卷考试的方式进行，根据学校期末考试命题要求及教学大纲要求，由本课程组教师根据题库命题，并进行集体阅卷。

表 16-3 课程评价体系

评价形式	评价维度		
	评价项目	评价指标	评价方式
过程评价	课前 线上学习进入	观看量 下载率	线上记录
			线上\线下考勤
	课中 线上\线下到课情况	出勤率	追踪调查
	课中 学生实践过程	学习参与度 心流体验 满意度 持续学习意愿	线上\线下考核

续表

评价形式		评价维度		
		评价项目	评价指标	评价方式
过程评价	课中	学习效果检测	阶段测试成绩 汇报展示分数	线上\线下考核
	课后	知识巩固训练	课后作业成绩	线上\线下考核
		知识拓展训练	拓展延学成绩	
结果评价	客观评价	学科成绩	期末成绩	考试
	主观评价	教师评价	教学质量	线上\线下评价
		学生评价		
		督导评价		

七、课程思政体系融入

立足数字化市场营销学的课程大纲和教学目标具体分解，构建了四位一体的思政融入体系，具体融入要点如表16-4所示。

【价：社会主义核心价值观模块】、【思：中国传统文化与管理思想史模块】、【德：道德法制与德育模块】、【行：中国优秀企业案例模块（优秀企业文化与国家竞争力）】

表16-4 课程思政融入教学设计安排

序号	章节	思政元素	手段
1	管理过程与营销哲学	（1）中国企业社会责任与公益导向 （2）中国企业诚信与长期品牌建设 （3）推动企业跨国经营和文化融合	【思】 【行】 【德】
2	购买者行为研究	（1）了解消费者权益保护的重要性 （2）培养正确的消费主张和社会责任意识 （3）引导学生尊重不同文化背景下的消费者行为	【德】 【价】 【行】
3	营销信息系统与营销环境	（1）提高学生信息获取能力和促进批判思维能力 （2）引导学生关注资源浪费对环境的影响 （3）企业在经济效益和社会效益的平衡发展	【思】 【行】

续表

序号	章节	思政元素	手段
4	营销调研与数据挖掘	（1）引导学生树立科学精神和客观分析能力 （2）要求企业合法合规地使用消费者数据 （3）培养学生正确的信息伦理和社会责任感	【思】 【德】 【行】
5	营销与企业战略	（1）让学生了解创新对营销和企业战略的重要性 （2）打造营销能力对我国企业国际化的重要性 （3）培养学生的战略思维能力	【价】 【德】
6	目标市场、市场细分与市场定位	（1）市场细分应当尊重消费者真正的权益和需求 （2）企业不应利用信息不对称损害消费者利益 （3）市场分析要基于科学的调查研究和数据分析	【思】 【行】 【德】
7	产品管理	（1）引导学生认识到诚信经营对品牌建设的重要性 （2）推动企业实现绿色生产和循环利用的意义 （3）企业产品管理对消费者健康和安全的影响	【价】 【德】 【行】
8	价格管理	（1）企业应当避免价格操纵和不当定价 （2）引导学生正确认识质量和价格之间的关系 （3）合理的定价策略才能实现企业长期效益	【德】 【价】 【行】
9	渠道管理	（1）企业在渠道管理中注重社会效益和公益导向 （2）让学生认识到渠道垄断对于产业的负面影响 （3）企业如何正确处理渠道的横向与纵向冲突	【价】 【行】
10	促销管理	（1）消费者如何避免盲目跟风和进行合理消费 （2）企业在促销管理中树立诚信经营理念 （3）促销应充分考虑消费者文化习惯和价值观念	【思】 【价】 【行】

第十七章　互惠共赢　构建"全球健康生态圈"
——伊利并购新西兰 Westland 乳业

撰写人：张景云[①]　马　珂

一、样例章节教学内容

（一）本章教学目标

依据本课程的要求和学生现有知识的基础，确定章节的教学目标。

价值目标：通过该案例的学习，培养具有政治站位和大局意识的人才，把握正确的政治方向和价值取向，能够用正确的人生观、价值观、世界观进行公关问题的处理，提升心理、人文素养。

知识目标：学生通过此案例的学习，掌握公共关系理论的核心理念和运作方法并灵活运用于各种公关事件处理中，培养学生的公关思维和公关意识；掌握各类公众的性质，并善于应用现代公共关系理念处理与各类公众的关系，有助于贯彻创新、协调、绿色、开放、共享的"新发展理念"；掌握公共关系四步工作法，善于通过数据挖掘的方法进行舆情监测，并设法改善组织的舆情环境。

能力目标：能够善于开展公共关系策划，锻炼实际动手能力，为塑造中国品牌形象、讲好中国故事提供人才支撑。

（二）教学重点难点

该案例为《公共关系学》第五章公众分析、第六章公共关系传播策略、

[①] 该案例为北京工商大学教育教学改革研究重点项目"思政融入案例教学全过程的路径及其应用"（No. jg235106）研究成果。

第八章公共关系专题活动的内容。内容设计为 1 课时（50 分钟）。

在整个课时的设计中，将按照"案例导入—案例解说—小组讨论—案例总结—课后作业"的逻辑顺序进行。

教学重点：

（1）重点学习双向对称公关新模式，掌握"双向"和"对称"的具体含义。

（2）在讲解伊利并购 Westland 的过程时，对学生进行思政教育，引导学生思考如何正确处理利益相关者关系。

教学难点：

（1）理解双向对称公关模式的理论要点。

（2）理解伊利构建"全球健康生态圈"的理念及在这一理念指导下完成跨国并购，并且结合案例理解伊利落实"一带一路"倡议这一思政要点。

对重点难点的处理：

对于教学重点，要求学生比较双向对称公关新模式与先前公关模式的不同，让学生思考并讨论"双向"和"对称"在本案例中的体现。

而对于难点问题，第一，要求学生深入理解双向对称公关模式理论要点，从数据库、媒体报道中收集跨国并购中其他案例的同类问题的处理方法，并对伊利这一案例的处理方法进行评析和补充。第二，分析伊利打造全球产业链的发展过程，探讨其对伊利国际化发展的影响，鼓励学生收集其他乳品企业有关产业链资料并进行对比分析。

二、课程思政元素挖掘

结合课程内容以及教学目标，基于公共关系相关知识点的思政设计，进行了知识模块扩展，增加了理论知识的深度与广度，从而形成了一个良好的思政资源。具体而言，该案例可以帮助我们进行以下具体的思政内容建设。

（一）"一带一路"倡议

近年来，随着"走出去"战略，尤其是"一带一路"倡议的稳步推进，我国企业开展跨国并购活动势头强劲，成为国际并购市场不可忽视的重要力量。践行"一带一路"倡议，开展跨国并购，一是有利于实现企业在全球范围内资源优化配置，达到技术、融资、管理和营销渠道的共享，大幅提升国际竞争力；二是能够绕开贸易保护壁垒，直接进入全球价值链的中高端，开拓更广阔的发展空间；三是借助市场的双向传导作用，实现境内、境外企业的深度融合，拓展新的盈利模式。

（二）"双循环"经济

在这种背景下，中国乳企参与跨国并购既潜伏着新风险，也蕴含着新机遇。中国企业应主动参与国际分工与合作，借助两个市场、两种资源，创新并购模式，努力打造具有强大创新能力和国际竞争力的跨国公司。

（三）人类命运共同体

伊利构建"全球健康生态圈"，实现共享共赢，不仅影响企业自身发展，造福人民福祉、满足人民向往美好生活的愿望，还影响了中新两国的长远发展，以创新引领之势，朝着构建人类命运共同体的方向迈进。通过挖掘跨国并购所蕴含的思政元素，引导学生深入了解国家的重大方略，助力学生成为拥有文化自信和开放眼光的新时代担当青年。

三、课程思政案例设计

（一）课程思政理念和内涵

课程思政的本质是立德树人，在传授课程知识的基础上引导学生将所学知识和技能转化为内在德性和素养，注重将学生个人发展与社会发展、国家发展结合起来，激发其为国家学习、为民族学习的热情和动力，帮助其在创造社会价值过程中明确自身价值和社会定位。

课程思政不是简单的"课程"加"思政"，而是有机融合、相互促进、协调发展，应当是由近及远、由表及里、引人入胜地引导学生理解社会制度的历史性变革和国家取得的历史性成就，在扎实的文献研究和社会调查基础上，把家国情怀自然渗入课程方方面面，达到润物无声的效果，实现显性教育与隐性教育的有机结合。

教师应当具有正确的政治立场和坚定的政治意识，应把"为了每一个学生的终身发展"作为核心理念；在知识传授中注重主流价值观引领，注重专业教材和课程内容的时代性，深度挖掘专业课程中蕴含的思政元素，坚守教书育人的岗位初心，主动承担起培养社会主义建设者和接班人的时代重任。

（二）思政素材的选取

在思政素材选取上，根据该课程的知识结构及技能训练内容，选取相关的思政题材对学生进行思想政治熏陶和教育，精心设计了"一带一路"、双循环经济、人类命运共同体等思政育人维度，根据相关性和逻辑性原则，确保课程思政的价值性和时代性。

在跨国并购浪潮和"一带一路"倡议的引领下，我国乳品企业伊利不断拓展海外业务，在国际化方面取得较大进展。在并购新西兰第二大乳业合作社 Westland 的过程中，伊利通过采取双向沟通，并与奶农签订十年供奶协议等互惠措施，最终达成了收购，为构建"全球健康生态圈"奠定了坚实基础。

面对世界经济的复杂形势和全球性问题，中国坚持在追求本国利益时兼顾他国合理关切，在谋求本国发展中促进各国共同发展，明晰全球合作的必要性与责任，构建和谐的人类命运共同体关系。

积极参与国际分工与国际经济大循环，通过产业不断升级提高在全球价值链中的位置，利用我国具有全球最完整、规模最大的工业体系、强大的生产能力、完善的配套能力，以及回旋空间大的特点，推动形成国内国际"双循环"，更好联通国内市场和国际市场，更好利用国际国内两个市场、两种资源，培育新形势下我国参与国际合作和竞争新优势，为我国经济发展增添新动力，逐步成长为"世界工厂"。

通过该案例的学习，学生可以了解跨国并购的程序和关键环节，收购海外乳品企业对构建全球产业链的作用以及跨国并购中主要利益相关方（公众）关系协调与处理等。让学生感受到国企实力的不断壮大，增强民族自豪感和自信心，鼓励学生要有长远的发展眼光和应对困难的勇气和智慧，积极探索和创新，体现公共关系学课程思政价值。

互惠共赢　构建"全球健康生态圈"
——伊利并购新西兰 Westland 乳业[①]

案例内容

一、背景信息

经过多年的积累，我国乳制品生产企业在牧场管理模式、奶源保障、自主创新、品牌塑造、产品架构、国际化等诸多方面取得了长足的进步，但在

---

① 本案例由北京工商大学张景云、王倩，内蒙古伊利实业股份有限公司薛建东、刘鹏撰写，被收录于中国管理案例共享中心案例库（2021）。这里进行了必要的修改。

产业布局、产品供需等方面还存在着一定的差距。我国乳制品行业存在着大而不全，产业布局不合理，产品供需不够平衡的问题。随着国内消费者生活质量水平的提高，对乳制品质量要求也越来越高。全球优质乳业资源主要分布在南北纬40°~50°的"黄金奶源带"，包括中国北部、美国、澳大利亚、新西兰以及欧洲一些国家或地区。这些国家或地区不仅生态环境优越，牧草长绿，奶牛品种优良，而且拥有先进的规模化养殖管理技术，可以与我国乳业实现优势互补。海外乳业总体上供大于求，大量的牛奶被加工成奶酪、奶粉和黄油等供日常消费、储存和出口，有些海外乳品企业在积极寻找海外市场的同时，也在寻求收并购机会进行资源重组。

（一）伊利及其国际化概况

1956年，呼和浩特市回民区养牛合作小组成立，为伊利的前身。1993年，股份制改组，成立内蒙古伊利实业集团股份有限公司（简称伊利集团或伊利）。1996年，伊利股份挂牌上市，成为中国乳品行业首家A股上市公司。伊利集团下设液态奶、酸奶、奶粉、冷饮、奶酪五大事业部，拥有超过4个年销售额过百亿元的品牌，另外还有超过10个年销售额过十亿元的品牌。伊利除了在国内拥有内蒙古、西北和东北三大黄金奶源基地外，还积极整合海内外资源，实现全球化配置的规模效益。早在2006年，伊利集团就将国际化视为伊利企业发展的重要战略。

2014年，伊利与美国、意大利乳业巨头达成战略合作，吸纳全球优质奶源。2014年，伊利与SGS（瑞士通用公证行）、LRQA（英国劳氏质量认证有限公司）和Intertek（英国天祥集团）达成战略合作，升级伊利全球质量安全管理体系，提升伊利食品质量安全风险控制的能力。

在"全球织网"的战略下，伊利已经实现在亚洲、欧洲、美洲、大洋洲等乳业发达地区积极构建全球资源体系、全球创新体系、全球市场体系。

在全球资源体系建设方面，2013年，伊利投资30亿人民币在新西兰建设大洋洲生产基地。2014年，生产基地一期正式投产。2017年大洋洲乳业生产基地二期揭牌。

全球创新体系建设方面，伊利着力打造"全球智慧链"。2014年，伊利联手荷兰瓦赫宁根大学建立了伊利欧洲研发中心。同年，伊利就与新西兰林肯大学达成了战略合作协议，成立大洋洲创新中心。2015年，伊利联合美国一流大学、科研机构主导实施了中美智慧谷。2018年，伊利欧洲研发中心升级为伊利欧洲创新中心。

在全球市场体系建设方面，如果说伊利国际化战略早期是通过并购国外优质奶源、引入全球创新技术来提升国内市场话语权的话,近年来,随着"一带一路"倡议的实施,伊利开始将眼光投向更广阔的全球市场。这就需要更强大的奶源供应、渠道铺设和品牌运营实力。

(二) Westland 概况

新西兰威士兰乳业合作社(Westland Co-Operative Dairy Company Limited,简称"Westland")是仅次于恒天然的新西兰第二大乳业合作社,位于新西兰南岛。新西兰南岛西海岸霍基蒂卡地区的乳品经营已经有 150 多年的历史。早在 1868 年,Westland 的前身 Hokitika United Dairy Company 就已经成立。19 世纪末 20 世纪初,西海岸陆续成立了很多乳业合作社。1937 年,Westland 由数家当地乳业合作社正式合并而成。

Westland 掌握了新西兰全国年总收奶量的 3.5%,拥有广泛的产品线,包括奶粉、营养乳基粉、乳蛋白、大宗及零售黄油、乳铁蛋白、UHT 牛奶、奶酪、牛初乳等。Westland 旗下两座工厂分别位于新西兰南岛的罗尔斯顿和霍基蒂卡。罗尔斯顿工厂由两条液态奶生产线、一座 RO 车间组成。霍基蒂卡工厂由 5 座干燥塔和奶油及黄油车间组成。

80 多年来,Westland 一直保持着独立的合作社企业的身份,向持股奶农收集奶源,是当地最大雇主。这些世代家族式经营的奶农是其核心优势的来源。公司所生产的约 85% 的乳制品出口至全世界 20 多个国家,对当地 GDP 贡献率高达 14.35%。

Westland 能够穿越百年,得益于南岛优良的自然资源禀赋,合作社的"抱团取暖"优势,以及当地奶农对于乳品事业的坚守。但近年来,合作社模式的弊病开始凸显,奶农既是供应商又是公司股东,奶农希望合作社提高收奶价格,但高奶价挤压了利润空间,让股东的收益受到损害。企业财务状况不佳又使企业无法扩大规模,无法为奶农保证满意的收购价格,最终影响了合作社的长期发展。尽管 Westland 一直谋求改变现状,但收效并不明显。

同时,近年来全球乳业市场竞争激烈,产业链加速整合,集约化趋势不断深入,Westland 还存在着生产效率亟待提高、规模效益不突出等问题。这让这家对当地 GDP 有主要贡献的乳业"老字号"陷入困局。为了摆脱经营困境,维护奶农股东的长远利益,Westland 股东开始断臂求生,在全球寻找合适的买家。

二、跨国收购过程

(一) 前期项目铺垫

伊利在新西兰并非首次进入,2013 年起,伊利就开始投资建设大洋洲生产基地,经过多年运营,受到新西兰社区民众、政府、行业协会等各界的好评。

伊利最初去新西兰考察合作项目,向当地官员介绍伊利现有的技术标准和管理时,对方半信半疑。面对对方这种怀疑的态度,伊利并未止步,而是请新西兰的官员和专家到内蒙古考察,带他们参观伊利的现代化牧场和智能工厂,为对方的专家解释伊利的质量管理体系中1000多个检验项目。参观结束后,这些新西兰来访者成了伊利大洋洲项目的坚定支持者。

伊利起初在新西兰怀马特市建厂时,当地人士非常戒备和疑虑,怀疑伊利是来攫取资源的。刚开始只有很少几个农场主与伊利签订了供奶协议。伊利与当地奶农利益共享、风险共担,本着"鱼""水"关系的理念,制定了提前预付、最低收奶保护价等一系列优惠政策。于是,伊利逐渐在当地打造了良好的口碑。

为了取得毛利人的支持,伊利曾多次拜访毛利部落的长老,得知了毛利人抗拒外来投资,是因为几年前曾有外国商人来这里投资,但最后不仅没有履行诺言,还破坏了自然环境。伊利承诺保护当地环境,解决当地人就业,尊重当地文化。经过好几个月不停地走访,伊利竭力表达诚意,最终打动了他们,大洋洲生产基地正式开工。

(二)并购过程中的沟通与协调

2018年8月,澳大利亚和新西兰市场出售Lion、Greenfiled、Westland三个标的。11月,伊利集团决策委员会召开会议,对三个标的进行全面评估,结合自身战略、业务契合度,最终锁定收购Westland。

2018年10月,Westland开放第一阶段数据库,伊利开始进行基本面背调了解。11月27日,伊利进行第一轮非约束性报价。12月,伊利团队赴新西兰参加管理层会议,听取对方管理层介绍,通过现场提问进一步了解Westland具体情况。同时,各团队通过数据库进行书面尽职调查,包括法务、财务、采供销合同、设备清单、环保报告、人力等内容。在第二轮约束性报价阶段,来自加拿大、中国及澳大利亚等国家的多家公司与伊利共同竞争。12月,Westland开放第二轮数据库、财务报告等信息。伊利管理层和财务、法务等相关部门人员来到新西兰对Westland进行全面调查。Westland管理层、法务、财务等针对收购的核心问题进行现场解答。

调查过程中,由于Westland历史悠久,需要调查的资料繁多,财务、法务、业务等团队分别查看各自领域的资料,定期开会讨论,齐心协力完成报价。报价工作涉及到股权交易文件、保险协议,与当地奶农的"十年收奶协议"等方面。

自2019年1月开始，双方针对股权协议、供奶协议进行多轮商务谈判。3月，伊利团队赴新西兰进行最后条款的现场谈判。3月18日，伊利集团发布公告宣布，正式收购新西兰乳业合作社100%股权。签约仪式上，伊利全资子公司香港金港商贸控股有限公司代表与Westland前董事长Pete Morrison签署战略合作协议，标示着双方正式携手，伊利收购Westland取得实质性进展。这是伊利继2014年投资30亿元人民币在新西兰建设生产基地及2017年生产基地二期揭牌后，在大洋洲的又一重大新成果。3月19日，伊利向新西兰海外投资办公室提交OIO审批材料。

Westland当地429位奶农股东为了保障牛奶未来的收益，提出需要签署一份长期供奶协议。经过多轮商谈，2018年3月18日，双方签署了"十年供奶协议"。协议规定，以具有市场竞争力的市场价格为基准，奶农可依据自身选择决定是否买卖牛奶。双方成立奶农委员会，更好地促进信息沟通互惠互利。由于乳业具有周期性波动的特点，伊利基于集团未来发展战略，做出了一般乳企不敢给出的"十年承诺"，表达了伊利集团对此次收购的决心及Westland乳业成功发展的信心，也向当地奶农体现了合作诚意。奶源出售的自主选择权也给了当地奶农更多的安心。

为了做好与公众的沟通，伊利根据收购的进展，聘请了新西兰当地一家公共关系咨询公司代理相关事务。项目完成签约后，迅速启动针对新西兰政要、Westland奶农股东及员工的沟通工作，向这些利益相关方介绍更多伊利集团的背景信息。伊利管理层代表实地走访Westland牧场，与奶农交谈，并邀请部分奶农代表前往大洋洲乳业有限公司参观交流，用大洋洲乳业6年运营的成功案例来化解奶农们的疑虑，获得他们的信任。同时，邀请Westland的管理层团队来到伊利集团总部进行为期一周的走访，参观伊利的工厂、牧场和办公环境，深度了解伊利的文化。

2019年6月，伊利参与了Westland奶农磋商路演。第一轮路演，Westland董事会主席代表向股东传达董事会决议，同意伊利作为收购方。第二轮路演，伊利管理层向Westland的股东们展示了自身良好的企业形象和带领Westland走向更强大未来的企业实力，赢得当地认可。在路演中，有一个细节回想起来令人忍俊不禁：当项目团队参观当地奶农们的牧场时，孙总刚下车，看到一名80岁的老奶农，他就主动走上前握手。这位奶农刚处理过牛粪，还没来得及清理。孙总说："80多岁还在干活，他们值得我们尊重！"也许就是这个"握粪手"的动作拉近了彼此间的心理距离。

7月4日，Westland召开股东大会，商议是否要与伊利完成并购。7月中旬，Westland召开股东大会进行投票，近96%的奶农股东参与了对伊利收购要约的投票，其中93.79%的股东将赞成票投给了伊利。当时西海岸奶农表示，选择投赞成票的原因是亲眼看到这家中国公司几年来在坎特博雷地区对大洋洲乳业有限公司的成功运营，这使他们对中国公司充满信心。

战略收购协议签署后还需要经过新西兰海外投资办公室的严格审批，即OIO审批。在集团董事长潘刚的支持下，伊利的董事会办公室、综合管理部、战略管理部、人力资源部、企业事务部、法务部、财务部等联动协同，在两周内完成了OIO审批资料的准备工作，伊利每一位董事还提交了确认无犯罪记录等内容。

2019年7月18日，收购案获得新西兰海外投资办公室和新西兰高等法院审批通过。7月25日通过法院判决之后，双方开始确认交割事项，Link（类似中国的上海/深圳证券交易所）测算出7月25日当天下午17：00（新西兰时间）为止的Westland股票，伊利准备并购款入账新西兰Link账号。8月1日上午8：00（新西兰时间），Westland和伊利分别确认无其他事项，Link将款项转入Westland账户，股权转入伊利名下。最终，伊利以每股3.41新西兰元，股权总对价为2.4377亿新西兰元完成了交割。

（三）交割仪式及新闻发布

2019年8月1日，新西兰奥克兰博物馆。

这一天，在普通新西兰民众眼里，是隆冬里普通的一天；在国内，这天不仅是八一建军节，还具有更加特殊的意义。会议的隆重气氛，嘉宾出席的阵容彰显了这一事件的不平凡之处——伊利收购Westland 100%股权交割仪式在这里举行。中国驻新西兰大使馆经济商务参赞黄岳峰、新西兰贸易发展局代表Mike Arand、新中贸易协会执行董事Jeff Shepherd、伊利集团高级总裁张剑秋、伊利集团助理总裁孙东宏、Westland前董事长Pete Morrison等应邀上台，携手触摸大屏幕，"让世界共享健康"几个大字被点亮，标志着收购圆满完成。

在交割仪式上，Westland前董事长Pete及中国驻新西兰大使馆经济商务参赞黄岳峰致辞。针对新西兰各界广泛关注的整合收购、奶农利益保障、环保等问题，伊利集团高级总裁张剑秋接受了新西兰媒体记者的专访，向公众传播了加快国际化发展步伐的坚定声音，以及项目给各方带来的互利共赢价值。交割仪式上，伊利充分考虑融合两国文化背景，特别举办了具有当地特色的毛利人歌舞和伊利所在地内蒙古的民族特色舞蹈——内蒙古顶碗舞以及视频互动交割仪式，展示了伊利国际化形象及多元文化融合管理的理念。

发布会后，伊利立即启动全球传播，实现了中文、英文、泰语、印度等全球多种语言的快速发布，通过第一时间主动发布信息，向各方及时准确地披露项目进展，同时，预判梳理与应对声明预案，避免谣言及不准确信息的扩散。

三、传播效果

（一）被并购方反馈

Westland 前董事长 Pete Morrison 在交割仪式致辞中说："伊利的收购，对 Westland 来说是一个重要的里程碑，开启了西海岸乳业的新时代。伊利为我们的农民及其家庭提供了信心、安全感和有竞争力的支出。我相信，这将为该地区今后的乳业提供一个强大的平台。重要的是，在这一过程中，我们所有的奶农都得到了平等的回报，今后也会得到同样的回报。"

（二）政府反馈

中国驻新西兰大使馆经济商务参赞黄岳峰说："这是我担任商务参赞一年半以来，中国和新西兰之间的第一个大型合作项目。再次证明，中新两国始终坚持开拓进取的眼光和精神。这也给正在寻求新西兰合作机会的中国投资者带来了极大的信心。我们今天作出的选择不仅会影响到我们自身的发展，还会影响到我们两国关系的长远发展和人民的福祉。"2021年，牧恩黄油在新西兰斩获重磅殊荣——"金牌黄油冠军"。这是伊利牧恩黄油连续三次荣膺此项殊荣，代表着黄油市场以及行业对该品牌品质的肯定。

（三）媒体传播效果

本次并购得到了中、新两国乃至全球媒体的关注。新华社、中央电视台、人民网、内蒙古电视台、《新京报》等中国媒体和《新西兰先驱报》（The New Zealand Herald）、《农村新闻》（Rural News）、《全国商业评论》（The National Business Review）、《天维网》（Skykiwi）等新西兰主流媒体参会并给予报道。新华社以《伊利收购新西兰第二大乳业合作社"乳业丝路"再续华章》为题进行了多语种的报道。新西兰最大综合新闻媒体《新西兰先驱报》与最大农业媒体《农村新闻》对活动进行了专访并发布多篇正面报道，为本次项目收购营造了良好的舆论环境。

（四）并购整合效果

收购完成后，伊利将 Westland 全面纳入伊利的全球资源体系、全球创新体系和全球市场体系之中，为其提供了全球范围内的资源、市场、技术、资金等方面全方位的支持。伊利带来的经济增长对西海岸奶农产生了巨大的积极影响，提振了新西兰对西海岸乳业发展的信心，获得了合作伙伴的广泛认同。

2020年，收购后运营满第一年，伊利保留和尊重西海岸年度路演的传统，将奶农股东路演换成奶农路演，旨在维系和加深公司与西海岸奶农的情感联系，同时与奶农们进行信息互通共享，指导奶农了解国际市场乳制品趋势，与西海岸社区共同讨论和探索未来发展。

新西兰西海岸的奶农在中国公司的运营下能够获得一次性奶价支付，牧场支出也很合理。这促进了西海岸地区行业的发展，也引起了奶农广泛的情绪共鸣。新西兰西海岸卡拉米牧场是伊利 Westland 乳业的奶源供应商之一。随着合作的深入，奶农现金流状况得到明显改善，债务减少，并有能力投入更多资金用于升级基础设施建设。卡拉米牧场的奶农说"西海岸奶农们的财务状况变好了，现金流使我们可以重新再次享受农业生活。总的来说，奶农们现在非常开心！"

2021 年 3 月，伊利启动 Goldrush 项目，投资 1.82 亿元人民币对位于新西兰西海岸的 Westland 霍基蒂卡工厂进行全面升级，项目完成后，预计工厂年产能将达到 42,000 吨的年产能，实现产能翻倍。在 Goldrush 项目中，伊利还将提高牧恩黄油产量，将其拓展为全球消费品，为全球消费者带来更高品质的草饲黄油全新体验。2023 年，开工建设乳铁蛋白工厂，建成后产能将跻身全球前三。

四、项目总结

（一）围绕主业开展海外并购

伊利重点考虑品牌、渠道、生产资源，基于自身战略和业务契合度的考虑探寻并购目标公司。同时，伊利通过科学严谨的论证，制定合理可操作的并购计划，提高并购的成功率。

（二）建立同步高效的组织保障机制

为高效完成并购工作，伊利组成了并购组、财务组、法务组、业务组和顾问团队等专业工作组，由集团董事长支持，通过董事会办公室、综合管理部、战略管理部、人力资源部、企业事务部、法务部、财务部等部门联动和集中办公，运用高效的跨国协作方式，充分保障了团队的信息同步性和沟通高效性。

（三）周密细致的执行落地

第一，全方位的深度调研。锁定标的后，集团立即组织各个团队完成调研工作。第二，良好的口碑铺垫。自 2013 年开始建设新西兰大洋洲生产基地，伊利积极融入新西兰社会，与社区以及当地员工、供应商建立了良好的关系，为此次并购铺垫了坚实的信任基础。第三，利益相关方沟通。通过参与磋商路演，展示良好的企业形象和实力，赢得当地认可；通过接受当地媒体采访，让社会民众更加了解伊利，为本次收购顺利进行提供舆论保障。第四，聘请当地公关公司。更好地对重要事态实施公共关系沟通。第五，注重活动仪式策划。在交割仪式上，开展视频互动、特色歌舞等中西合璧的活动，获得了现场观众的喜爱与赞赏，也借此彰显了中资企业在现代海外合作中尊重、多元和自信的国际化企业形象。

（四）收购后的产能升级

收购完成后，伊利对Westland旗下资源及品牌进行整合提升和国际化布局。瞄准Westland最具品牌价值的牧恩黄油，伊利对Westland霍基蒂卡工厂进行产能升级，通过搭建的全球市场渠道与国内外消费者高效对接，将其资源优势与品牌价值转化为市场价值。

总之，对于伊利来说，此次并购是品质、技术、资源、市场的有机结合，也是伊利"乳业丝路"加速全球产业融合的重要里程碑，构建起了横跨太平洋的"乳业桥梁"，开启了"让世界共享健康"的崭新格局。这条"乳业丝路"让全球乳业的优质资源加速流动，让越来越多的消费者享受到伊利的高品质产品。

思考问题

（1）阐述公众的含义及其特征。伊利在并购过程中面临的公众有哪些？请从中选择两类公众，阐述其界定思路和运作方式。

（2）结合案例内容，阐述"双向对称的公关模式"的含义，并从以下两个角度阐述其作用机理：第一，在此次并购中，伊利和Westland股东奶农各自有何利益诉求？伊利是如何平衡双方利益的？第二，在收购的不同阶段，伊利采取了哪些方式与公众进行沟通？目的和效果如何？

（3）本次并购完成后的新闻发布会和磋商路演等专题活动有何特色和创新之处？

（4）结合习近平出席第三次"一带一路"建设座谈会并发表重要讲话，说明在当前复杂的国际环境下，此次并购对于践行"一带一路"倡议有何重要的现实意义。

四、专业知识与课程思政元素融合分析

现代社会组织如何利用传播媒介，促成组织与公众之间相互理解、信赖、合作的和谐关系是企业管理者的必修课。公共关系学的公众分析、双向对称

公关模式、公共关系传播策略以及公共关系专题活动在伊利并购新西兰 Westland 乳业这一案例中都可以得到体现。该案例探究伊利并购新西兰 Westland 乳业的程序和关键环节，跨国并购中主要利益相关方的公众关系协调与处理，可以为企业践行"一带一路"倡议、开展跨国并购提供借鉴。

从宏观角度，中国伊利对新西兰 Westland 乳业的并购深刻阐释了"全球化思维+本土化经营"模式对我国的战略意义，进一步验证了"一带一路"倡议在推进建设人类命运共同体方面的重要作用。

从中观角度，在"全球健康生态圈"理念的引领下，健康领域的龙头企业伊利"走出去"有利于发现和整合海内外的优质资源，做大做强民族乳业，提升中国乳业的全球影响力，塑造中国品牌国际形象。

从微观角度，帮助学生了解跨国并购的运作程序，掌握全球产业链的不同构建路径和方式，树立互惠共赢、责任共担的信念。伊利"共享双赢"、构建"全球健康生态圈"的做法体现了我国企业不断满足人民对美好生活的向往的愿望，影响了中新两国的长远发展和人民的福祉。同时，在并购过程中，伊利协调与 Westland 乳业之间的利益诉求、处理与奶农股东之间的关系，体现了"双向对称的公关模式"的作用机理。

五、现场教学组织与控制

（一）课堂活动设计

1. 课堂设计的思路

结合本专业课程知识，本课程思政设计的基本思路是：

（1）从投资者关系（当地奶农的需要和诉求）入手，分析跨国并购面临的问题，归纳伊利在此次并购中具体使用的协调方法，进而理解投资者关系的本质和协调方式。

（2）结合伊利路演等双向沟通举措及给予奶农的优惠政策和履行的社会责任的利益互惠分析伊利协调投资者关系的具体方式，以理解"双向对称的公关模式"的内涵和机理。

（3）结合全球化思维+本土化经营具体分析此次并购对伊利全球产业链构建的资源、技术和市场等要素的构建形态及其作用机理，进而理解和掌握全球产业链和全球本土化的含义。

通过这一过程完成课程思政科学合理的设计。

2. 教学过程

(1) 导入——课前准备

授课教师提前一到两周发放伊利并购新西兰 Westland 乳业的教学案例，提出启发思考题，在教师的指导下，学生在课前完成案例材料阅读和初步思考，查阅指定的资料和读物，收集必要的信息，初步形成关于案例中的问题的原因分析和解决方案。

(2) 课堂前言——案例解说

教师介绍伊利并购新西兰 Westland 乳业合作社的历程、困难点，伊利面临政府的监管和奶农的疑虑的处理策略，以及课堂的教学目的、教学要求、教学安排等。

(3) 课堂教学——小组讨论

按照平时小组合作学习的分组，每组分配一个思考题，通过小组讨论、群体发言等形式，发表本小组对于案例的分析意见，发言完毕之后发言人要接受其他小组成员的询问并作出解释，此时本小组的其他成员可以代替发言人回答问题。然后教师可以提出几个意见比较集中的问题和处理方式，组织各个小组对这些问题和处理方式进行重点讨论。

伊利在并购过程中面临政府监管、文化差异和奶农的疑虑。通过相互走访、路演、参观活动、奶农会议等一系列活动开展双向沟通，并与奶农签订十年供奶协议等互惠措施，伊利向 Westland 数百名股东展示了自身良好的企业形象和带领 Westland 走向更强大未来的企业实力，最终达成收购。(思政要点：要求学生在总结公关的运作方式基础上，提炼出尊重和认同他国文化和利益，主动践行社会责任，构建人类命运共同体等思政要点。)

在全球资源体系方面，伊利在新西兰建设了大洋洲乳业生产加工基地。在全球创新体系方面，伊利着力打造"全球智慧链"，建立伊利欧洲研发中心，成立大洋洲创新中心，还实施中美食品智慧谷。在全球市场体系方面，伊利通过并购国外优质奶源、引入全球创新技术，提升国内市场话语权。同时，随着"一带一路"倡议的实施，伊利将目光投向更广阔的全球市场。(思政要点：伊利实施"走出去"政策，加强同世界各国交流合作，促进国内国际双循环。)

在与当地人沟通中，伊利承诺保护当地环境，解决当地人就业，尊重当地文化。在路演中，当项目团队参观当地奶农们的牧场时，孙总刚下车，看到一名 80 岁的老奶农，他就主动走上前握手。这位奶农刚处理过牛粪，还没来得及清理。孙总说："80 多岁还在干活，他们值得我们尊重！"。(思政要点：换位思考，文化尊重，平等待人。）

（4）教师讲解——深化理论

在小组集中讨论完成之后，教师根据各小组的分析思路进行总结，并对案例中的关键点进行简要阐述，使学生对案例以及案例所反映出来的理论知识有一个更加深刻的认识。

（二）课后作业及安排

加强主动学习并应用。查阅有关跨国并购、企业国际化运营、伊利和澳优国际化的相关文献进行延伸阅读。

推荐延伸阅读的部分相关文献：

[1] 张景云等. 中国品牌全球化：理论建构与案例研究 [M]. 北京：经济管理出版社，2019.

[2] 张景云，刘畅，杜新建. 跨国并购沟通中的心理距离策略：中粮收购澳大利亚 Tully 糖业案例研究 [J]. 管理案例研究与评论，2013，36（6）：488-500.

[3] 张景云. 中国品牌全球化传播应内外并重 [J]. 中国名牌，2019，333（2）：65-69.

[4] 杨侠，张景云. 巧妙融入国际化让世界重新认识民族品牌 [J]. 中国名牌，2018，323（4）：78-81.

[5] 张景云. 打造"优质优价"的中国品牌形象 [J]. 中国名牌，2018，329（10）：93-94.

[6] 何佳讯. 品牌的智慧：为企业和政府建言献策 [M]. 上海：格致出版社，上海人民出版社，2020.

[7] 何佳讯. 战略品牌管理：企业与顾客协同战略 [M]. 北京：中国人民大学出版社，2021.

[8] 张景云，王倩，薛建东等. 互惠共赢 构建"全球健康生态圈"：伊利并购新西兰 Westland 乳业 [Z]. 中国管理案例共享中心，2021.

[9] 张景云，周贤，于海峰等. 伊利：如何在东南亚市场打好"冰淇淋王牌"？——Cremo 品牌并购整合与升级战略 [Z]. 中国管理案例共享中心，2021.（第十二届百优案例）

结合课堂所学专业知识，跟踪了解伊利或其他跨国企业，如上汽、华为、广汽、海尔、小米等中国品牌国际化最新进展，撰写一篇小论文，3000 字以上，并进行课堂展示。

六、教学反思

案例教学的最大特点是它的真实性。由于教学内容是具体的实例，加之采用形象、直观、生动的形式，给人以身临其境之感，因此易于学习和理解专业知识，能够调动学员学习主动性。教师在课堂上不是"独角戏"，而是和大家一起讨论思考，集思广益；学生在课堂上也不是忙于记笔记，而是共同探讨问题。由于调动集体的智慧和力量，容易开阔思路，收到良好的效果。

在多层次、有重点的教学中潜移默化地融入了丰富的思政主题，通过教师引导与学生自学的双重机制，实现学生的专业技能和道德素质的有机统一，涵养了学生的大格局意识与大国意识。通过对伊利跨国并购经验的总结，既能够在有效激发学生学习兴趣和探究欲望的基础上，达到对学生理论思维的训练，又能够使学生在专业知识学习的过程中树立正确的政治认知。

但是要注意的是，第一，在讨论时一定要有理论知识作底衬，即案例教学一定要在理论学习的基础上进行；第二，学生不仅需要具备基本的理论知识，而且要能够审时度势、权衡应变、果断决策，综合运用各种知识和技巧；第三，案例教学不存在绝对正确的答案，其目的在于启发学生独立自主地去思考、探索，注重培养学生独立思考能力，启发学生建立一套分析、解决问题的思维方式。

第十八章 内联升三里屯再玩"快闪"，老字号时尚化转型新征程

撰写人：张景云[①]　石海娇

一、课程挖掘的思政元素和资源分析

中华优秀传统文化是中华民族生生不息的灵魂所在，为中华民族的发展壮大提供了丰厚的精神滋养。内联升是当年朝廷官员脚下虎虎生威的朝靴，是民国名士"头顶马聚源，脚踩内联升，身穿瑞蚨祥，腰缠四大恒"的气派，也是如今款式多样、花样繁多，北京人叫得响、拿得出手的北京礼物和中国印象。其中所包含的深厚的历史情怀和人文气息为本课程灌输中华优秀传统文化的课程思政理念提供了良好的素材来源。

本案例将结合品牌创新、品牌生命周期、品牌体验、品牌传播等相关知识点来分析内联升这一老字号品牌在保持文化内涵的同时如何进行品牌创新，实现传统与时尚的碰撞，传承与创新的结合，以达到以品牌管理课程为基础，弘扬中华优秀传统文化、宣扬优秀非物质文化遗产、培养当代青年文化自信、培育中国品牌自豪感等课程思政目标。

二、课程思政教案设计

（一）教学目标

1. 价值目标

通过对该案例的分析，深入挖掘中华优秀传统文化资源，结合课程设置

[①] 该案例为北京工商大学教育教学改革研究重点项目"思政融入案例教学全过程的路径及其应用"（No. jg235106）研究成果。

讲好中国故事，引导青年学生厚植爱国情怀，增强民族自尊心、自信心和自豪感。

（1）掌握品牌创新、品牌生命周期、品牌体验、品牌传播等基本概念，结合品牌管理理论，分析品牌创新问题，为打造富有影响力的中国品牌奠定基础；

（2）培养学生献身中国品牌建设事业，树立打造有影响力的民族品牌的抱负与理想，为实现"中国梦"，创造美好的生活贡献力量；

（3）开展创新策划，锻炼实际动手能力，提升文化自信和审美意识，为讲好中国品牌故事，传播中国国家形象提供人才支撑。

2. 知识目标

本案例的教学目的是通过内联升三里屯快闪店系列主题活动，结合品牌管理、零售管理课程相关知识点，让学生对品牌生命周期、品牌传播、品牌体验等知识点有具体的感知，形成系统的关于老字号品牌创新的知识体系。

3. 能力目标

学生通过对该案例的学习与分析，能够具备运用所学知识分析问题、解决问题的能力，同时通过对我国老字号品牌开展的年轻化转型实践的了解，将相关理论知识运用于实践之中。

（二）教学思政内容

本案例将以弘扬中华优秀传统文化为重点思政理念，通过对老字号品牌转型创新道路的分析，塑造中国文化自信、培养中国品牌自豪感，同时实现品牌营销课程与思政教育的有机结合，以期实现以下几个方面的教学内容。

首先，重点结合品牌生命周期和品牌传播相关理论内容来分析内联升作为一家老字号品牌如何借助类似快闪店这样的专题活动，改变消费者对其固有的印象，拉近老字号品牌与年轻消费者的心理距离，在年轻消费群体中弘扬和传承中华优秀传统文化，并同时实现青年消费者的文化自信和中国品牌自豪感。

其次，品牌体验是提升消费者品牌认知的重要手段，依据品牌体验等相关知识点，深入讨论老字号品牌如何创新体验方式，将传统文化、非遗技艺与匠心传承这些独特的品牌基因传播给当代的消费者，培养当代青年的中华文化自信。

再次，品牌创新是企业保持永续动力的重要前提，以品牌创新的相关理论为基础，深度分析内联升如何以创新为手段，以年轻为姿态，最大限度地激发老字号企业内在的创新基因，并力求在传统文化与现代艺术之间寻求一个平衡。

（三）教学内容

1. 课堂设计的思路

本案例课程主要涉及品牌生命周期、品牌传播和品牌体验三个知识点。主要设计思路如图 18-1 所示。

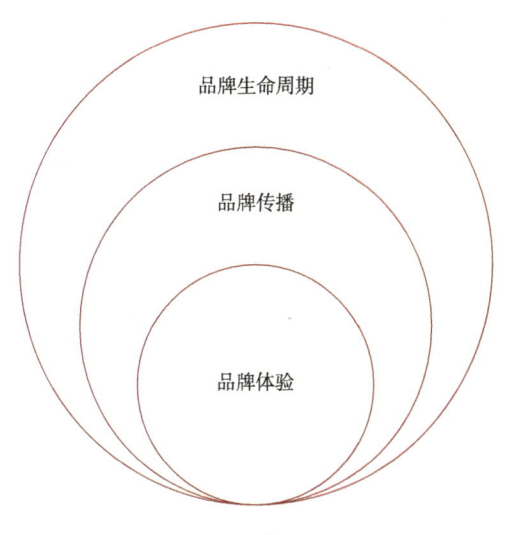

图 18-1　课堂设计思路

品牌管理的三个知识点，体现了对内联升快闪店的由大到小、由宏观到微观的分析视角。

从宏观视角看，内联升快闪店总是与时尚化转型战略结合在一起开展的，体现了品牌生命周期不同节点的品牌战略变化。通过本案例的学习，可以从品牌生命周期角度看待此次快闪店及其传达的信息。在讲授此部分内容时，教师需提前让学生收集内联升的起源和发展过程，让学生找出其发展过程中的关键节点及重大事件，并让各组绘出内联升品牌生命周期图，一方面注重品牌生命周期的坐标维度，另一方面标明具有重大战略转型意义的时间节点，在课堂上每组派代表进行发言，让学生明确快闪店在内联升品牌生命周期中的重要作用。

此次快闪店不仅是一个独特的零售门店，更重要的是充当了品牌传播的事件，引发热点话题。教师可以结合此次快闪店的主题活动及"大内联升"子品牌的披露，分组讨论内联升通过快闪店传达了哪些重要信息，重在让学生充分理解品牌传播的信息、方式及媒介。

从微观视角看，快闪店是一个体验店，旨在创造沉浸式体验的环境，销售不是重点。该部分重点在于施密特战略体验模块分析，教师可引导学生了解体验店、快闪店的特点，组织学生讨论内联升此次快闪店活动是如何通过这五大体验模块使消费者的认知不断发生递进的。

2. 教学重点

本课程的教学重点主要有以下两个方面：

首先，结合内联升品牌生命周期（见图18-2），说明在时尚化转型发展的前5年里，内联升采取了哪些举措，此次快闪店活动提出的"新零售、新匠人、新设计"的战略转型新口号对内联升下一阶段发展有何指导意义。

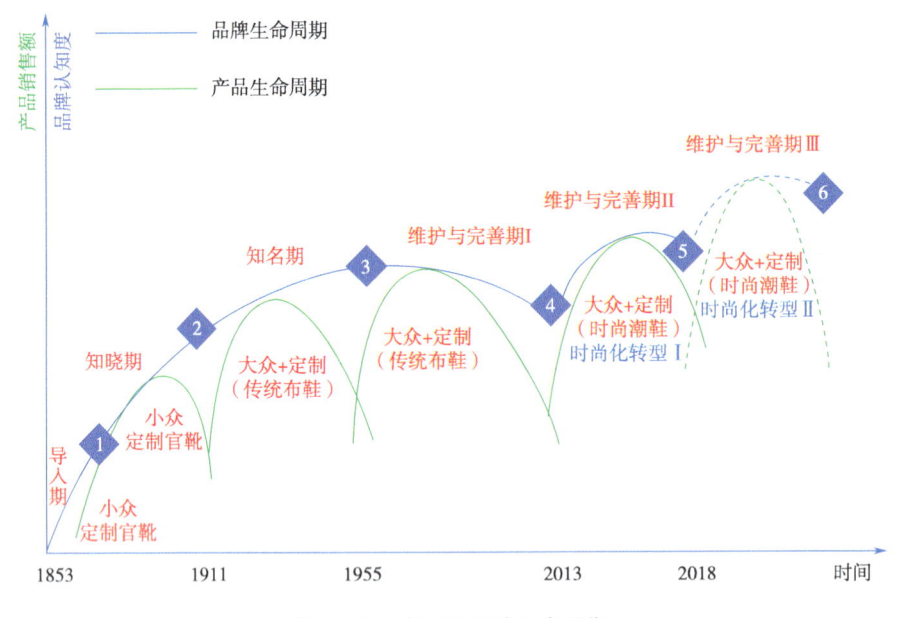

图18-2 内联升品牌生命周期

对于该部分问题的解答可结合品牌生命周期和品牌战略转型等知识点，收集关于老字号品牌生命周期的文献，结合内联升发展现状，分析内联升目前所处生命周期。老字号品牌所处阶段不同，采取的营销对策也不同，此题重在启发学生认清内联升发展过程中的重要转折点，分析内联升时尚化转型的历史轨迹以及未来的发展方向。

其次，结合案例材料，分析内联升是如何借助快闪店开展品牌传播的，借此披露了哪些重要的信息。

品牌传播是指企业告知消费者品牌信息、劝说购买品牌以及维持品牌记忆的各种直接及间接方法。品牌传播的渠道主要有新闻传播、广告传播、渠道传播和人际传播等。品牌传播的信息可以借助创意的力量利用各种有效的途径在市场上形成品牌声浪，对品牌的塑造起着关键的作用。

"新匠人"传达了非遗传承中年轻匠人的形象及对接年轻消费群体的时尚化转型。快闪店做成鞋盒造型，上面写着"中国鞋"，体现了民族品牌的文化自信。

3. 教学难点

本案例的教学难点在于如何引导学生基于施密特战略体验模块（感官、情感、思考、行动、关联），分析此次内联升快闪店活动是如何开展品牌体验的。

体验是复杂又多变的，但可以分为不同的形式，且各自都有固有而独特的结构和过程。这些体验形式经由特定的体验媒介创造出来，能达到有效的营销目的。施密特将这些不同的消费者体验形式视为战略体验模组（strategic experiential modules，SEM），以此来形成体验式营销的构架。

一般来讲，战略体验模块包含个人体验和共享体验。个人体验指消费者在其心理和生理上独自的体验，如感官（sense）、情感（feel）、思考（think）；共享体验指必须有相关群体的互动才会产生的体验，如行动（act）、关联（relate）。体验要经历从感官到情感、思考、行动，最后到关联的递进过程。表18-1体现了消费者体验类型及诉求目标与方式，可以以此为框架引导学生对内联升品牌体验的展开进行分析。

表18-1　消费者体验类型及诉求目标与方式

体验类型	诉求目标与方式
感官（sense）	感官体验的诉求目标是运用视觉、听觉、嗅觉、味觉与触觉达成刺激的过程，为顾客提供美学的怡悦、兴奋与满足
情感（feel）	情感体验诉求的是顾客内在的情感及情绪，目标是唤起消费者的情感。情感体验有不同程度，由品牌与温和正面的心情联结，到欢乐与骄傲的强烈情绪，而大部分情感是在消费过程中发生的
思考（think）	思考体验诉求的是智力，目标是用创意方式使顾客感知认知与解决问题的体验。思考诉求经由惊奇、引起兴趣、引起顾客作聚合或发散的思考
行动（act）	行动体验的目标是影响身体的具体感受、消费者生活方式及与消费者的互动

续表

体验类型	诉求目标与方式
关联 （relate）	关联体验的诉求目标是使得个人与一个品牌中较广的社会与文化环境产生关联，借由社会文化意义与消费者互动，产生有利的体验

4. 对重点和难点的处理

难点和重点问题都是本案例最为重要的部分，但对于二者的处理方式略有不同。对于重点问题的处理，我们将主要采用案例讨论、小组汇报的方式进行，以期通过学生自己的认知和努力对该问题进行解决。而对于难点问题的处理，我们将辅以老师的引导，以及老师与学生双向多轮次的沟通、头脑风暴等方法，以期在老师的指导下，学生能够对该问题进行解决。通过对教学重点和难点的学习，使学生了解品牌管理相关概念，同时从案例中感受中国传统优秀文化的魅力，培养文化自信和中国品牌自豪感。

（四）教学组织与教学方法

1. 教学过程与活动设计

本案例的教学过程与教学活动设计分为以下几个阶段：

（1）课前准备阶段。根据所授课程学生专业结构和知识背景，对课程教学班级进行分组，每组人数控制在 5~7 人，要求各小组课前查找内联升的公司背景、快闪店活动期间的相关报道以及课程相关理论知识，做好分工与合作。提前把案例整理成 Word 文档，发送至班级群里，提出案例思考题，要求学生提前完成阅读与思考，并在组内初步讨论。

（2）课中讨论阶段。通过简要的课堂前言，明确教学主题和流程、要求，然后进行分组讨论。讨论结束后，各小组选一个代表进行发言，时间控制在 40 分钟。发言结束后，教师带领全班进一步讨论，并归纳总结与复盘，进行理论知识分析与整理。

针对学生的讨论，授课教师将对品牌生命周期、品牌传播和品牌体验等知识点进行讲述，组织学生讨论内联升快闪店的主要传播方式及此次活动对内联升品牌的重要意义；通过材料分析内联升快闪店是如何增加与消费者的互动体验点，从而激发消费者强烈的情感认同，最终产生购买行为。

（3）课后巩固、拓展、提升阶段。可通过搜索关键词查阅相关文献。

［1］张景云，陈碧莹，白玉苓．老字号年轻化转型的现状、问题与建议——以"内联升"为例［J］．商业经济研究，2019（15）：78-80.

［2］张景云，陈碧莹．"内联升"品牌时尚化之困——互联网环境下如何活化老字号实体店［J］．国际公关，2018，81（03）：76-77.

［3］张景云，吕欣欣，康泽彪．老字号牵手新零售，内联升时尚化转型［J］．企业管理，2019（08）：78-80.

［4］张景云，康泽彪，杨强．"内联升"品牌时尚化转型中的新媒体传播策略［J］．品牌研究，2018，18（06）：24-26.

［5］刘熙宁，陈碧莹等．朝靴 OR 潮鞋：内联升的逆生长之路——内联升2019品牌传播项目［J］．公关世界，2020，490（23）52-57.

［6］张颖璐，张景云．"内联升"文创产品设计及其传播策略［J］．国际品牌观察，2019（03）：41-44.

［7］张景云等．北京老字号品牌营销创新案例研究［M］．北京：经济管理出版社，2021.

［8］张景云．老字号如何向现代品牌经营转型［J］．中国名牌，2020（9）：70-73.

通过撰写策划文案，培养学生主动学习并应用所学知识的能力。要求学生查阅有关老字号品牌创新的相关文献，结合所学专业知识进行策划文案撰写。一是以策划型原案例《"内联升"品牌时尚化之困——互联网环境下如何活化老字号实体店？》为选题，（见上述参考文献［2］张景云，陈碧莹．"内联升"品牌时尚化之困——互联网环境下如何活化老字号实体店［J］．国际公关，2018，81（03）：76-77.）；二是选择中国其他老字号品牌进行拓展，如，《全聚德萌宝鸭：如何走进年轻人心里？》（张景云等．全聚德萌宝鸭：如何走进年轻人心里？［J］．国际公关，2022，81（02）：76-77.）。基于上述选题，要求学生以团队形式策划关于老字号品牌如何在互联网环境下进行品牌创新的策划文案，角度自选，字数不少于6000字，用于参加"互联网+"大赛或其他专业赛事。

2. 教学方法

主要采用启发教学法、研讨教学法和探究教学法，并辅以视频、音频、文字等多种可利用的教学资料。

三、课程案例

内联升三里屯再玩"快闪",老字号时尚化转型新征程[①]

(一)引言

2018年8月,北京三里屯太古里。

温度直逼40°,这样的炎炎夏日,本该舒舒服服地躲在空调房里消暑。在三里屯太古里这个地方很是古怪,有空调的店铺没几个顾客光顾,一个没有空调的临时店铺却引发了大家的高度关注。来来往往的人群在经过一个蓝色"鞋盒"时都会驻足观看,进口处更是人头攒动,大家排着一条长队,期待着能快点进入店内一探究竟。

别看现在一番热闹场景,几个月前,在内联升未来品牌战略讨论会上,公司内部就转型问题讨论得热火朝天,虽说大方向都一致指向时尚化,但在转型的方式上却意见相左。有一种观点认为企业要进行时尚化转型战略,需继续借势稳定增长,不能急于求成;而另一种观点则认为企业要紧随市场变化,积极探索新零售,加速企业转型。两种观点相持不下。面对着两种不同的观点,程旭犯了难,不由得回想起在品牌发展之路上一个又一个艰难的抉择,陷入了沉思……

(二)公司背景

内联升始建于公元1853年(清咸丰三年),创始人赵廷,以专为皇亲国戚、朝廷文武百官制作朝靴起家,1994年被贸易部认定为中华老字号。由于其产品制作精良、穿着舒适的特点,千层底老布鞋深受文艺界及知识分子的喜爱。随着"90后"、"00后"日益成为消费主力军,内联升守旧、土气、父辈产品的形象已经无法满足年轻人个性化、时尚化的消费需求,老字号品牌老化现象日益严重,加上同行业竞争激烈,老字号转型发展道阻且难。

2013年,恰逢内联升品牌创立160周年,内联升在西单大悦城、三里屯太古里举行了"布鞋族的崛起"主题快闪活动,参与者均是来自不同行业热

[①] 本案例由北京工商大学张景云、吕欣欣、康泽彪编写,被收入中国管理案例中心案例库(2019)。这里进行了必要的删减。

爱时尚的年轻人，他们统一身着内联升经典款布鞋，聚集形成数字160，并大声呐喊"内联升160年的经典只为今天"。正是在此次活动上内联升正式提出"品牌时尚化"战略。

2014年巴西世界杯期间，内联升推出"世界杯主题彩绘专区"，消费者不仅可以购买热门球队的手绘鞋，还可以个性定制自己喜欢的球员号码以及口号文字等；2016年，内联升在上海迪士尼乐园开园之际，由美国华特迪士尼公司授权，设计了迪士尼系列的内联升布鞋，此举为内联升聚拢了一大批年轻消费者，也顺势打开了内联升儿童消费者市场；除此之外，内联升还与电影、电视剧开展IP合作，创新产品的同时进行营销推广，在电影《大鱼海棠》上映时，内联升与光线传媒合作，推出同名系列的布鞋，深受年轻人的喜爱，在短短两周内销售额就超过了40万元；2017年11月5日，内联升和有着数百万忠实粉丝的左岸潇联合发布了一款手工定制鞋，这也是寺库名物的首发合作IP；截至止到2017年12月，内联升推出的文创产品已经累计销售3000多双。

(三) 内联升"快闪店"的落成

1. 再三权衡，终定方向：以快闪宣告加速转型

作为"80后"年轻一代管理者，程旭已经在内联升工作了多年，从小听父亲和伯伯们讲述内联升的品牌故事，程旭与内联升建立了深厚的感情。一针一线皆辛苦，制作技艺无人敌，程旭下定决心要让更多年轻人了解工匠精神，让更多年轻人愿意穿起布鞋，让老品牌更加充满活力。

有过五年前第一次快闪活动的成功经验，程旭清楚快闪作为一种创意营销模式，能真正做到线上线下引流，为品牌带来巨大流量。这一形式能在短时间内形成集聚效应，迅速收揽年轻消费人群，可以继续沿用。但借助快闪我们究竟要向世人宣告什么样的消息呢？

2018年，内联升已经进入转型发展的第5个年头，时尚化转型成果非常显著，保持稳定发展固然是好，但如果加速转型，企业会不会更上一层楼呢？程旭有些举棋不定。于是，程旭开始收集各种信息，反复思索与权衡。与此同时，企业内部就目前市场现状、消费需求变动、公司经营情况等进行综合分析，从中提取了几个关键词：新零售、工匠精神、时尚化战略、年轻族群、社交媒体、IP运营。几轮商讨下来，最终方向渐渐明朗。市场瞬息万变，保持现状就等于落后，必须顺应潮流，勇敢探索新道路。最终，程旭宣布内联升要实现加速转型，以新零售、新匠人、新设计的全新品牌主张开启时尚化转型新征程。

2.《鞋履：乐与苦》展览：内联升快闪店的新依托

程旭是一个勇于探索的年轻人，他一直走在老字号时尚转型发展的前列。太古地产、英国国立维多利亚及艾伯特博物馆（Victoria and Albert Museum, London, V&A）合作带来的《鞋履：乐与苦》展览在三里屯太古里这个潮流胜地开展后，程旭敏锐地感觉到此次活动对品牌转型发展来说是一次绝佳机会。三里屯算是一个风水宝地，很多潮牌曾在此举行过新品发布会，也有很多国际大牌在此开过快闪，并为其带来巨大的流量。但是老字号玩快闪，内联升还是第一个。程旭坚信，借助快闪这种独特的活动，内联升会吸引年轻时尚群体的关注，为老字号布鞋带来新的时尚元素。

《鞋履：乐与苦》活动将展览带出博物馆，来到三里屯太古里，是博物馆走近大众消费群体的新模式。程旭心想，三里屯本来每天来往的游客、打卡的网红、购物的青年、参观的外国友人就数不胜数，再有此次展览活动的加持，这里会比往常更为热闹。如果内联升在此开一个快闪店，不仅会人潮涌动，还能吸粉无数。这个想法已经在程旭脑海里闪现过很多次，正好有这次机会，程旭自然不会错过。

3. 民国潮：内联升快闪店的潮流新主题

这些年，不少国际大牌都曾开过快闪店。程旭了解到，2016年耐克曾在旧金山湾区开过一家名为Golden Air的快闪店，同样是鞋盒外观，它的外墙采用的是LED屏幕，用以呈现Air Foamposite One的各种配色鞋。除了耐克，程旭看到其他大品牌也都成功开设过快闪店。仔细查阅过相关资料，再加上自己的想法，程旭决心要开设一家独具代表性的、能充分体现老字号精神的时尚快闪店。

那么定什么主题好呢？程旭一时还没有个好想法。"咱们要不召集各部门开个简短会议，让大家群策群力，说不定会有意想不到的收获呢。"助理说。"这个想法不错，你安排一下，咱们开个会议讨论讨论。"程旭高兴地应答。很快，各部门负责人聚集到一起展开了热烈讨论。最后他们发现当前的年轻消费者非常热衷于民国潮。在西南联大、蒋氏故居等地的民国风也吸引了年轻人的关注与青睐，如果能够以民国潮牌为主题，想必会有不错的效果。为了突出中华老字号的品质与精神内涵，有别于耐克的快闪店，有人还建议在内联升经典鞋盒上加上中国鞋三个大字。

经过讨论，大家形成一致意见，认为民国主题非常符合品牌的气质。鞋盒上标注中国鞋既能让参观者清楚知道这家快闪店不仅是中国品牌，而且还是传统老字号，这样不但能树立起良好的品牌形象，还充分体现了文化自信。

没过多久,一个巨大的带有中国鞋三字的蓝色鞋盒空降三里屯,京城老字号在三里屯开启了自己的时尚之旅。

(四) 内联升快闪店的布局风格

1. 外观特点

坐落在三里屯太古里购物中心的快闪店外观采用了扩大尺度的手法,将它的经典鞋盒放大,变成了一个小房屋,这其实就是一种装置艺术,也是一种空间设计手法和表达方式。房屋整体的蓝色调非常夺人眼球,还有一面霓虹灯主题拍照墙,拍照效果特别好,光影交错。

2. 内部格局

走进内联升鞋盒内部,最先看到的是民国风的经典主题展区,这里有人在讲内联升的专利技术——手工千层底,包括其中讲究的尺寸、手法、力度等。内联升千层底主要分为三种:一字底,大概2100针;十字底,大概4200针,是一字底的两倍;还有花针底,这种鞋底的针数不及前两种,但更软和一些,适合做拖鞋一类的舒适鞋底。

导购人员的衣着也别具特色,打扮和气质与展厅的环境融为一体,典雅大方,毫无违和感。展厅中央的古典中式实木高台上,摆放有传统制鞋工具及10余款最具代表性的经典鞋型,其中一款就是最受瞩目的大云棉鞋,这是目前内联升唯一一款还在用正绱法的鞋,其制作技艺濒临失传,被称为中国布鞋活化石,是内联升传承千层底国家非遗的重点保护对象。展厅中还陈列了民国时期八大祥的兑换优惠券、四大恒的银票以及瑞蚨祥的旗袍。至此,老话中讲的"头顶马聚源、脚踩内联升、身穿八大祥、腰缠四大恒"算是凑齐了。

展厅内还有现代风格展区,该展区不仅有文创系列产品,像《迪士尼》《愤怒的小鸟》《大鱼海棠》《长草颜团子》等知名IP的合作款产品,还有《如懿传》《养家之人》两大热门IP的介绍和发布。更让人意想不到的是内联升竟然还有各大潮牌、与独立设计师合作的联名款鞋子,以及专门为年轻人设计的"大内联升"系列产品,深受年轻人的喜爱。

(五) 内联升"快闪店"的主题活动

1. "青年领袖匠人精神"论坛及新匠人天团亮相

"摄影准备好了吗?"

"摄影机已就绪"小远看了一眼手表,刚好10点整。

"各部门准备,3、2、1开始!"

伴随着场控的口令,摄影师小远按下了录制键。紧接着,摄影机的屏幕上出现了主持人毕啸南的身影，这位著名青年学者、高端人物访谈主持人开始了活动开场的主持。随后镜头对准了快闪店展示墙上的电子屏幕，正在播放的是内联升品牌形象宣传片，其中充分展示了内联升从昨日朝廷专供到今日潮流布鞋的发展史，介绍了内联升千层底手工布鞋制作技艺，并且表现了内联升如何实现非遗技艺的再生，逐渐融入到现代人的生活之中。

随之而来的是一场主题为"非遗技艺在青年社群中的有效传承"的"青年领袖匠人精神"论坛，小远的镜头不断在众多文学、时尚、文创、艺术、潮流等领域极具影响力的大咖、青年领袖之间切换，大咖、青年领袖们的分享主题紧紧围绕推动青年群体在非遗传承领域地位，强化青年传承人的影响力，激励"匠心精神"，提升公众对非遗及非遗衍生品更深层次的文化认同等方面。

随着镜头切回主持人，论坛就要结束了，与此同时四位各具特色的"80后"帅哥已经准备登场。任晨阳、蔡文科、徐文浩、布迪这4位新匠人天团的成员，可以说是"内联升F4"。他们喜欢英伦风、机车、动漫，向往自由、个性、品质化生活，追逐时尚、潮流的新风尚。他们看似与内联升并不搭边，但是通过对话发现，他们始终保持着匠心传承的初心，坚持以年轻人的视角打造年轻化的产品，让内联升始终保持生机与活力。

2. IP合作款新品发布

在内联升三里屯快闪店的直播中，BTV著名主持人阿龙在为现场观众讲述老北京市井与宫廷的时尚美学。

伴随着《如懿传》电视剧的宣传片，出品公司领导讲述了影片幕后的故事。内联升设计师向嘉宾们介绍了如懿系列产品的设计理念，产品将剧中的"十二宫妃"人物代表花朵纹样，借花喻人，将每双鞋子都赋予了独立的人格特征，如懿的樱花、海兰的兰花、意欢的百合等等，产品典雅而精致。

3. 时尚穿搭Talk show

这里还上演着一个很有范儿的时尚穿搭Talk show。

主持人：欢迎来到时尚穿搭Talk show，这里有您未曾听过的背后故事，有您未曾见过的时尚设计师，有您未曾感受过的时尚秀！首先，让我们掌声有请青年设计师P.J闪亮登场。

主持人：您好，P.J，欢迎来到我们的现场。作为一名青年设计师，大家都很好奇，您与内联升是如何结缘的呢？对于内联升时尚转型，您有什么看法呢？快来给我们讲讲您与内联升的故事吧。

P.J：大家好，非常高兴能来到三里屯与大家一起参与此次内联升快闪店活动。内联升是一家京城老字号,能和内联升合作是我的荣幸。初次接触内联升就让我对其产生很大的兴趣,它的精良工艺深深地震撼到了我,作为一名时尚设计师,我非常想把自己的设计理念融入到内联升品牌里,让我的设计得到更多年轻人的支持与喜爱,同时也希望像内联升这样的老字号能够引起更多人的关注。接下来我们将会为大家带来一场时尚潮流的穿搭秀,希望大家能够通过表演感受内联升的成长与蜕变。最后预祝我们的活动顺利举行,希望我们的内联升能够越走越远!

主持人:非常感谢您的分享和祝福,接下来就是您的主场,让我们一起来欣赏吧!

……

思考问题

(1) 结合内联升品牌发展历史,绘制内联升品牌生命周期图,并阐述内联升品牌生命周期和产品生命周期的关系。

(2) 在时尚化转型发展的前5年里,内联升采取了哪些举措?此次快闪店活动提出的"新零售、新匠人、新设计"的战略转型新口号,对内联升下一阶段发展有何指导意义?

(3) 内联升是如何借助快闪店开展品牌传播的?借此披露了哪些重要的信息?

(4) 基于施密特战略体验模块(感官、情感、思考、行动、关联),分析此次内联升"快闪店"活动是如何开展品牌体验的。

(5) 在全球化背景下,老字号品牌如何能够更好地建立国民的品牌自信,培养国民消费者的品牌自豪感?

第十九章　中国中车"一带一路"共建市场的拓展

撰写人：张景云[①]　刘　勇

本案例有助于学生深刻理解"一带一路"这一推进人类命运共同体建设的中国方案和伟大实践。我国企业在参与"一带一路"共建时，如何在合作中求同存异，在竞争中共促繁荣，是亟待解决的问题。本案例探究中国中车进入不同市场采取的不同方式，可以给制造业企业国际化运营提供借鉴。

一、课程挖掘的思政元素和资源分析

本案例涉及的思政元素包括"一带一路"、中国品牌全球化、企业社会责任和绿色低碳可持续发展等。通过思政内容学习，培养学生具有大局意识，将自身的学习与国家大政方针结合起来，未来成为国家栋梁之材。

"一带一路"跨越文化、社会制度，构建人类命运共同体，体现了中国在全球治理方面所发挥的重要作用。要求学生查阅"一带一路"倡议的缘起，有关国家领导人在历届"一带一路"高峰论坛上的讲话和媒体相关报道，了解国家相关政策及"一带一路"共建的进展。比如，在第三届"一带一路"高峰论坛上，习近平主席发布了中国支持高质量共建"一带一路"的八项行动，从政府层面为"一带一路"国际合作提供便利。"一带一路"从倡议发展到了务实合作。本届高峰论坛期间举行的企业家大会达成了972亿美元的项目合作协议，中方将每年举办全球数字贸易博览会，创建丝路电商合作先行区，同更多国家商签自由贸易协定、投资保护协定。同时，落实"一带一路"绿色投资原则，到2030年为伙伴国开展10万人次培训。中国国家开发银行、中国进出口银行将各设立3500亿元人民币融资窗口，丝路基金新增资金800亿元人民币，以市场化、商业化方式支持共建"一带一路"项目。

做大做强中国品牌是中国经济内涵式发展的必然要求。中国中车作为我

[①] 该案例为北京工商大学教育教学改革研究重点项目"思政融入案例教学全过程的路径及其应用"（No. jg235106）研究成果。

国传统重工业企业，要想提升竞争力，一方面需要提升科技研发水平，另一方面也要有明确的品牌战略，开展顶层设计。企业开展国际业务，只是"走出去"了，如何"走进去"（融入本土社会）"走上去"（塑造品牌形象），还需要不少努力。在海外市场拓展中，中车借助"一带一路"利好政策，塑造中国高端设备品牌，是做强做大中国品牌的伟大实践。

中国企业拓展国际市场的过程，不仅是围绕业务获取经济利益，还要塑造可亲可敬可爱的中国品牌形象；不仅要"秀肌肉"，还要"秀恩爱"。中车结合本土化运营，因地制宜开展社会责任，在企业海外社会责任方面积累了经验。

中车业务不仅有轨道交通，还有清洁能源设备。不少"一带一路"共建国家自然环境恶劣，对大型装备要求很高。这就需要开展技术攻关，适应客户要求，为当地带来绿色繁荣。可结合中车永济在哈萨克斯坦的实践了解相关细节。

二、课程思政教案设计

（一）教学目标

1. 价值目标

通过该案例的分析，让学生充分了解"一带一路"这一伟大的对外开放格局的顶层设计的深刻含义，使学生对中华民族伟大复兴富有使命感。

了解构建人类命运共同体对于世界各国的重要影响，以及企业如何在构建人类命运共同体创造的有利大环境下去开拓市场，为国家经济发展和全球经济繁荣做出贡献。

2. 知识目标

学生通过此案例，能够更加充分地理解市场营销环境、产品策略、品牌运营策略、渠道策略、公关策略、国际化策略等市场营销知识点。

3. 能力目标

学生能够运用知识目标的知识点，进行具体分析，增强分析和解决实际问题的能力，同时更加理解我们国家的路线方针政策。

（二）教学思政内容

1. 课程思政理念和内涵

课程思政并非一门特定的课程，而是一种教育教学理念，其内涵在于使得本次课程既具有传授专业知识的功能，又具有思想政治教育的功能，承载着培养学生世界观、人生观、价值观的重要作用。

同时，课程思政也是一种思维方式，在教学过程中要有意识地、有效地对学生进行思想教育，体现在教学的顶层设计是把学生的政治思想素质培养作为课程的首要目标，并且与专业知识的教育相结合。

课程思政不会改变专业课程的本来属性，同时提炼专业课程中蕴含的价值范式，将其转化为实现中华民族伟大复兴的可行性计划和具体性做法，以求在"润物细无声"的知识学习中融入理想信念层面的精神指引。

2. 思政元素的挖掘

改革开放以来，中国特色社会主义取得伟大成就，而"一带一路"建设是中国坚持扩大对外开放基本国策的国家倡议，旨在更加密切中国与世界的经贸联系，特别是以国家资本、技术、人才、工业制造等积蓄起来的中国优势，帮助更多国家实现经济发展，造福各国人民。

"一带一路"是打造团结应对挑战的合作之路、维护人民生命健康安全的健康之路、促进经济社会恢复的复苏之路、释放发展潜力的增长之路。通过高质量共建"一带一路"，携手推动构建人类命运共同体。通过挖掘"一带一路"所蕴含的思政元素，引导学生深入了解国家的重大方略，助力学生成为拥有文化自信和开放眼光的新时代担当青年。

3. 思政素材的选取

在"一带一路"倡议的推动下，中国中车在哈萨克斯坦、马来西亚、南非的国际化实践取得不错的效果。中国中车进入不同的外国市场均采取了不同的方式，为我国更多的制造业企业参与"一带一路"共建提供了国际化运营的可行性经验。面对日益复杂的全球发展格局，中国企业在想办法规避危机带来的损失时，也要具备辩证地看待问题的能力，在危机中寻求机遇，背靠国家大方针的政策支持，继续深化改革开放，更好地"走出去"。

本课程在选取思政素材时遵循两个原则，即效用最大化原则和时空就近原则。效用最大化原则使得本课程中的思政素材尽最大可能与教学的目标建立对应关系，通过对素材的有效分析，实现最大的教学要求。而时空就近原则一方面要求案例贴近学生生活实际（高铁是常见的交通工具）；另一方面要求本课程要使得所学知识用于实践，激发学生参与的兴趣，使学生在未来的职业规划和方向的选择上有所启示。

4. 专业知识和思政元素的有机结合

在市场营销学的教学中课程思政有很多的融合点，而只有使得思政元素和专业知识有机地结合在一起，避免生硬刻板的说教，才能起到"1+1>2"的效果。市场营销中的产品策略、品牌运营策略、渠道策略以及公关策略在参与"一带一路"共建的企业国际化运营中都可以得到体现。所以在实施课程思政中，本课程要求学生找到企业执行各种策略的动因和依据，并且进行相关的思维拓展，如何将一个企业的成功策略推广到更多的企业，扩大其策略应用的边际，同时思考课程所学的专业知识如何与更多思政元素进行融合，使其专业知识真正为建设中国特色社会主义和实现中华民族伟大复兴贡献一份微薄的力量。

(三) 教学内容

1. 课堂设计的思路

依据课堂教学的系统性原则、程序性原则、可行性原则以及反馈性原则从四个方面进行课堂设计。第一，从"为什么学"入手，确定本课程的学习需要和学习目标；第二，根据学习目标，进一步确定通过哪些具体的教学内容提升学生的知识、技能和价值观，从而满足学生的学习需要，确定学什么；第三，要实现具体的学习目标，使学生掌握需要的教学内容，应采用什么策略，即"如何学"；第四，要对教学的效果进行全面的评价，根据评价的结果对以上各环节进行修改，以确保促进学生的学习，获得成功的教学。

2. 教学重点

教学的重点是指课程中学生必须掌握的部分，需要做出强调使得学生对其有充分的理解。本次课程中的重点在于使得学生理解"一带一路"这一倡议的重要性，以及了解中国中车采取不同的国际化运营策略的动因和依据，以及所涉及的专业知识。

3. 教学难点

教学的难点是学生即使了解了"是什么""为什么"的问题，在"怎么做"的问题上依旧有一定难度。在本次课程案例中，中国中车虽然在不同国家运用不同的国际化运营策略都取得不错的效果，但是是否可以推广拓展到其他的制造业企业，以及如何引导学生开拓思维提出一些可行的、专业的建议和启示。

4. 对难点和重点的处理

难点和重点都是本次课程中最重要的部分，但两者的处理方式略有不同。在处理重点问题时，主要通过向学生展示一些生动形象的案例以及一些准确直观的数据，加深其理解。而对于难点问题，需要从单向教学的方式改为双向沟通的方式，通过提出开拓性的问题引导学生思考，同时采用小组研讨的方式进行头脑风暴，在讨论中探寻出创新的想法。

三、教学组织与教学方法

（一）教学过程

1. 案例导入——提出问题

运用中国中车分别在印度、马来西亚、南非所进行的国际化运营的案例，进一步阐述中国中车在不同国家进行不同的企业运营的动因和依据，使学生充分理解产品策略、渠道策略、公共关系策略在实际企业中如何应用。

从中国中车拓展哈萨克斯坦市场为例。中车通过什么方式进入国际市场？面临什么营销环境？如何克服并深度融入这个市场？

2. 组织研讨——小组研讨

按照平时小组合作学习的分组，以小组为单位，分别研究中车进入哈萨克斯坦、马来西亚和南非的策略，研讨"一带一路"这一伟大倡议在中车实践的不同方法，如何将国际营销环境、市场细分、产品策略、渠道策略及公共关系促销策略等专业知识点结合起来，切实可行地对这一倡议进行落地。

以哈萨克斯坦为例，国际营销环境中的自然环境成为拓展市场的障碍。中车提供的相关设备需要适应高寒潮湿的恶劣天气，为此需要进行技术攻关，以适应客户的需要。同时，项目交付应用，清洁能源有助于当地自然环境的改善。

从文化环境看：走出中国，面对完全不同的文化和社会体制，一个企业要融入当地社会，并不是一件容易的事。

国际市场进入方式有多种（出口、直接投资、特许经营等）：中国中车通过"本土化制造、本土化采购、本土化用工、本土化维保、本地化营销"的模式，就从单一的产品输出转变为技术输出、资本输出、服务输出等综合性输出，推动国际产能合作，为当地创造就业岗位，增加税收，带动当地轨道交通产业链的完善和升级。（思政要点：体现"中国品牌"国际化中的本土化战略，与当地共同繁荣）

3. 教师讲解——升华理论

教师讲解理论知识的同时，增加与学生的双向沟通交流，引导学生开拓思维、互相讨论，并对学生的观点做归纳性的总结和讲解，保证每位同学表达的想法可以被其他同学所理解，同时升华、提炼理论。

4. 课后作业——巩固、拓展和提升

一是拓展阅读。关于中国中车的国际化，可在相关网站查阅最新的动态，或通过关键词搜索查阅部分文献。

［1］张景云等．中国品牌全球化：理论建构与案例研究［M］．北京：经济管理出版社，2019.1

［2］张勇，张景云．中国中车：打造受人尊敬的国际化品牌［J］．公关世界，2017，404（09）：72-75.

［3］张景云．中国品牌全球化传播应内外并重［J］．中国名牌，2019，333（02）：65-69.

［4］杨侠，张景云．巧妙融入国际化让世界重新认识民族品牌［J］．中国名牌，2018，323（04）：78-81.

［5］张景云．打造"优质优价"的中国品牌形象［J］．中国名牌，2018，329（10）：93-94.

［6］孙守萍，张勇．中美贸易摩擦新动向与中国企业的公关策略［J］．公关世界，2019（11）：63-67.

［7］张勇，何春雷．向世界讲好中国高铁的故事——中国"高铁梦之旅"传播活动分析［J］．对外传播，2016，234（03）：65-67.

［8］张勇，张景云．中国品牌国际化：中国中车境外工会应对及启示［J］．公关世界，2017，400（05）：23-27.

［9］何佳讯，姜卫红，张景云．在国际竞争中锻造中国品牌［J］．中国名牌，2021，359（05）：24-25.

［10］胡小亮等．颠覆传统认识 改变出行方式——全球首列"智能轨道快运列车"发布传播案例［J］．公关世界，2018，424（05）：63-68.

［11］张景云，宋佳．如何借助新闻发布会传播中国品牌——兼评中车株洲所全球首列"智能轨道快运列车"发布传播案例［J］．公关世界，2018，424（05）：69-75.

［12］何春雷．为世界高铁提供"中国方案"——中国中车2016年柏林轨道交通展览整合传播［J］．公关世界，2018，420（01）：64-69.

［13］张景云，陈碧莹．中国品牌全球化：如何借助大型展览会传播中国品牌——兼评《中国中车2016年柏林轨道交通展览整合传播》［J］．公关世界，2018，420（01）：70-73.

二是主动学习并应用。查阅有关"一带一路"、企业国际化运营的相关文献，结合所学专业知识，选择中国品牌拓展国际市场的案例，如红旗汽车、格力电器等，撰写一篇小论文，角度自选，字数不少于3000字。

（二）教学方法

主要运用启发教学法、比较教学法、研讨教学法和探究教学法，并辅以数据、影像、文字、案例等多种现实例证和研究资料。

四、课程案例

中国中车"一带一路"共建市场的拓展[①]

在全球化背景下，国家间经济依赖性不断增强。以政策沟通、设施联通、贸易畅通、资金融通、民心相通为主要内容，"一带一路"作为我国新一轮对外开放格局的顶层设计，为高端装备"走出去"尤其是基础设施"走出去"提供了广阔的平台。许多大型制造业公司借此机会进军国际市场，但面对不同国别市场，公司需要应对不同的经济、政治、人文环境等问题。在参与"一带一路"建设时，如何在合作中求同存异，在竞争中共促繁荣，是企业跨国经营必修的课题。探究中国中车进入不同市场采取的不同方式，可以给制造业企业国际化提供借鉴。

一、中国中车概况

中国中车股份有限公司（中文简称"中国中车"，英文简称缩写CRRC）是由中国北车股份有限公司、中国南车股份有限公司按照对等原则合并组建的大型国有企业。中国中车承继了中国北车、中国南车的全部业务和资产，现有46家全资及控股子公司，并于2015年6月8日在上海证券交易所和香港联交所上市。作为全球规模最大、品种最全、技术领先的轨道交通装备供应商，中车业务现已遍及全球六大洲100多个国家和地区，并在美国、马来西亚、南非、土耳其等国家建立了制造基地，在出口产品实现了从中低端向中高端转变的同时，出口市场也实现了从亚非拉传统市场向欧美澳高端市场转变。

二、中国中车在哈萨克斯坦、马来西亚、南非的国际化实践

近年来，中车积极参加"一带一路"共建，为沿线国家提供轨道交通车

[①] 本案例由北京工商大学张景云和中车永济电机公司王娟撰写。

辆和系统解决方案。本案例选取中国中车在哈萨克斯坦、马来西亚、南非三个发展中国家的国际化实践进行探讨。哈萨克斯坦处于高寒地区，自然环境恶劣，对设备有特殊要求；马来西亚与我国文化地缘相近，具有稳定的政局、突出的区位优势以及坚实的贸易基础，同时也存在产业链不完善的问题；南非交通运输体系分布不均，基础设施建设落后，无法满足经济发展需要，在南非拓展市场需要持续培育南非自主建设能力以及提升当地技术水平。针对不同国别市场，中车采取了不同的国际化策略。

(一) 中车进入哈萨克斯坦市场

"一带一路"共建国家正处于大力发展工业化和城市化时期，对能源需求旺盛，有些国家的能源自然条件也非常优越。但由于沿线大部分共建国家投资环境不确定性较高，财税支持力度较弱，同时发展风电光伏等清洁能源的技术和基础设施较为匮乏，使得相关项目在共建国家的落地仍然存在一些挑战，因此具有广阔的发展空间。中车永济以欧洲市场合作为基础，依托国内风电企业出口业务，中车永济让高端的轨道交通装备和清洁能源装备与"一带一路"共建国家和地区共享。

2022年12月28日，位于哈萨克斯坦阿斯塔纳素的风电项目全容量并网。这是目前哈萨克斯坦境内风电项目中单机容量最大的机组，共安装30台5.0MW（兆瓦）风力发电机组，全部由中车永济研制提供。阿斯塔纳素有"全球第二大冷都"之称，该款双馈风力发电机具有大功率、低噪声、高效率、高可靠性等特点，适应高寒、高海拔、低风速、强风沙等复杂环境。在哈萨克斯坦进行的一个5兆瓦风力发电机项目中，中车工作人员面临严峻的挑战。

中车经过与客户进行多轮深入的交流和探讨，选用了特殊结构钢和绝缘系统应对恶劣环境。然而，实验的过程并不顺利。在零下45度的极端寒冷环境中材料容易出现变脆的问题。经多方调研查找资料，更换材料，经过反复验验证，最终解决了材料变脆的问题。

为了应对电机防潮性能的要求，经过无数次的努力和尝试，中车研发了一种新型的连接结构，以提高电机的防水性能。通过优化绝缘材料、结构和工艺过程，通过模卡试验验证，可以确保电机在高湿度和严酷的天气的正常运行。

在2022年12月28日已经实现了满功率并网发电，每年可为当地带来6亿度绿色清洁电力，相当于减排了48万吨二氧化碳，促进当地绿色低碳的可持续发展。

(二) 中国中车在马来西亚市场的国际化策略

马来西亚是联通中东、澳大利亚和新西兰的桥梁。为了进入马来西亚以辐射周边市场，中车根据当地市场需求进行产品设计，并且通过全方位的"五本"模式推进共享，克服产业链供应和高级人才不足的问题，承担企业公民的责任。

1. 根据市场需求，提供针对性服务

全球轨道交通系统不具备统一生产标准，不同国别市场对产品需求不同。中车在为吉隆坡城际铁路列车提供服务时，提出了"4S店"的服务形式。由于原供应商提供的配件价格高于采购新车，客户只好用废弃车辆的旧配件代替。中车为客户在当地建设了"4S店"形式的动车组维保基地，并且承诺即使过了质保期，中车依旧为其提供维保服务和零部件供应，保证车辆全寿命期内的正常运行。此项服务的成功实施，不仅为当地列车提供了极具针对性的配套服务，还为当地增加了就业机会，获得了马方的肯定。

此外，中车株机公司旗下马来西亚中车轨道交通装备有限公司在2018年底交付的"本土化营销"的第一单——22列动车组，是专为马来西亚市场量身定制的：增设头等车满足马来西亚铁路快速城际客运要求；全新空调通风方式，降低风速、噪声，提升顾客体验；设置祈祷室、女性车厢、吧台等设施，贴合当地文化习俗，提供针对性产品设计与服务。

2. 通过"五本模式"，实现共同繁荣

中车在马来西亚探索的"五本模式"，通过本土化制造、本土化采购、本土化用工、本土化维保、本土化管理，来推进全方位共享。与国际同行共享信息与技术，实现与竞争对手的竞合；与客户共享，实现拓展市场与创造价值的双赢；与当地政府和民众共享，顺应经营环境并且拉动当地经济和就业水平。

马来西亚轨道交通产业链基础薄弱，为了实现本土化制造和采购，中车通过技术转移、合作形式以及引入国内供应商从零开始培育交通产业链。在马来西亚改善基础设施建设，中车设身处地提供科学合理的解决方案，避免由于供应商等的协同能力不足而影响自身提供产品服务的质量。推进本土化用工，需要在当地招聘相近专业的人才，并且提供高质量培训，塑造高级人才。目前，马来西亚的本土化用工已经达到了95%。推动当地交通产业发展时，也带动了周边餐饮、水果、服务业的繁荣。

中车通过360度的全方位共享，不仅在生产制造方面与当地民众互惠互利，并且依靠产业链的培育实现了带动周边经济的发展，用行动践行了造福

当地、共同繁荣的理念。

3. 做好四种角色，承担社会责任

为做到尊重当地伊斯兰教民众生活习惯，中车主动承担起了文化传译者、人才孵化池、产业推进器、社区好邻居这四种角色，实践结果证明了四种角色为双方合作带来的积极影响。

做文化传译者，中车在产品设计上将马来西亚国兽——马来虎的形象用在了动车组的头型设计上，在车厢设计上增加了女士专用车厢，以及伊斯兰教民众祈祷的祷告室；做人才孵化池，培训了占比高达95%的本地员工，中车与同济大学联合培养的外籍硕士生，将作为高端管理人才和研发人才的储备力量；做产业推进器，中车在马来西亚建立东盟地区的第一家轨道交通装备制造企业，还从国内或其他国家引进相关产业，帮助马来西亚完善产业布局，也使自己的工厂可以顺利投产；做社区好邻居，在日常组织运营中，举办"工厂开放日"，让居民、学生走进车间，见证动车生产过程，了解中车文化，在2014年马来西亚遭遇严重洪灾时，中车捐款50万林吉特，承担企业公民的责任，帮助其走出困境。

(三) 中国中车在南非市场的国际化策略

南非作为非洲政治、经济、文化、交通的中心，交通运力亟待提升，产能、科技和生活水平都比较落后。中车在当地推进产能合作，建立联合研发中心，对当地五类人群施加关怀，有针对性地解决上述困难，实现南非市场的拓展。

1. 通过本地化生产推进产能合作

2016年8月11日上午，中非内燃机车合作项目的首批两台"中国造"45D型内燃机车运抵南非德班，标志着中车在南非进入本地化生产的新历程。但是南非工厂生产效率低下，中方1~2个月的生产任务在南非可能花费一年半以上。在南非实现双方统一进度生产，中车必须解决语言、文化、管理等障碍。此外，中车株机公司不断派人去南非提供技术、工艺、质量等各方面的支持，支持队伍最多时达到上百人。在中方协助下，南非工厂生产效率迅速提升。订单的232台内燃机中，197台车体组装及零配件制造在德班进行，中车在南非建设的"三本基地"，真正落实了本地化制造、本地化采购和本地化用工，实现产品输出、技术输出和资本输出的同时，也带动了当地就业和相关产业链发展。南非工厂建立了生产信心，中车公司也树立了品牌形象。

实施本地化生产，是"走出去"的重要一步，培育本地供应商，招募本土员工，可以降低生产成本，提升产品竞争力，并且从产品贸易进入产能合作，建立当地的生产制造能力，推动南非铁路装备制造技术升级，也是中车实现全球布局的重要一环。

2. 产学研一体化保障科技水平

2018年11月5日，中国中车南非海外联合研发中心在约翰内斯堡揭牌，中国中车旗下中车株机公司与金山大学签订战略合作协议，将科研、教育、生产的不同优势资源进行协同与集成，标志着中车在南非践行产、学、研一体化的开始。

中国中车在南非进行产能合作，为南非提供的电力机车、内燃机车等产品及服务，承接的多个轨道交通领域的合作项目，均不断推动南非铁路运输能力的升级；中车株机公司建设与运行联合研发中心时，与当地金山大学等科研院校互动交流，积极引进国际化人才，促进轨道交通装备技术研究与技术转化，不断夯实技术支持，在国际范围内寻求交流与合作。联合研发中心的成立将中国中车和南非各研究机构、高校、企业的交流与合作变为可能，在这一平台之上，研发机构之间合作共享、开放共赢、优势互补，实现了"产、学、研、用"多方面的深度融合。本着"开放、协同、一体化、全球布局"原则，南非海外研发中心作为中车14个研发中心之一，为中国中车深入南非市场提供了可靠的技术保障。

3. 实行"五帮"行动，关注五类人群

在南非，中车实行"五帮"行动，着重强调社会责任担当，努力建立良好口碑。所谓"五帮"行动，是深入南非本土，关切五类人群，努力提升当地民众的生活质量，拉近与当地民众的距离。一帮妇女，主要是帮助黑人妇女，从扫盲开始，帮助她们学习文化知识，为妇女高管讲授MBA案例，提供管理培训；二帮儿童，主要是参与到南非的少儿教育中去，为孤残儿童送文具、书包，和他们玩游戏、种菜，体验生活等；三帮警察，邀请中国武术高手为他们传授中国功夫，积极与他们交流沟通，提升警察队伍的抓捕能力；四帮社区，参与社区传统文化活动，例如赞助并参与南非西北省玛卡潘斯泰德农村的社区活动；五帮工人，为当地务工人员提供业务培训，提升生产能力，中车还帮助南非工人"牵红线"，促成"异域恋情"。在南非的社会结构中，这五类人群是最迫切最急需得到关注的人群。中车借助和谐的公共关系，努力建立受人尊敬的国际化企业形象，总统祖玛常常参与中车的"五帮"活动，中车的"五帮"行动成为南非企业学习的标杆。

三、对大型制造业企业国际化的启示

（一）国内外两个市场共同发力，积极推进"一带一路"共建

企业进行国际化运营，在积极拓展国外市场的同时，不能忽视国内市场。因为国内市场也是全球市场的重要组成部分；品牌在国内的影响力也是形成国际影响力所必要的。因此，国内外市场应当同时发力，将"推"与"拉"结合起来开展。在参与"一带一路"的共建过程中，可以把之前不具备国际化地缘优势的内陆省份的优势也挖掘出来，比如，中车永济公司和中车株机公司等，身处内陆也能接轨国际市场。在为"一带一路"沿线国家提供针对性的产品和服务，推动产能合作和技术共享的同时，也可以不断拉动国内市场的技术更迭；在提升国际市场文化适应性的同时，也促进"一带一路"共建国家合资、合作企业的员工对中国及中方企业文化的认知和理解，有效促进文化融合。

（二）开展积极有效的公共关系，融入当地社会

菲利普·科特勒强调运用权力（power）和公共关系（public relations）两种策略，可以帮助国际化企业突破各种壁垒进入国际市场。中车在不同市场的国际化过程中根据东道国实际情况开展公共关系协调与沟通：比如，在马来西亚则通过传译大马文化、孵化高级人才、维系社区关系来塑造企业公民形象；在南非则主要关注社会问题，关心五类特需人群，从生活需求入手走进当地民众的心里。只有针对不同国家的特色与民众的实际需求开展公共关系，才能提升在不同市场的适应性，不仅能够"走出去"，还能"走进去"并"融进去"。

（三）因地制宜，开展本土化战略

跨国公司在海外经营时，往往会受制于当地的政治体制、文化差异等外部环境因素。想要加快海外市场化运作，企业需要因地制宜地设计本土化经营战略。本土化策略在不同国家的实施也存在差异。比如，中车在哈萨克斯坦，侧重适应当地自然环境进行技术攻关；在马来西亚则从中车专业能力出发，注重人才的培养与产业链的构建，帮助大马解决供给不足；在南非，则主要推进技术领域的交流，同时进行产能合作以实施本土化战略。

（四）建立自身优势，创造共享价值体系

在大型制造业企业国际化过程中，企业即使拥有一定的竞争优势，也需要与利益相关方达成合作，通过价值创造与共享，才能建立并凸显企业自身的优势，以便在当地市场获得持续发展。在不同市场，中车都围绕高端技术这一核心竞争力建立了自身独特的优势和共享价值体系。比如，在

马来西亚，中车竭尽全力寻求利益共同体，主要致力于实现供应链企业的价值共享，与竞争对手实现竞合；在南非，则注重协同科研、教育、生产等各种优势资源，从国际范围内寻求有力支持，实现高校、企业和科研机构的合作共享。

（五）布局国际化运营网络，结成"命运共同体"

大型制造企业在国际市场布局产业链，除了在各个市场做好针对性的产业链构建，更要树立全球观，将运营网络在全球进行妥善布局。中车在哈萨克斯坦、马来西亚和南非等"一带一路"共建国家进行产业链构建，都为推进当地社会经济的发展及其全球化战略发挥了重要作用。比如，中车在马来西亚除了从零起步培育产业链，更是放眼国际，推动相关国际产业在马来西亚的引进，也为中车建立了更有利的商业生态系统；在南非，中车则打造技术交流平台，不断吸收各研究机构、高校、企业的先进技术为全球合作伙伴所用。在参与"一带一路"共建过程中，中车与东道国本土企业及其他利益相关方结成命运共同体，调动全球资源以提升创新能力和国际化整体运作效率。

思考问题

（1）中车在哈萨克斯坦、马来西亚和南非分别面临什么样的营销环境？

（2）中车在哈萨克斯坦、马来西亚和南非分别采取什么策略满足本地市场需求？

（3）中车在哈萨克斯坦、马来西亚和南非分别采取什么策略进行本土化融入，对我国企业开展国际化经营有何启示？

（4）请收集有关资料，列举其他类型企业如何在"一带一路"背景下开展国际化运营。

（5）身为新时代的青年，我们应该如何利用所学专业知识在"一带一路"共建中做出贡献？

五、教学评价反思

本案例拓展了教材中的专业知识内容，并引入了教材之外的学术界研究成果，内容设计层次分明，条理清晰，既有生动鲜活的案例、数据，又有严谨的理论阐述，总结了中国中车的国际化运营经验，能够在有效激发学生学习兴趣和探究欲望的基础上，达到对学生理论思维的训练，又能使学生在专业知识学习的过程中树立正确的政治认知。

然而，本课程教学也存在不足：一是专业教学与课程思政有机融合的思路、方式和教学组织方面仍然不够系统；二是教学所用的案例来源于期刊论文，不是专业的教学案例，在案例的深入利用和相关教学内容的整体优化上有待完善。

第二十章　不畏困境，坚持创新，中华老字号品牌激活中的营销策略研究——以北京珐琅厂为例

撰写人：严　欢

一、样例章节教学内容

本章教学目标

依据本课程的要求和学生现有知识的基础，确定章节的教学目标。

价值目标：（1）强化党史教育和社会主义核心价值观教育；
（2）强化对奋斗自强人生观的使命追求；
（3）强化对社会主义新时代背景下个人决策和奋斗的激励教育。

知识目标：（1）掌握组织内外部环境分析的常用方法；
（2）掌握理性决策、行为决策和非理性决策的定义和分类；
（3）了解价值理性与工具理性的对立关系。

能力目标：（1）能够分清组织的内部环境和外部环境；
（2）并利用合适的工具对内外部环境进行分析；
（3）能够掌握理性决策的环节，并有能力进行理性决策；能够在信息有限的情况下进行社会效益最大化的非理性决策。

二、课程思政元素挖掘

结合课程内容以及教学目标，基于决策相关知识点的思政设计，进行了知识模块扩展，增加了理论知识的深度与广度，从而形成了一个良好的

思政资源。具体而言，该章节的课程可以帮助我们进行以下具体的思政内容建设。

（一）中华优秀传统文化

北京珐琅厂的产品景泰蓝，又称"铜胎掐丝珐琅"，俗名"珐蓝"，又称"嵌珐琅"，是一种在铜质的胎型上，用柔软的扁铜丝，掐成各种花纹焊上，然后把珐琅质的色釉填充在花纹内烧制而成的器物，距今已有600多年历史。铜胎掐丝珐琅起源于元朝，盛行于明朝景泰年间，该时期珐琅制作技艺趋于成熟，色彩主要以蓝色为主，故称"景泰蓝"。景泰蓝采用金银铜及多种天然矿物质为原材料，集美术、工艺、雕刻、镶嵌、玻璃熔炼、冶金等专业技术为一体，古朴典雅，精美华贵，具有鲜明的民族风格和深刻文化内涵，是最具民族特色的北京手工艺品之一，2006年入选首批国家级非物质文化遗产名录。

（二）中国品牌与中国制造

北京市珐琅厂成立于1956年1月，由42家私营珐琅厂和专为皇宫制作的造办处合并组成，2002年11月改制为北京市珐琅厂有限责任公司，自成立以来历经外贸出口、代销和产内购销三个阶段。北京市珐琅厂有限责任公司是目前国内生产景泰蓝最大的专业企业，也是行业中唯一的一家中华老字号。2011年被评为国家级非物质文化遗产生产性保护示范基地。

（三）社会主义核心价值观

企业不畏困境，坚持改革与创新的奋斗历程，学习老字号"敢想、敢做、敢突破"的企业精神。

三、课程思政教案设计

（一）课程思政要点

本课程价值目标有中华优秀传统文化教育；中国品牌与中国制造；强化社会主义核心价值观中的敬业观。知识目标有品牌管理与品牌营销；老字号品牌活化；消费者心理距离理论。能力目标有运用品牌营销理论分析现实问题的能力；培养学生对老字号品牌的传统创新的平衡思辨能力；培养学生品牌创新的营销策略运用能力。

（二）数字化手段助力案例建设

本节主要介绍课堂中将会使用到的具体的案例，本案例由主讲老师开发，在案例讲解中着重强调与营销管理中品牌建设相关的内容，引导学生自行对案例进行总结和思考，检查同学们应用专业知识解决问题的能力，并通过案例学习与目标消费群体、品牌建设的知识点。案例建设中使用多种数字化教学手段，不仅为学生提供了直观的视频片段，还通过线上慕课及思政课程的展示，帮助学生更加清晰直观地了解案例所讲述的内容，增强对课程知识的理解，提升教学效果。

不畏困境，坚持创新，
中华老字号品牌激活中的营销策略研究
——以北京珐琅厂为例

北京珐琅厂的产品景泰蓝，又称"铜胎掐丝珐琅"，俗名"珐蓝"，又称"嵌珐琅"，是一种在铜质的胎型上，用柔软的扁铜丝，掐成各种花纹焊上，然后把珐琅质的色釉填充在花纹内烧制而成的器物，距今已有600多年历史。铜胎掐丝珐琅起源于元朝，盛行于明朝景泰年间，该时期珐琅制作技艺趋于成熟，色彩主要以蓝色为主，故称"景泰蓝"。景泰蓝采用金银铜及多种天然矿物质为原材料，集美术、工艺、雕刻、镶嵌、玻璃熔炼、冶金等专业技术为一体，古朴典雅，精美华贵，具有鲜明的民族风格和深刻文化内涵，是最具民族特色的北京手工艺品之一，2006年入选首批国家级非物质文化遗产名录。

北京市珐琅厂成立于1956年1月，由42家私营珐琅厂和专为皇宫制作的造办处合并组成，2002年11月改制为北京市珐琅厂有限责任公司，自成立以来历经外贸出口、代销和产内购销三个阶段。北京市珐琅厂有限责任公司是目前国内生产景泰蓝最大的专业企业，也是行业中唯一的一家中华老字号。2011年被评为国家级非物质文化遗产生产性保护示范基地。

目前北京珐琅厂向参观者免费全面开放生产线和景泰蓝精品博物馆，此举的目的是推广景泰蓝文化，让更多的消费者了解景泰蓝、喜欢景泰蓝。参观者在一楼主通道正前方的墙壁可以看到"国家级非物质文化遗产生产性保护示范基地"以及"中华老字号"等各类荣誉奖牌。在通道两旁的墙壁上则有北京市珐琅厂的企业简介，以及近年来由珐琅厂主办的重大活动，如：

2013年春节的景泰蓝文化体验庙会，2013年"十一"期间的景泰蓝淘宝大集等。此外，企业参与过的重要商业合作项目成品的宣传图片也被贴在了进门的显眼处。沿着一层的通道左转，首先是烧制生产车间，在这里完成的工序主要是烧蓝以及打磨抛光。制作好的胚体等整个物件表面的釉料晾干后，便可以将其放入温度约为300度的专用锅炉中烧制，目的是让釉料完全附着在铜胚上，并产生相应的色彩，经过高温加工后的物件已经是初具形态。为了让物件更加光亮完美，经过烧制后还需专人为其打磨抛光，去除瑕疵。在这一个车间里，参观者完全可以近距离观看物件从毛坯变为成品的全过程，体验景泰蓝制品从"初生"到"长成"的奥妙。在西头第二层生产车间中参观者看到的是景泰蓝制造的关键两部工序：掐丝和点蓝。在面积约为一百多平米的车间右侧，约有六七十名工人分别在6个工作台上进行着掐丝作业，掐丝是指工匠按照设计花纹，使用金属镊子将扁铜丝掐成图案，最后粘焊在胚体上的过程。掐丝工作区的左边是点蓝作业区，工人用滴管将彩色的釉料滴于铜胚之上，然后再配合使用清水、棉签或纸巾使铜胚表面的颜色变得深浅有层次。在北京市珐琅厂的两层车间里，参观者可以完整地见到掐丝和点蓝这两道精髓工序。车间左后方的几间小屋是珐琅厂现有工艺美术设计大师的办公场所，车间墙上挂有不同时期在此工作的大师的画像及主要事迹介绍。三层西厅是国内首个景泰蓝精品展览馆，这里集中了珐琅厂最为精华的作品，主要包括珐琅厂制作的高仿元、明、清的宫廷景泰蓝御用品、珐琅厂成立以来制作的各个时期的经典作品以及一些大师和老艺人的代表作。

通过开放参观，推广景泰蓝文化，珐琅厂形成了自己独特的竞争优势，并取得了良好的经济效益。2013年销售额高达3500万元，迎来了建厂近60年来发展最好、最有活力的时期。

珐琅厂成立后，在计划经济时代，该厂产品在国家的统一安排之下全部用于出口；转向国内市场之后，很长时间都是采取商场代销模式，在友谊商店等旅游商品柜台销售，但是一直经济效益不佳。2005年，企业与旅游部门合作接待旅游团，同时对外开放生产线，成为全国工业旅游示范点，人最多的时候一天能有100多辆旅游大巴，充足的客流为这个濒临生存边缘的企业带来了新的转机。

在发展工业旅游的过程中，珐琅厂管理者逐渐认识到，走马观花式的旅游参观并不利于让大众真正了解景泰蓝，只有建立在了解和喜欢景泰蓝的基础上，人们才会更愿意为之消费。"很多游客并不是特意过来参观珐琅厂和了解景泰蓝，热闹过后，带走的也只是一些小物件，真正的精品和大师作品却无人欣赏，我们生产的东西不是生活必需品，景泰蓝本身就象征着高贵、精致，只有真心喜欢景泰蓝、了解景泰蓝制作工艺和历史的人才有可能去买"。因此在企业经营状况逐渐好转的时候，珐琅厂毅然决定停止接待旅游团（其中也有珐琅厂发展工业旅游给周边居民生活带来由于干扰等客观原因），决定面向普通消费者市场，重新寻找营销创新的新路子。基于这样的观念转变，珐琅厂确定了营销创新的"三板斧"：调整生产布局，增加互动区域，真正满足喜欢景泰蓝游客体验需求；举办大型展览，进一步与消费者沟通；加大对外宣传力度，强调企业品牌。

但是目前市场中普通消费者对景泰蓝还比较陌生，市场上大多数消费者表示根本没有见过，甚至都没有听说过景泰蓝，认知上存在很多误解，"之前有人一听景泰蓝，马上就说，知道景泰蓝，还知道景泰蓝在景德镇有分店"；"还有一位岁数不算小的老人在敲了敲我们的产品之后，特别笃定地说这些是瓷的"。在这样的情况下，更别提消费者喜欢景泰蓝了。景泰蓝产品与消费者存在巨大的空间距离、认知距离和情感距离，造成在心理上景泰蓝远离普通消费者的局面。如何拉近与消费者的心理距离呢？结合自身特点，珐琅厂决定将"景泰蓝文化"作为沟通媒介，让更多人进一步了解景泰蓝背后蕴含的文化和艺术魅力，用景泰蓝文化拉近与消费者之间的距离。

在新的营销思路下，珐琅厂依托已有的产销场所，以"推广景泰蓝文化"为抓手，从空间、认知和情感三方面拉近与普通消费者的心理距离。

1. 完全开放场所，拉近空间距离

珐琅厂在保留开放生产线的基础上，又对外开放了国内唯一的景泰蓝精品博物馆，目前，连同生产线、博物馆、商品展销厅，共对外开放5个展厅，开放面积达500多平米。所有参观场所全部免费，节假日也正常开放。为了方便参观者，公司还兴建了4000平米的停车场，便于随时接待参观者。"我们首先要做的就是为公众提供一个了解景泰蓝、感受景泰蓝制作工艺的地方。"

开放之后做什么？"广大参观者可以亲自触摸景泰蓝大师作品，感觉一下由国家级大师设计，珐琅厂高级技师集体制作的景泰蓝。触摸完景泰蓝实物后，大家还可以再到景泰蓝生产车间逛一逛，站在我们技师身边看一看景泰蓝的制作过程"，并且"大家可以随时来参观，了解景泰蓝的制作工艺和文化，看看大师作品，不买东西也是完全可以的。"

通过完全开放场所，珐琅厂让消费者随时想看就能随时来看，给参观者提供近距离接触景泰蓝的机会，从空间上拉近了与消费者的距离。

2. 详细介绍知识，缩短认知距离

在珐琅厂的大楼里，随处可见对企业发展概况、景泰蓝历史和制作工序、不同时期艺术大师生平事迹及景泰蓝传承保护状况等内容的介绍，内容翔实，浅显易懂。可以说光看这些文字介绍，参观者就能把景泰蓝说出十之八九。

博物馆专门配备了讲解人员，只要参观者达到一定人数，并提前预约，企业就会安排专人全程陪同讲解。这些讲解人员都是珐琅厂的老职工，不仅熟悉产品的制作过程，每一件作品的来龙去脉，还能讲出不少"老皇历"，令参观者大开眼界；即便一些单独参观的客人身边没有讲解人员，每件展品旁都有与之对应的标签，将作品名称、创作时间、创作者、主要工艺手法、用途以及艺术价值等信息作了全面的介绍，也可以根据这些说明更好地了解作品；企业还专门编写了内容丰富的小册子，供参观者随意翻阅、拿取；博物馆还配备了一台触摸式多媒体显示屏，参观者也可以通过制作精美的视频了解到珐琅厂历史，景泰蓝故事以及展品的相关情况。每种材料都有中英两种语言，方便外国朋友。

生产线上的工人也扮演了"讲解员"的角色，参观者"随时向生产线上的工人询问操作方法也是可以的。"其中掐丝和点蓝两道工序，参观者可以看清技师们的每一个动作，每一种工具和材料。

通过多渠道介绍相关知识，珐琅厂弥补了消费者在产品信息上的空白，纠正了之前存在的望文生义的误解，从认知上拉近了与消费者的距离。

3. 提供良好体验，缩短情感距离

珐琅厂经常举办活动，让参观者"拿起镊子、蓝枪，掰几个丝、点两下蓝，再叫大师指点指点，亲手体验一下掐丝、点蓝，做一回'宫廷匠人'，往往能令参观者产生积极的情感反应。"我曾在电视上看到过掐丝，那时候觉得这应该是一件还算简单的事，但实际操作起来却很难把握好，要真正做得和图纸上的一模一样，力度必须把握得相当好，景泰蓝产品也真的是做工精美"；"亲临现场还是让我感觉很激动，掐丝真是太神奇了，我特别想自己去涂颜色，参与体验让这次游览变得很难忘。"在掐丝作业区域，每一位技师工作台上都放有"欢迎您来"的宣传标语，当参观者表示好奇时，技师还会送给参观者几个已经成型的小铜片，往往会让人产生愉悦的情感。

这些体验令参观者感觉景泰蓝之间并不是"毫无交集"，从而产生积极的情感反应，拉近与消费者的情感距离。

心理距离直接影响消费者态度和行为意愿。在成功地拉近与消费者的空间、认知及情感距离以后，消费者对"北京市珐琅厂"、"景泰蓝"的态度也有了明显的变化。

很多受访者表示，以前虽然听说过景泰蓝这个名字，但实际并不清楚它到底是什么。"来参观之前还以为是陶瓷之类的。"受访者A说。"其实，光直接看一些成品也没觉得它们与普通的瓶瓶罐罐有多大区别，但是看完整个加工工序以后才知道一个普通小件背后有着如此精细的做工，景泰蓝艺术真的值得我们保护和发扬。"有部分参观者在亲自到达珐琅厂参观之前，曾在电视、报纸等媒体上了解过景泰蓝，"但是电视上播的画面完全没有现场感受来得让人惊喜、震撼。"部分受访者则表示"虽然现在对我来说，景泰蓝确实很贵，但我以后有能力了还是会过来买的，我会想向朋友推荐这里，让他们也感受一下传统文化的美，体验真正的中国味道。"

珐琅厂的营销创新过程和竞争优势的培育不是一个突发奇想的结果，在充满积极创新精神的管理层的领导下，经过十余年的不懈奋斗才实现了可贵的营销模式转变，培育了专属的竞争优势，并获得了巨大的市场成功。而这一切的来源在于，将企业经营的视角转向消费者，认清与消费者存在巨大的心理距离是问题的症结，并从空间、认知和情感三个方面积极转变，拉近与消费者的心理距离，最终赢得消费者的认同。建基于此，尽管北京珐琅厂这个有着悠久历史的老字号企业在现代市场中面对诸多的障碍和诱惑，最终还是成为该行业当之无愧的引领者。

在战略层面，企业往往会受到短期财务利益的诱惑忘却长远发展目标。珐琅厂营销创新成功的基础就是坚定地"推广景泰蓝文化，成为行业引领者"，连续不断的投入和不懈努力使企业最终发展出独特的竞争优势，因此，正确的营销战略是企业营销创新获得成功的关键。在执行层面，通过打造平台，普及知识，提供良好的服务体验，达到拉近与消费者心理距离的目标。

从北京珐琅厂的经验来看，老字号与消费者存在较大的心理距离是经营困难的症结所在，结合自身产品的文化特性，从空间角度、认知角度和情感角度，量身打造近距离观看体验平台，拉近消费者心理距离，有利于消费者态度和行为的积极转变。尤其对于那些承载历史文化，但行业整体下滑的老字号，通过文化搭台，拉近与消费者心理距离，不失为一种可取的思路。

作为老字号营销创新的典型案例，北京珐琅厂的实践经验表明，只有坚持从消费者角度出发，利用自身特性，拉近与消费者的心理距离，老字号企业才可能在现代市场中生存下去，赢得独特的竞争优势，才可能使老字号

"基业常青"。

参考文献

[1] 欧阳桃花.试论工商管理学科的案例研究方法 [J].南开管理评论,2004,2.

[2] 陈德金,李本乾.心理距离对于国际化目标市场选择影响的实证研究——基于澳大利亚出口市场 [J].软科学,2011,25(4):31-35.

[3] 杨伟,刘益,沈灏,王龙伟.管理创新与营销创新对企业绩效的实证研究——基于新创企业和成熟企业的分类样本 [J].科学学与科学技术管理,2011,32(3).

[4] 姚圣娟.关于振兴中华老字号的思考 [J].华东经济管理,2008,1.

[5] 中青在线北京:艺术博物馆内景泰蓝珍品琳琅满目,https://news.cyol.com/gb/articles/2023-08/07/content_JQygadCZyb.html

[6] 北京珐琅厂线上博物馆,http://www.bjflc.com/hangyedongtai.html

四、专业知识与课程思政元素融合分析

本节将对案例如何有效地结合专业知识和思政元素进行分析,以课本上的知识点的逻辑顺序为线索,分别分析案例是如何表现这些知识点的,以及案例内容在辅助知识点教学的过程中是如何完成思政教育的。

（一）知识点简介

产品是指被人们使用和消费,并能满足人们某种需求的任何东西,包括有形的物品、无形的服务、组织、观念或它们的组合。产品一般可以分为五个层次,即核心产品、基本产品、期望产品、附加产品、潜在产品。核心产品是指整体产品提供给购买者的直接利益和效用;基本产品即是核心产品的宏观化;期望产品是指顾客在购买产品时,一般会期望得到的一组特性或条件;附加产品是指超过顾客期望的产品;潜在产品指产品或开发物在未来可能产生的改进和变革。

品牌是指消费者对某类产品及产品系列的认知程度。品牌的本质是品牌拥有者的产品、服务或其它优于竞争对手的优势能为目标受众带去同等或高于竞争对手的价值。其中价值包括:功能性利益、情感性利益。广义的"品牌"是具有经济价值的无形资产,用抽象化的、特有的、能识别的心智概念来表现其差异性,从而在人们意识当中占据一定位置的综合反映。品牌建设

具有长期性。

(二) 课程思政元素

案例设计主要立足新时代国家品牌战略，理解创新发展理念。中国要强大必须依托"中国品牌"，完成从品牌大国向品牌强国的转变，才能真正实现从制造大国走向制造强国、从经济大国步入经济强国的跨越。学生要具有全球意识和国际化视野，弘扬民族精神，培养学生的时代精神；激发学生对"中国制造2025"和"中国品牌"的深入理解，激发和增强学生的民族自豪感，培养学生的社会责任感和爱国情怀；培养学生对中国制造、中国质量、中国品牌的追求精神，增强和提升中国特色社会主义道路自信和文化自信。在案例中学习工人师傅的敬业精神，对传统文化的坚持和传承。

五、现场教学组织与控制

(一) 课堂活动设计

本节将以介绍详细的教学步骤、教学过程以及教学活动的设计思想，重点介绍上述思政案例与课堂所学知识的融合方式和逻辑思路。具体的教学方法包括课堂案例教学、课堂讨论、云参观博物馆等，具体如表20-1所示。

表 20-1　课堂活动设计

教学步骤	教学过程	方法和设计
课程导入	(1) 复习上节课学习的目标市场定位的知识点，提出市场定位需要具体的营销策略来实现。 (2) 请同学们提供现实生活中印象深刻的品牌，其市场表现是成功还是糟糕。 (3) 思考为什么有的品牌特别成功，有的品牌表现很糟糕。 (4) 请同学们提出一些自己熟悉的老字号品牌，回答为什么成为老字号，描述目前老字号的市场表现。	通过知识点复习，有助于学生学习思路的连贯。通过对现实生活的观察，引导学生发现营销中存在的不同表现，引发对问题原因的思考兴趣。增强课堂互动性，提升学生课堂参与感。 [思政要点] 回顾中国商业发展历史，了解品牌长存的基础是诚信。中国品牌在世界上的地位。从世界工厂到中国制造的国际定位转变。

续表

教学步骤	教学过程	方法和设计
知识点讲授	(1) 目标市场的消费者需求分析 (2) 消费者需求变迁 (3) 品牌定位 (4) 消费者心理距离 (5) 营销策略组合	通过知识点系统讲授，帮助学生建立起知识框架，为案例分析做好准备。 [思政要点] 学习要体现出专业性，内行看门道，基础知识点要熟练掌握。
案例介绍	(1) 景泰蓝产品介绍 (2) 北京珐琅厂的发展历史 (3) 北京珐琅厂历经变革，坚持创新的精神	利用幻灯片、印发资料和视频资料，让同学们了解案例企业的基本情况。 [思政要点] 中国传统文化博大精深，体现民族自豪感。企业经营诚信为本，专心于工艺技术，创造精美的作品，体现企业精神和工匠精神。企业面对困境，不抱怨不放弃的奋斗精神。
案例讨论	(1) 为什么老字号品牌会陷入僵化？ (2) 目标消费群体的变迁会给品牌带来怎样的影响？ (3) 传统老字号品牌如何在传统和创新中找到平衡？ (4) 品牌活化的路径有哪些？	通过对案例企业的分析，请学生回答以上问题，为案例企业提出解决问题的思路，并在组间分享评析。 [思政要点] 勤于思考，敢于发表自己的见解。
案例总结	介绍案例企业的做法和效果，引导学生思考老字号品牌活化和普通品牌有何不同，能否放弃传统，一心求变，如何在传统和创新之间找到平衡。	[思政要点] 企业不畏困境，坚持改革与创新的奋斗历程，学习老字号"敢想、敢做、敢突破"的企业精神。

续表

教学步骤	教学过程	方法和设计
知识点总结	通过案例分析讨论，总结回顾课程知识点，呼应第二部分。	[思政要点] 企业经营遇到困境，如何用专业的思考引导行动，尊重市场规律，体现专业力量。

(二) 课后作业及安排

1. 课后作业

课后布置学生搜寻中华老字号品牌活化相关案例，加深理解理论知识，进而引申到该理论在管理实践中的应用。同时倡导学生利用课余时间实际参观案例企业，切身体会中国传统文化和品牌建设的成果。

基于数字化教学要求，通过分享 BB 平台、慕课、思政案例平台等链接，让学生实现线上的预习和复习，加深对课堂知识的理解。并鼓励学生在数字化平台上积极分享自己的实地参观成果。

2. 线上线下相结合的课后活动

鼓励学生积极向身边亲人同学宣传中国品牌，积极倡导对传统文化、老字号的关注和了解，增强对于课堂知识的理解，同时也可以提升思政育人的效果。

依托商学院新商科青创中心，鼓励学生参加品牌策划大赛、中华老字号品牌大赛等重点竞赛，将课堂所学知识应用到实践，同时通过比赛促进学生对理论知识的理解。

六、教学反思

(一) 理论与实践的结合

通过案例的介绍，引导学生理解品牌市场定位与目标消费群体不一致导致的市场困境。由于学生受到自身认知的局限，在教学中学生有时会出现只从本群体视角出发思考问题的现象。为了使学生能够更好地理解目标市场，教师需要补充其他实际案例，使学生能够直观地理解目标市场选择对企业的影响。

（二）学生实地调研

在教学中，鼓励学生利用课余时间实地调研企业，激发学生的学习兴趣和积极性。

（三）持续更新案例内容

品牌建设是长期的动态变化的过程，需要持续保持对案例企业的关注，了解企业营销策略的市场反应，在实践中加深学生对于课堂知识的理解。